INSPIRIEREN / PLANEN / ENTDECKEN / ERLEBEN

JERUSALEM
ISRAEL, WESTJORDANLAND & PETRA

DK Vis-à-Vis

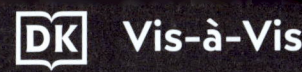

JERUSALEM

ISRAEL, WESTJORDANLAND & PETRA

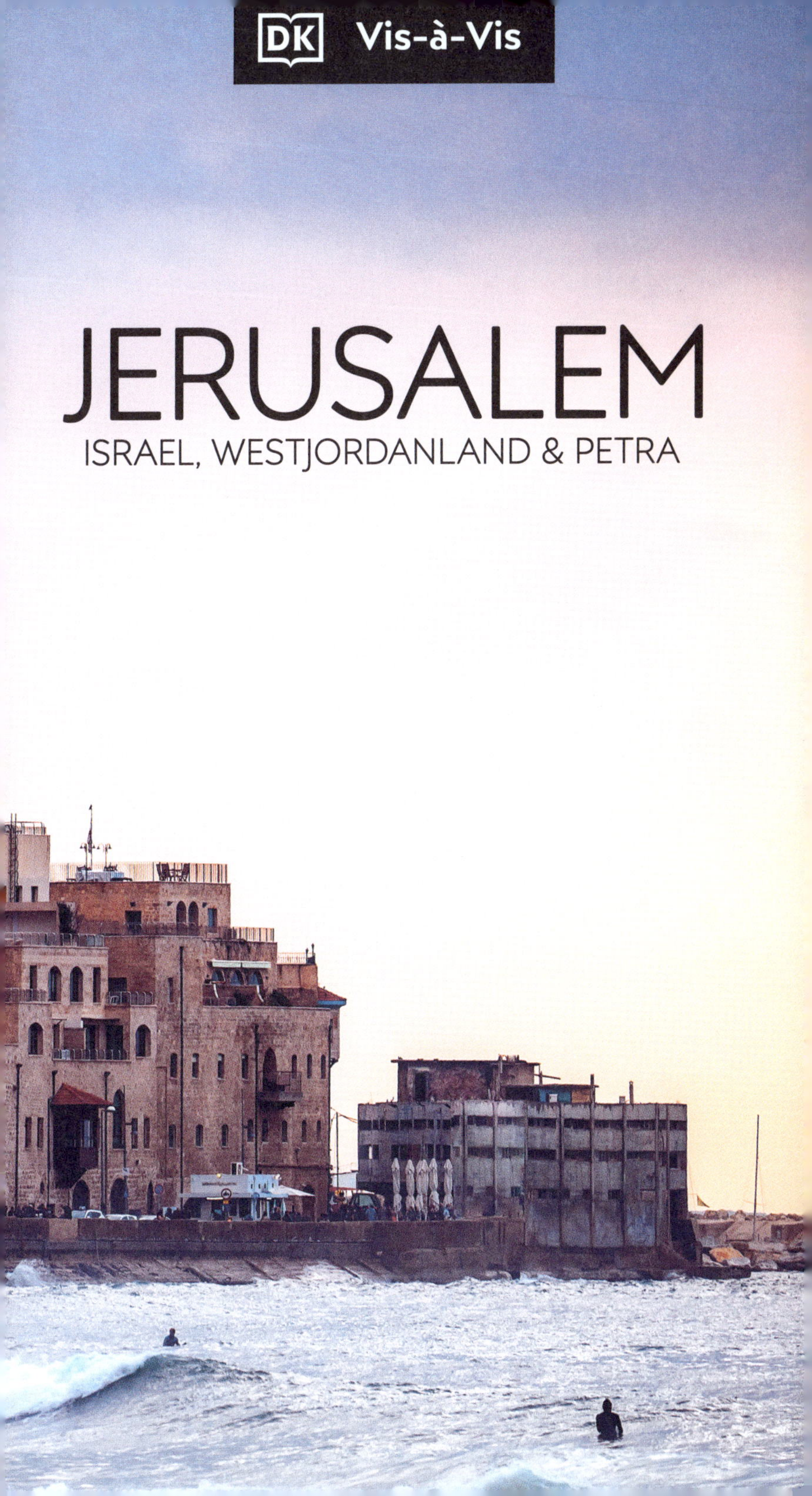

INHALT

DAS HEILIGE LAND ENTDECKEN 6

Willkommen im Heiligen Land **8**

Liebenswertes Heiliges Land **10**

Israel, Westjordanland und
Westjordanien auf der Karte **14**

Die Regionen des Heiligen Landes **16**

Erkundungstouren **20**

Themen **28**

Das Jahr in Israel,
Westjordanland & Petra **46**

Kurze Geschichte **48**

JERUSALEM ERLEBEN 62

Muslimisches Viertel **66**

Jüdisches Viertel **84**

Christliches Viertel **102**

Armenisches Viertel
und Berg Zion **120**

Ölberg
und Davidsstadt **128**

Modernes Jerusalem **138**

Abstecher **154**

ISRAEL, WESTJORDANLAND UND WESTJORDANIEN ERLEBEN 166

Tel Aviv **168**

Mittelmeerküste
und Galiläa **186**

Totes Meer
und Wüste Negev **212**

Westjordanland **226**

Petra und Westjordanien **240**

REISE-INFOS 266

Reiseplanung **268**

Im Heiligen Land
unterwegs **270**

Praktische Hinweise **274**

Register **277**

Sprachführer **285**

Bildnachweis, Danksagung
und Impressum **287**

Links: *Junge muslimische Frauen am Felsendom*
Vorhergehende Doppelseite: *Surfer bei Sonnenuntergang vor Jaffa, Tel Aviv*
Umschlag: *Blick auf die Klagemauer am Fuß des Tempelbergs* (siehe S. 88f)

DAS HEILIGE LAND
ENTDECKEN

Blick über Jerusalems Altstadt

Willkommen im Heiligen Land **8**

Liebenswertes Heiliges Land **10**

Israel, Westjordanland und Westjordanien auf der Karte **14**

Die Regionen des Heiligen Landes **16**

Erkundungstouren **20**

Themen **28**

Das Jahr in Israel, Westjordanland & Petra **46**

Kurze Geschichte **48**

WILLKOMMEN IM
HEILIGEN LAND

Stille heilige Stätten und quirlig-laute Bauhaus-Boulevards, glitzerndes blaues Meer und atemberaubende Wüstenlandschaften, imposante antike Ruinen und eine köstliche moderne Küche: Das Heilige Land – eine historische Region, die mehrere Länder umfasst – ist von tiefer Bedeutung im Glauben von Juden, Christen und Muslimen. Seit uralten Zeiten ist diese Region ein Treffpunkt der Kulturen und ein Begegnungsort für Reisende, Händler und Pilger. Sie ist voller fesselnder Kontraste, inspiriert den Geist und bietet ein Fest für die Sinne. Ob Sie nun planen, für ein Wochenende, eine Woche oder länger zu bleiben – stellen Sie sich einfach nach Belieben Ihre Traumreise zusammen!

1 *Schwerelos im Salzwasser des Toten Meers*

2 *Frisch gebackene Bagels in einer Auslage*

3 *Beeindruckende Fassade des Schatzhauses in Petra*

4 *Blick über Jerusalems historische Altstadt*

In Jerusalems Altstadt drängen sich in den von Düften durchzogenen Gassen Touristen und Pilger auf ihrem Weg zu den heiligen Stätten, im betriebsamen multikulturellen modernen Zentrum reihen sich verschiedenste Baustile, Museen von Weltrang, schicke Bars und Cafés aneinander. Das dynamisch-moderne Gegenstück zu Jerusalem ist das zukunftsgerichtete Tel Aviv mit seinem legendären Strand- und Nachtleben.

Spuren vergangener Kulturen findet man in ganz Israel, am malerischsten sind sie im Norden des Landes, wo die sanften Wellen des Mittelmeers Bauten der Römer und Kreuzfahrer umspielen und rund um den See Genezareth schöne Kirchen an die Wunder Jesu erinnern. Wunder der Natur hat der Süden zu bieten: Schnorcheln Sie zwischen farbenprächtigen Korallen im Roten Meer, entdecken Sie Steinböcke in den Oasen der Wüste Negev, und lassen Sie sich im salzigen Toten Meer treiben. Erleben Sie palästinensische Kultur in den Städten des Westjordanlands und antike Meisterwerke in den fantastischen Ruinen von Petra.

Von den historischen Gassen Jerusalems bis zu den Beduinencamps im Wadi Rum stellen wir Ihnen die Region in einzelnen Kapiteln samt Touren, Experten- und Entdeckertipps vor, zur Orientierung dienen detaillierte Karten. Unser Vis-à-Vis *Jerusalem, Israel, Westjordanland & Petra* ist ideal zur Reiseplanung und ein perfekter Begleiter, um die Region zu erkunden.

LIEBENSWERTES HEILIGES LAND

Antike Ruinen und heilige Stätten, moderne Museen und köstliches Essen, Mittelmeerstrände und Wüstenoasen: Es gibt viele Gründe, das Heilige Land zu lieben. Einige unserer Favoriten haben wir hier zusammengestellt.

1 Via Dolorosa – Leidensweg Jesu
Intensiver lässt sich die Passion Christi nirgendwo nachvollziehen als bei einer Prozession auf dem »schmerzhaften Weg« in Jerusalem *(siehe S. 110f)*.

2 Baden im Toten Meer
Lassen Sie Körper und Seele im Toten Meer *(siehe S. 218f)* schweben – am tiefsten Punkt der Erde, 431 Meter unter dem Meeresspiegel.

3 UNESCO-Welterbe Petra
Die geheimnisvolle Stadt der Nabatäer – »eine Stadt, rosarot und halb so alt wie die Ewigkeit« – ist ein Weltwunder und nur einen kurzen Abstecher von Israel entfernt *(siehe S. 244–251)*.

Tel Avivs kulinarische Szene 4

Tel Aviv begeistert mit leichten, herzhaften, häufig veganen Gerichten aus immer wieder neu kombinierten nahöstlichen, sephardischen, aschkenasischen und mediterranen Elementen.

Klagemauer – Symbol des Judentums 5

Pilger aus aller Welt ziehen zu diesem heiligsten Gebetsort des Judentums mit seiner Klangkulisse aus Murmeln und Rezitationen. In die Ritzen der Mauer werden Zettel mit Bitten an Gott gesteckt *(siehe S. 88f)*.

Felsendom 6

Das prächtige islamische Hauptheiligtum mit der goldenen Kuppel ist das imposante Kronjuwel auf Jerusalems heiligem Tempelberg, dem Al-Haram ash-Sharif *(siehe S. 70–75)*.

Berg der Seligpreisungen 7

Auf dem schönen, ruhigen Hügel soll Jesus die theologische zentrale Bergpredigt gehalten haben. Die Aussicht auf den See Genezareth ist grandios *(siehe S. 202)*.

Römisch-byzantinische Ruinen 8

Eine Ahnung vom Glanz des Römischen Reichs vermitteln die Ruinen der antiken Städte Bet She'an *(siehe S. 204f)*, Caesarea *(siehe S. 190f)* und Jerash *(siehe S. 258f)*.

9 Mittelmeerstrände

Feiner Sand und sanfte Wellen: Israels Mittelmeerküste ist ideal zum Schwimmen und Sonnenbaden – und für eine eiskalte Limonade zur Abkühlung.

10 Israel Museum
»Israels Louvre« präsentiert Schätze des Nahen Ostens und die Epochen jüdischer Geschichte. Highlight sind die Schriftrollen vom Toten Meer *(siehe S. 156–159)*.

11 Kabbalistensynagogen
Eine geradezu mystische Atmosphäre herrscht in Safeds Synagogenviertel, in dem seit dem 16. Jahrhundert die Lehren der Kabbala den Ton angeben *(siehe S. 206)*.

12 Baha'i-Schrein und Park
Vom Park des Baha'i-Schreins am Berg Karmel reicht der Blick weit über das Mittelmeer. Die Terrassen sind als formale, blütenreiche Gärten gestaltet *(siehe S. 192)*.

ISRAEL, WESTJORDANLAND UND WESTJORDANIEN
AUF DER KARTE

In diesem Reiseführer sind Israel, das Westjordanland (Westbank) und Westjordanien in sechs Regionen aufgeteilt, die auf den folgenden Seiten einzeln beschrieben werden. Jede Region hat eine eigene Farbe, wie auf der Karte rechts zu sehen ist.

Mittelmeer

El-Arish

Bir Hassana

Nakhl

Europa und Mittelmeerraum

DIE REGIONEN
DES HEILIGEN LANDES

Wo die drei Kontinente Asien, Afrika und Europa zusammentreffen, erstreckt sich das Areal des Heiligen Landes vom Mittelmeer im Westen landeinwärts nach Osten bis zur Wüste Jordaniens und von Galiläa und dem See Genezareth im Norden bis zu den sanften Wellen des Roten Meers im Süden. Im Herzen dieser historischen Landschaft liegen die uralte Stadt Jerusalem und östlich davon das Tote Meer in einer Senke am tiefsten Festlandspunkt der Erde.

Seiten 62–165

Jerusalem

Die heilige Stadt dreier Weltreligionen ist seit mehr als 3000 Jahren das Ziel von Händlern und Reisenden – und eine fantastische Mischung der Kulturen und Konfessionen. In der Altstadt verbindet ein Gewirr aus Gassen Synagogen, Kirchen, Moscheen und Märkte. Das moderne Jerusalem zeigt sich als bunter Flickenteppich der Kulturen. Ultraorthodoxe Juden leben streng religiös in Mea Shearim, auf dem Mahane-Yehuda-Markt preisen Händler lauthals ihre Ware an, und die Salah al-Din Street ist eine quirlige Hauptader im arabischen Ostjerusalem.

Entdecken
Weltgeschichte zu Fuß

Sehenswert
Felsendom, Klagemauer, Jerusalem Archaeological Park, Grabeskirche, Zitadelle (Davidsturm), Davidsstadt, Israel Museum

Genießen
Durch den Hiskija-Tunnel in der Davidsstadt waten

Tel Aviv

Tel Aviv ist quirlig und hedonistisch, ein Hightech-Zentrum und stolz auf seine Mittelmeerstrände, die Bauhaus-Architektur, die zum UNESCO-Welterbe gehört, die Gay-Pride-Parade, exzellente Restaurants und ein großartiges Nachtleben. Hier blüht die Kreativität, von den Galerien in Alt-Jaffa über die Boutiquen in Neve Tzedek bis zum Kunstgewerbemarkt in der Nachalat Binyamin Street. Bummeln oder radeln Sie auf schattigen Boulevards, und stärken Sie sich unterwegs mit frischen Fruchtsäften oder einem Eis.

Entdecken
Sonnenbaden, Küche, LGBTQ+ und Partyszene

Sehenswert
Tel Aviv Museum of Art, Rothschild Boulevard

Genießen
Spaziergang bei Sonnenuntergang auf der Strandpromenade

Mittelmeerküste und Galiläa

An der Mittelmeerküste nördlich von Tel Aviv liegen Naturschutzgebiete, Städte und historische Stätten wie der einst bedeutende römische Hafen Caesarea. Im traumhaften Haifa am Fuß des Bergs Karmel leben Religionen und Kulturen in friedlicher Koexistenz, kulinarische Traditionen begegnen sich ungezwungen. In Galiläa stößt man auf jüdische, arabische, Drusen- und Tscherkessensiedlungen zwischen Eichenwäldern, Olivenhainen und Weingärten. In Safeds Gassen wird Religion spürbar.

Entdecken
Wanderungen, Küche und Judaica-Läden

Sehenswert
Caesarea, Haifa und Berg Karmel, Akko, Nazareth, See Genezareth, Bet She'an

Genießen
Die herrliche Aussicht vom blühenden Baha'i-Park in Haifa

Seiten 212–225

Totes Meer und Wüste Negev

Die Hälfte Israels besteht aus den felsigen ariden Landschaften der Negev – hier liegen auch das heilkräftige Tote Meer und Naturwunder wie der riesige Krater Makhtesh Ramon. In dieser Gegend entdeckt man die Ruinen grandioser Nabatäerstädte, grüne Oasen mit ganzjährigen Quellen, Weingärten, in denen die Reben dank antiker Bewässerungssysteme gedeihen, und die glitzernde Sternenpracht eines tiefdunklen Himmels. Ganz im Süden der Region kann man in Eilat beim Tauchen und Schnorcheln die spektakulären Korallenriffe im Roten Meer bestaunen.

Entdecken
Wüstenwandern, Tauchen, Schnorcheln

Sehenswert
Masada, Totes Meer, Eilat

Genießen
Das Gefühl von Schwerelosigkeit im Wasser des Toten Meers

Seiten 226–239

Westjordanland

Das Westjordanland soll nach dem Plan der internationalen Gemeinschaft das Zentrum eines zukünftigen Palästinerstaats bilden – es ist weitaus leichter zu erreichen und besucherfreundlicher, als die Schlagzeilen vermuten lassen. Bethlehems Altstadt verströmt Kleinstadtflair und ist in der Weihnachtszeit besonders festlich. Im weltoffenen Ramallah tobt hingegen das Nachtleben. In und um das mehr als 10 000 Jahre alte Jericho erinnern Felsenklöster an die ersten Jahrhunderte des Christentums.

Entdecken
Palästinensische Kultur

Sehenswert
Bethlehem

Genießen
Craftbeer aus einer lokalen Mikrobrauerei in einem trendigen Lokal in Ramallah

Petra und Westjordanien

Versteckt in den roten Bergen Südjordaniens lässt Petra die untergegangene Welt der Nabatäer wieder auferstehen. Monumente, die vor 2000 Jahren in den massiven Fels gehauen wurden, tauchen hinter Ecken so überraschend auf wie einst zur Zeit der Weihrauchstraße. Die Beduinen, die im Wadi Rum leben, zeigen Besuchern auf Jeeptouren die spektakuläre Wüstenlandschaft. In Jerash zeugen Theater, Thermen und imposante Steinsäulen von der Macht und Pracht des Römischen Reichs. Jordaniens heutiges urbanes Leben konzentriert sich in der großflächigen Hauptstadt Amman, in der rund um die antiken Monumente der hektische Alltag einer modernen nahöstlichen Metropole tobt.

Entdecken
Nabatäer-Ruinen und Wüstenlandschaften

Sehenswert
Petra, Wadi Rum, Amman, Jerash, Madaba-Mosaiken

Genießen
Den ersten Blick auf Petras Schatzhaus, wenn sich die enge Felsschlucht des Siq öffnet

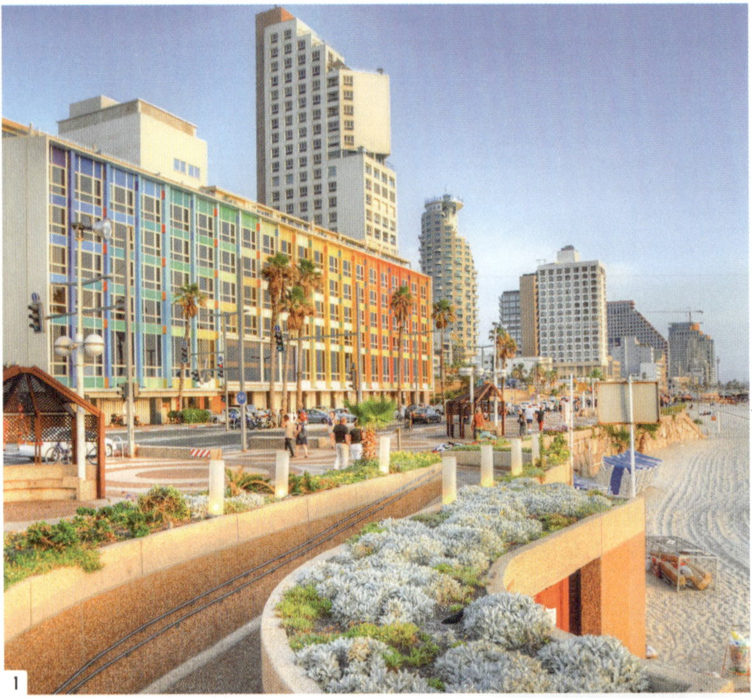

1

4

2

3

←

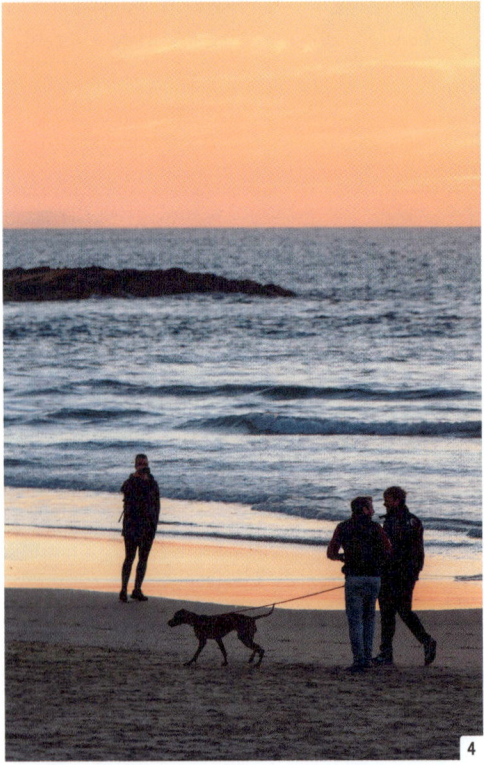

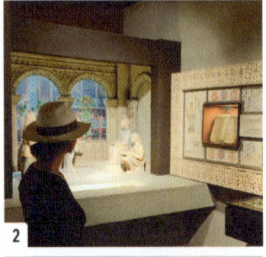

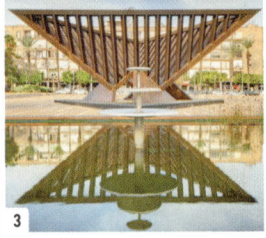

1 *Tel Avivs attraktive Strandpromenade*

2 *ANU – Museum of the Jewish People*

3 *Rabin Memorial*

4 *Am Strand von Tel Aviv*

Im Heiligen Land stehen Besuchern alle Reisemöglichkeiten offen, von Kurztrips in die Städte bis zu langen Fahrten durch historische Landschaften. Im Folgenden finden Sie Vorschläge für Touren, auf denen Sie die dynamische, abwechslungsreiche Region in all ihren Facetten kennenlernen können.

3 TAGE
in Tel Aviv

Tag 1

Vormittags Bummeln Sie auf dem schattigen Rothschild Boulevard *(siehe S. 174f)* im Zentrum, unterwegs stärken Sie sich an einem der vielen Kioske mit kalten Getränken und Snacks. Dann besichtigen Sie die Independence Hall, in der David Ben-Gurion 1948 die Unabhängigkeit Israels deklarierte. Bewundern Sie die Bauhaus-Architektur *(siehe S. 175)* – die Gebäude zählen heute zu den begehrtesten Immobilien der Stadt.

Nachmittags Nach dem Mittagessen in einem der trendigen Lokale beim Rothschild Boulevard stehen die Bialik Street *(siehe S. 181)* mit dem Rubin Museum und dem Bialik-Haus auf dem Programm sowie die im bunten Architekturmix bebaute Nachalat Binyamin Street *(siehe S. 183)*, in der dienstags und freitags ein Kunstgewerbemarkt stattfindet. Dann lassen Sie sich über den Carmel Market *(siehe S. 182)* treiben.

Abends Am Ufer *(siehe S. 178f)* genießen Sie den Sonnenuntergang und anschließend im Tel Aviv Port ein köstliches Abendessen im Kitchen Market *(siehe S. 181)*.

Tag 2

Vormittags Im ANU – Museum of the Jewish People *(siehe S. 182)* auf dem Campus der Universität Tel Aviv lernen Sie die Geschichte der jüdischen Diaspora kennen. Danach schmeckt ein preiswertes Mittagessen mit Salat, Schnitzel oder Sandwich in der Campus-Cafeteria.

Nachmittags Mit dem Bus fahren Sie zum Rabin Square *(siehe S. 176)* und dem Rabin Memorial. Von dort geht es per Leihrad auf dem Ben-Gurion Boulevard *(siehe S. 177)* zum Strand, um im Meer zu schwimmen.

Abends Gute Unterhaltung bieten das Cameri Theater oder die Israeli Opera im Tel Aviv Performing Arts Center *(siehe S. 177)*.

Tag 3

Vormittags Starten Sie mit den Kunstwerken im Tel Aviv Museum of Art *(siehe S. 172f)*. Runden Sie die Erfahrung mit einem kulinarischen Erlebnis im markanten Herta und Paul Amir Building des Museums bei einem Mittagessen im Pastel *(siehe S. 181)* ab.

Nachmittags Im historischen Stadtteil Neve Tzedek *(siehe S. 180)* besuchen Sie das Suzanne Dellal Centre und die kreativen Läden. Dann geht es zu Fuß oder per Taxi nach Alt-Jaffa *(siehe S. 184f)*, wo ein Flohmarkt und Kunstgalerien erkundet werden wollen.

Abends Im Hafen von Jaffa lockt die kulinarische Tradition: Fisch und Meeresfrüchte – Fischer bringen hier seit den Zeiten von Jonas täglich ihren Fang an Land.

6 TAGE
in Jerusalem

Tag 1
Vormittags Von der Klagemauer *(siehe S. 88f)* gehen Sie den Tempelberg *(siehe S. 70–75)* hinauf zum Felsendom und durch das Löwentor zur Via Dolorosa *(siehe S. 110f)*.

Nachmittags Nach dem Essen in einem Hummus-Lokal folgen Sie der Via Dolorosa bis zur Grabeskirche mit dem Grab Jesu *(siehe S. 106–109)*. Dann genießen Sie die Aussicht von der Zitadelle *(siehe S. 112f)*.

Abends Durch das Jaffator *(siehe S. 116f)* führt der Weg nach Nakhalat Shiva, wo Sie durch Galerien bummeln und essen gehen.

Tag 2
Vormittags Der Vormittag gehört dem Israel Museum *(siehe S. 156–159)*.

Nachmittags Mit dem Taxi fahren Sie in die Altstadt, wo Sie das Jüdische Viertel, die vier Sephardischen Synagogen *(siehe S. 97)* und den Cardo *(siehe S. 94)* erkunden. Seine Geschichte erfährt man auf einer vorab gebuchten Tour durch den Klagemauertunnel.

Abends Im The Eucalyptus *(siehe S. 145)* lassen Sie sich von den einzigartigen Menüs nach biblischen Vorbildern überraschen.

Tag 3
Vormittags In Ostjerusalem bewundern Sie die Schätze im Rockefeller Archeological Museum *(siehe S. 149)* und die reizvolle Anlage des Gartengrabs *(siehe S. 147)*. Stöbern Sie bei Balian-Armenian Ceramics (75 Nablus Road) nach Souvenirs. Stärkung bietet das American Colony Hotel *(siehe S. 148)*.

Nachmittags Ein Taxi bringt Sie zur Davidsstadt *(siehe S. 132f)* mit ihren Ausgrabungen und dem Hiskija-Tunnel. Sie benötigen Wasser, bevor Sie auf den Ölberg wandern. Unterwegs liegen die Kirche der Nationen *(siehe S. 134f)*, der Garten Gethsemane *(siehe S. 134)* und das Mariengrab *(siehe S. 136)*.

Abends Abends essen Sie in Westjerusalem im First Station *(siehe S. 149)*, wo ein Dutzend Restaurants Gerichte von Hummus über bretonische Crêpes bis zu südostasiatischem Wok-Gemüse servieren.

1 Blick auf den Tempelberg
2 Die Davidsstadt während der Night Spectacular
3 Lobby des King David Hotel
4 Die Geburtskirche in Bethlehem
5 Eingang zum Gartengrab

Tag 4
Vormittags Nehmen Sie sich Zeit für Yad Vashem *(siehe S. 162)*, Museum und bewegende Holocaust-Gedenkstätte, das Tal der Gemeinden und die Ausstellung über die europäischen Juden vor dem Holocaust.

Nachmittags Per Light Rail fahren Sie zum Jaffator. Dort spazieren Sie auf der Altstadtmauer und weiter durch die emsigen Souks in der David Street und den umliegenden Gassen zum Muslimischen Viertel. Sie besichtigen die schöne Annakirche und machen eine Teepause im nahen Wiener Kaffeehaus *(siehe S. 80)*.

Abends Die audiovisuelle Show Night Spectacular der Zitadelle präsentiert Jerusalems Geschichte unterhaltsam *(siehe S. 112f)*.

Tag 5
Vormittags Der Tag im modernen Jerusalem beginnt mit einem Spaziergang auf der King David Street, wo King David Hotel *(siehe S. 142)* und YMCA *(siehe S. 142)* Architektur aus der Mandatszeit repräsentieren. Weiter geht es durch Yemin Moshe mit seiner Windmühle aus den 1890er Jahren.

Nachmittags Nach dem Mittagessen im Mahane Yehuda *(siehe S. 163)* bummeln Sie durch Gassen und Höfe im nahen Nakhlaot.

Abends Nehmen Sie die Light Rail in der Jaffa Street, und essen Sie nahe dem Russischen Viertel *(siehe S. 144f)* zu Abend.

Tag 6
Vormittags Die Fahrt ins Westjordanland nach Bethlehem *(siehe S. 230–233)* mit der Geburtskirche, Katharinenkirche und Milchgrotte geht über den Checkpoint 300.

Nachmittags Nach dem Mittagessen in einem der palästinensischen Lokale bummeln Sie durch malerischen Gassen der Altstadt. Einen Einblick in die Kulturgeschichte bietet das Bethlehem Museum *(siehe S. 231)*.

Abends Zurück in Jerusalem essen Sie im Mahane Yehuda. Den Abend lassen Sie in einer schicken Bar ausklingen.

6 TAGE
am Toten Meer, in der Negev und in Petra

Tag 1
Vormittags Von Jerusalem fahren Sie zum Qumran National Park *(siehe S. 218)*, wo die Schriftrollen vom Toten Meer gefunden wurden, und weiter zum Ein Gedi Nature Reserve *(siehe S. 219)*.

Nachmittags Weiter geht es zur Bergfestung Masada *(siehe S. 216f)*. Sie essen im Foodcourt zu Mittag und besuchen das Museum. Dann fahren Sie mit der Seilbahn auf das Plateau mit den Ruinen. Von hier sieht man die römischen Militärlager unten.

Abends Am noblen Strand von Ein Bokek *(siehe S. 218)* nehmen Sie ein Bad im Toten Meer. Nach dem Abendessen in einem der Lokale spazieren Sie am Ufer entlang.

Tag 2
Vormittags Baden Sie im Toten Meer, danach fahren Sie Richtung Süden in die Arava und zum Kibbuz Lotan *(siehe S. 224f)*. Dort lernen Sie im Center for Creative Ecology die neuesten nachhaltigen Technologien für den Umgang mit der Wüste kennen.

Nachmittags Noch weiter südlich bewundern Sie auf einer kurzen Wüstenwanderung im Timna Park *(siehe S. 225)* die zahllosen Farbschattierungen der sandigen Täler und Felswände. Die Geschichte des Gebiets entdecken Sie bei den antiken Kupferminen.

Abends In Eilat *(siehe S. 220f)* lassen Sie den Tag an der lebhaften Promenade am North Beach und den Lagunen ausklingen – dort gilt Sehen und Gesehenwerden.

Tag 3
Vormittags Tauchen Sie ein in die Unterwasserwelt des Roten Meers: Im Coral Beach Nature Reserve *(siehe S. 220f)* warten bunte Fische und traumhafte Korallengärten.

Nachmittags Den Rest des Tages relaxen Sie am Strand in Eilat und nutzen nach Belieben das Wassersportangebot.

Abends Entspannt geht es weiter mit einem Spaziergang in der lauen Abendluft zu einem Café oder Restaurant in der Nähe der North Beach Promenade.

1 *Sich einfach treiben lassen im Toten Meer bei Ein Bokek*
2 *Das Museum in Masada*
3 *Schnorcheln im Roten Meer*
4 *Das Schatzhaus in Petra*
5 *Blick auf den riesigen Krater Makhtesh Ramon*

Tag 4

Vormittags Früh geht es los mit einer gebuchten Tour über die Grenze (3 km nördlich von Eilat) nach Jordanien ins Wadi Rum *(siehe S. 252f)*. Dort wandern Sie durch eine atemberaubende Wüstenwildnis.

Nachmittags Nach dem Mittagessen bei den Beduinen im Dorf Rum folgt eine Jeeptour durch die Wüste, die nachmittags ihre Farben beeindruckend wechselt (Touren vorab oder vor Ort buchbar).

Abends Danach essen Sie in Petra *(siehe S. 244–251)* in einem Lokal mit nahöstlicher Küche im Wadi Musa. Es gibt Gegrilltes, aber auch frische vegetarische Mezze.

Tag 5

Vormittags Vom Ort Wadi Musa spazieren Sie durch die Felsenschlucht des Siq zu den antiken Ruinen von Petra – beim Weg aus dem Siq fällt Ihr erster Blick auf das atemberaubende Schatzhaus. Besichtigen Sie in den nächsten Stunden das Schatzhaus, die Königsgräber und die antike Stadt.

Nachmittags Nach einer Rast mit Picknick steigen Sie auf einem Bergpfad hinauf zum imposanten Felsentempel Ad Deir.

Abends Wieder zurück in Eilat, genießen Sie ein spätes Abendessen in einem der Restaurants am North Beach oder seinen Lagunen.

Tag 6

Vormittags Von Eilat fahren Sie 150 Kilometer nach Norden zum Krater Makhtesh Ramon *(siehe S. 224)* – ein geologisches Naturwunder, das Sie zu Fuß erkunden.

Nachmittags Nach dem Mittagessen im Spice Route Quarter *(siehe S. 223)* in Mitzpe Ramon besichtigen Sie die Nabatäerstadt Avdat *(siehe S. 222)*. Anschließend fahren Sie nach Sde Boker *(siehe S. 222f)* zum Grab von Israels erstem Ministerpräsidenten David Ben-Gurion mit Blick über das zerklüftete Wadi Tzin. Hier gibt es Nubische Steinböcke!

Abends Abends essen Sie in einem der kleinen Lokale im Geschäftszentrum von Midreshet Ben-Gurion Falafel oder Pizza.

7 TAGE
in Haifa und Galiläa

Tag 1
Vormittags Starten Sie in Haifa *(siehe S. 192–195)*. Besichtigen Sie das Hecht Museum und dann den kunstvollen Baha'i-Park.

Nachmittags Nach dem Essen im Wadi Nisnas besuchen Sie das Clandestine Immigration and Naval Museum *(siehe S. 194)*. Mit der Seilbahn geht es zum Stella Maris.

Abends Zuerst lockt arabische Fusionsküche im Shtroudl *(siehe S. 195)*, dann ein Bier in der Mikrobrauerei LiBira (www.libira.co.il).

Tag 2
Vormittags Mit Zug oder Fähre geht es nach Akko *(siehe S. 196f)* zu den Spuren der Kreuzfahrer (u. a. Rittersaal und Templertunnel).

Nachmittags Nach dem Essen in einem der Hummus-Lokale erkunden Sie die Altstadt mit Souks, El-Jazzar-Moschee und Zitadelle mit Underground Prisoners Museum.

Abends Genießen Sie Seafood im Uri Buri oder El Marsa *(siehe S. 197)*.

Tag 3
Vormittags In Nazareth *(siehe S. 198f)* besichtigen Sie Altstadt, Gabrielskirche, antikes Badehaus und Verkündigungsbasilika.

Nachmittags Nach einem arabischen Essen im Abu Ashraf *(siehe S. 198)* besichtigen Sie die Weiße Moschee, erkunden den quirligen Souk und das Gassenlabyrinth der Altstadt und danach die Ausgrabungen im Centre International Marie de Nazareth.

Abends Genießen Sie levantinisch-europäische Fusionsküche im Tishreen (www.tishreen2.rest.co.il) und dann einen Drink in der Avra Taverna (Marry's Well).

Tag 4
Vormittags Es geht nach Westen zur Pilgerstätte am Berg Tabor *(siehe S. 209)*, wo man vom Kloster auf die Jezreel-Ebene sieht.

Nachmittags In Tiberias *(siehe S. 207)* weiter nordöstlich sind die schönen Mosaiken im Hamat Tveriya National Park und die Gräber jüdischer Gelehrter zu sehen.

1 Baha'i-Gärten in Haifa
2 Die elegante El-Jazzar-Moschee in Akko
3 Taufstätte Jardenit
4 Blick vom Berg Tabor über die Jezreel-Ebene
5 Römische Ruinen, Bet She'an

Abends Die arabisch-galiläische Gourmetküche von Zuzu Hanna im Magdalena *(siehe S. 207)* ist ein Fest für die Sinne.

Tag 5
Vormittags Von Tiberias fahren Sie am Ufer des Sees Genezareth *(siehe S. 200 – 203)* Richtung Norden, unterwegs sehen Sie Migdal, das antike Fischerboot und Tabgha.

Nachmittags Nach einem Picknick am See fahren Sie zum Berg der Seligpreisungen und weiter zu den Ruinen im Korazim National Park. Dann geht es zurück zum Ufer und in die Römerstadt von Kapernaum.

Abends In Tiberias testen Sie in einem der Lokale an der Yigal Allon Promenade Tilapia.

Tag 6
Vormittags Auf der Fahrt am Südufer des Sees Genezareth halten Sie am schattigen Friedhof des Kibbuz Kinneret, auf dem berühmte Israelis bestattet sind, und an der Taufstätte Jardenit *(siehe S. 203)*, an der einst Jesus getauft worden sein soll.

Nachmittags Mittags essen Sie im Kulturzentrum Bet Gabriel (+972 4 675 1175) an der Südspitze des Sees und genießen noch einmal den Blick aufs Wasser. Weiter geht es Richtung Bet She'an mit Stopp an der Kreuzfahrerburg Belvoir *(siehe S. 208)*, wo der Blick über das Jordantal streift.

Abends In Bet She'an gibt es Mezze im Shipudei HaKikar (www.shipudey-hakikar.co.il), anschließend die Sound- und Lightshow in den römischen Ruinen *(siehe S. 204f)*.

Tag 7
Vormittags Erkunden Sie Bet She'an *(siehe S. 204f)*, Israels am besten erhaltene Römerstadt mit Thermen, Läden und Theatern.

Nachmittags Westlich geht es durch die bäuerliche Jezreel-Ebene zu den antiken Mosaiken von Bet Alpha. Dann genießen Sie die Panoramastraßen am Berg Gilboa.

Abends Im Zentrum von Afula gibt es ein schnelles Abendessen bei Falafel Golani (Ha-Nasi Weizman Street 6).

◁ **Wildniswanderung**
Auf dem Hanging Trail im Banias Nature Reserve auf den Golanhöhen *(siehe S. 207)* wandert man durch einen »Tunnel aus Eichen und Feigen, deren Zweige über einen rauschenden, von Quellen gespeisten Bach hängen – im Sommer eine grüne Wohltat in der sonnenverbrannten Landschaft. In der Nähe liegen die Reste eines antiken herodianischen Tempels und der Banias-Wasserfall. An beiden Eingängen des Reservats gibt es Snackbars und meist auch köstliche drusische Pitas.

DAS HEILIGE LAND FÜR
FAMILIEN

Strände an drei Meeren und am See Genezareth, Wanderungen durch grüne Oasen und Museen mit interaktiv-kreativen Angeboten – für Kinder ist die Region eine Art Abenteuerspielplatz. Sie bietet der ganzen Familie unvergessliche Erlebnisse, sei es auf Zeitreise an antiken Stätten oder auf spannenden Touren in der Natur.

▷ **Mittelmeerstrände**
Israels Mittelmeerküste besitzt Strände mit feinem Sand. Die Palette reicht von den quirligen Stadtstränden in Tel Aviv *(siehe S. 178f)*, an denen mit Hingabe das israelische Strandtennis Matkot gespielt wird, bis zu stillen Naturreservaten wie dem Beit Yannai Beach. Selbst im Winter ist es oft warm genug, um am Strand zu spielen oder gar zu baden.

▷ Spaß im Toten Meer
Quasi schwerelos dahintreiben – im mineralreichen Wasser des am tiefsten gelegenen Sees der Erde *(siehe S. 218f)* ist das möglich. Auch Sonnenbrand ist hier weniger ein Problem als am höher gelegenen Meer. Am Ufer kann man im Ein Gedi Nature Reserve *(siehe S. 219)* und seiner von Quellen gespeisten Oase Nubische Steinböcke und Klippschliefer sehen. Spannende Geschichte und eine Seilbahnfahrt bietet die antike Bergfestung Masada *(siehe S. 216f)*.

◁ Historisches Akko
In Akko *(siehe S. 196f)* fühlt man sich angesichts der großartig erhaltenen Kreuzfahrerbauten direkt ins 13. Jahrhundert versetzt. Kinder können sich hier leicht vorstellen, wie Ritter in klingender Rüstung durch den Templertunnel schritten und bei großen Banketten im Rittersaal saßen. Ähnlich faszinierend sind die osmanischen Sehenswürdigkeiten in der Altstadt, grün und erholsam ist hingegen der Baha'i-Park.

▽ Öffentliche Spielplätze
In Israel gibt es in allen Städten und Dörfern Spielplätze. Manche sind winzige Flächen zwischen Wohnhäusern, andere – wie der Sarona in Tel Aviv *(siehe S. 176)* – große Anlagen mit Rasenflächen und Kreativangeboten. In den meisten Einkaufszentren können sich Kinder in klimatisierten Spielräumen austoben – eine großartige Sache, wenn draußen Backofenhitze herrscht.

△ Faszinierende Ruinen
Auch Kinder, die sich nicht die Bohne für alte Kulturen interessieren, sind fasziniert von den römischen Ruinen in Bet She'an *(siehe S. 204f)*, zu denen öffentliche Toiletten mit Marmorsitzen und ein Theater mit 7000 Plätzen gehören.

Malerische Ruinen

Am Aqueduct Beach in Caesarea *(siehe S. 190f)* sieht man das azurblaue Mittelmeer durch die regelmäßigen halbrunden Steinbogen eines römischen Aquädukts aus dem 1. Jahrhundert n. Chr., auf dem einst Süßwasser in die neue Hafenstadt geleitet wurde. Der selten überfüllte Strand ist eine großartige Mischung aus Geschichte und weichem goldenem Sand. Bei Sonnenuntergang kann man hier die schönsten Fotos schießen.

→

Der antike römische Aquädukt am Aqueduct Beach in Caesarea

KÜSTEN

Am Mittelmeer und am See Genezareth kann man schwimmen, sonnenbaden und die Ruinen antiker Städte erkunden, im Toten Meer gleichsam göttlich im Wasser liegen, ohne unterzugehen – und im Roten Meer befindet sich unter Wasser eine fantastisch-schöne Korallenwelt.

Entspannung in Resorts

Ein Bokek *(siehe S. 218)* ist perfekt für ein Bad im Toten Meer. Beim Hineingehen fühlt sich das salzige Wasser ölig an, der Körper bekommt Auftrieb. Hier heißt es sich einfach zurücklegen und das surreale Floating-Erlebnis in dem riesigen Natur-Spa entspannt genießen.

→

Blick über das salzige Ufer am Toten Meer zum Badeort Ein Bokek

Geologische Wunder

Mit nie ermüdender Kraft donnern die ewigen Wellen gegen die Klippen der Landspitze von Rosh HaNikra *(siehe S. 211)*, die die Grenze zwischen Israel und Libanon bildet. Am Fuß der Felsen hat das Mittelmeer im Lauf der Jahrtausende mächtige schimmernde Höhlen in den schneeweißen Kalkstein gegraben. Schon die Anreise zu diesen unglaublichen Formationen ist ein Abenteuer: Dazu gehört eine aufregende Fahrt mit der Seilbahn von der Spitze zum Fuß der Klippen.

← *Eindrucksvoll: Felsformationen und tiefblaues Wasser in den Höhlen von Rosh HaNikra*

TOP 4 Mittelmeerstrände

Gordon Beach, Tel Aviv
Perfekt ausgestatteter Strand mit Cafés, in denen man mit den Zehen im Sand Limonade trinkt *(siehe S. 179)*.

Acadia Beach, Herzliya Pituah
Der Stadtstrand gleich nördlich von Tel Aviv ist bei Surfern beliebt.

Beit Yannai Beach
Der von Sanddünen gesäumte Nationalpark zwischen Tel Aviv und Haifa liegt in Gehweite zum Schildkrötenhabitat des Nakhal Alexander.

Dor HaBonim Beach
Wenig bekannter Strand südlich von Haifa mit Gezeitenbecken und den Ruinen des antiken Dor.

Traumhafte Korallen

Die Korallenriffe des Roten Meers gehören zu den artenreichsten und buntesten Unterwasserwelten der Erde. Im warmen, glasklaren Wasser kann man sie beim Schnorcheln und Tauchen leicht erkunden. In Eilat bieten viele Tauchschulen auch für blutige Anfänger Kurse an *(siehe S. 221)*.

↑ *Schnorcheln in den herrlichen Korallengärten bei Eilat im Roten Meer*

Judaica

Wunderbare Judaica – rituelle und sakrale Objekte – findet man in Safed *(siehe S. 206)*, in Nakhalat Shiva *(siehe S. 142f)* in Jerusalem und auf Tel Avivs Kunstgewerbemarkt in der Nachalat Binyamin *(siehe S. 183)*. Schön sind Kiddusch-Becher, ein Talit (Gebetsmantel), ein Jad (Thorazeiger), ein Schofarhorn (wird an Jom Kippur geblasen), eine Menora (siebenarmiger Leuchter) und Dreidel (Kreisel) für Chanukka.

> **Entdeckertipp**
> **Gewürzladen**
> In Nazareth verkauft die Elbabour Galilee Mill (www.elbabour-shop.com) – seit mehr als 100 Jahren in Familienbesitz – alle Arten von Gewürzen und Kräutern.

↑ *Kippas (Jarmulkes) an einem Marktstand in Safed*

KUNST-HANDWERK
IM HEILIGEN LAND

Mit ihren quirligen Souks, modernen Malls und schicken Boutiquen ist die Region perfekt für einen Einkaufsbummel – nicht zuletzt wegen ihres riesigen Angebots an traditionellem und modernem Kunstgewerbe. Hier sind die schönsten und ungewöhnlichsten Souvenirs zusammengestellt.

Schmuck

Israels Schmuckindustrie begann mit Jerusalems Bezalel Academy of Arts and Design. Zu den ersten Studenten zählten filigran arbeitende Silberschmiede aus dem Jemen. Schmuck von Bezalel-Absolventen findet man in Jerusalem bei Hutzot HaYotzer (www.artistscolony.co.il) und in Tel Aviv in der Shabazi Street in Neve Tzedek *(siehe S. 180)*.

←

Breite Auswahl an bunten Armreifen an einem Marktstand in Jerusalem

Armenische Keramiken

Exquisite armenische Keramiken werden in Jerusalem schon seit Generationen hergestellt. Typisch sind die zeitlosen Tier- und Pflanzenmotive sowie die reiche Verwendung von Blau und Gelb. Hochwertige Erzeugnisse verkaufen Balian-Armenian Ceramics (www.armenianceramics.com) – nahe der Altstadt und nördlich des Damaskustors – sowie Jerusalem Pottery (www.jerusalempottery.biz) und Sandrouni Ceramics (www.sandrouni.com) im Christlichen Viertel.

←

Armenische Keramiken mit typischen Dekors, Farben und Motiven

→

Eine Palästinenserin bestickt einen Stoff mit traditionellen arabischen geometrischen Mustern

Jordanisches Kunsthandwerk

Jordanien ist eine Fundgrube für Kunsthandwerk. In Amman führt das Alaydi Jordan Craft Center (www.jordancraftcenter.com) eine breite Auswahl an Webteppichen, Stickereien und anderen jordanischen, Beduinen- und palästinensischen Arbeiten. Das gemeinnützige Beit al Bawadi (www.beitalbawadi.com) ist Spezialist für Keramiken. Im Wadi Musa bietet Made in Jordan regionale Produkte wie Seifen, Stickereien und Schmuck an. In und um Madaba *(siehe S. 260f)* werden Mosaiken verkauft, die mit uralten Techniken angefertigt werden.

Traditionelles palästinensisches Kunsthandwerk

Bunt bestickte Stoffe und anderes palästinensisches Kunstgewerbe findet man in Fachgeschäften in Ostjerusalem, Nazareth und Ramallah sowie in Jordanien. Hebron ist bekannt für mundgeblasenes Glas, Bethlehem für Olivenholzschnitzereien und Perlmuttarbeiten und Nablus für seine Olivenölseife, die dort seit dem 14. Jahrhundert produziert wird.

Die faszinierende rostrote Wüstenlandschaft des Wadi Rum →

DAS HEILIGE LAND FÜR
OUTDOOR-FANS

In der ganzen Region kann man erfrischende sprudelnde Quellen, duftende grüne Oasen und die heißen roten Felsen der Berge auf Wanderungen hautnah erleben. Am schönsten ist die Natur zu Beginn des Frühjahrs, wenn blühende Wildblumen das Land wie einen Teppich bedecken.

Canyon-Klettern

Israel ist ein kleines Land, aber der Makhtesh Ramon *(siehe S. 224)* – ein riesiger, 40 Kilometer langer und 300 Meter tiefer Krater in der Wüste Negev – wirkt nahezu endlos. Das gern als »Israels Grand Canyon« bezeichnete, wie ein Amphitheater geformte Tal und seine vielfarbige Sandwüste bieten reichlich Gelegenheit zum Wandern, Mountainbiken und Abseilen. Übernachtet wird in rustikalen, nahezu autarken Wüstencamps bei Mitzpe Ramon *(siehe S. 223)*. Im Ort selbst findet man schicke Restaurants. Der Sternenhimmel gehört zu den klarsten in der Region.

Blick vom Kraterrand über den Makhtesh Ramon →

Wüstenabenteuer

Die alten Ägypter bauten im Timna Park *(siehe S. 225)* Kupfer ab, heute kommt man zum Wandern, Radfahren und um die unberührte Wüste zu erleben. Eine fantastische Wüstenszenerie bietet auch das Wadi Rum *(siehe S. 252f)* in Jordanien mit seinen steilen Wänden, Sanddünen und bizarren Felsformationen. Die ockerrote und hellbraune Weite aus Sand und Felsen kann man auf Wanderungen und Jeeptouren mit einheimischen Beduinenführern erkunden.

← *Beeindruckende Felsformation im Timna Park*

Vogelbeobachtung

Israel, die Palästinensischen Autonomiegebiete und Jordanien sind ein Traum für Hobby-Ornithologen: Zweimal jährlich ziehen 500 Millionen Vögel – darunter riesige Storchen- und Kranichschwärme – auf ihrem Weg von Eurasien nach Afrika und zurück durch die Region. Zudem leben hier ganzjährig viele Greifvögel. Gute Beobachtungsposten sind das International Birding and Research Center in den Salzmarschen in Eilat *(siehe S. 221)* und die Feuchtgebiete im Hula Nature Reserve *(siehe S. 208)* nördlich des Sees Genezareth.

 Expertentipp
Wüstentiere

In der Negev sieht man in Ein Gedi *(siehe S. 219)* Nubische Steinböcke und Klippschliefer, in Hai Bar Yotvata *(siehe S. 224)* Arabische Oryxantilopen und Strauße.

Wildwasser-Raften in den Stromschnellen des Jordans ↑

Flussfahrten

Zum berühmten Jordan zieht es vor allem zwei Besuchergruppen: christliche Pilger auf der Suche nach einer zutiefst spirituellen Erfahrung und Wassersportfans mit dem Ziel eines Adrenalinkicks. Jordan River Rafting (www.rafting.co.il) und Kfar Blum Kayaks (www.kayaks.co.il) organisieren Rafting- und Kajaktouren auf dem wilden Yarden Harari (»Gebirgigen Jordan«) und dem ruhigeren Hatzbani (Snir), einem weiter nördlich gelegenen Nebenfluss des Jordans.

Livemusik
In Jerusalem kann man Israels kreative Rock- und Popszene entdecken, deren Bandbreite von Indie-Gitarristen über äthiopische Rapper bis zu Netta reicht, die 2018 den Eurovision Song Contest gewann. Top-Adressen sind z. B. das Yellow Submarine (www.yellowsubmarine.org.il) und Zappa Jerusalem (www.zappa-club.co.il), das einen Schwesterclub in Tel Aviv hat. Dort treten die besten Talente im Barby (www.barby.co.il) und im Kuli Alma (www.kulialma.com) auf.

←

Gute Stimmung bei einem Konzert im Barby, einem beliebten Club in Tel Aviv

DAS HEILIGE LAND
AM ABEND

Spannendes Nachtleben ist nicht unbedingt das Erste, was einem beim Gedanken an die Region in den Sinn kommt – tatsächlich aber haben Jerusalem und Tel Aviv viel zu bieten: schicke Cafés, hippe Kneipen, Dachbars und Clubs, in denen gute DJs die ganze Nacht die Party am Kochen halten.

> **Expertentipp**
> **Nachtleben im Westjordanland**
> Im Westjordanland ist abends oft wenig los – außer im weltoffenen Ramallah. Dort können Sie zusammen mit den Einheimischen in hippen Kneipen und quirligen Bars regionales und Importbier trinken und im Kulturzentrum A. M. Qattan Foundation ein Konzert besuchen oder Filme sehen *(siehe S. 237).*

Feiern in Tel Aviv
Tel Avivs Angebot reicht von kultivierten Weinbars über grungige Kneipen bis zu eleganten Dachbars. Die Sabbatregeln spielen keine Rolle, freitags ist am meisten los, am Donnerstag kaum weniger (die Arbeitswoche beginnt am Sonntag, deshalb ist es samstags eher ruhig). In Tel Aviv wird die ganze Nacht gefeiert, in manchen Bars trinkt man seinen Absacker um 5 oder 6 Uhr morgens.

→

Gut besucht: eine der vielen angesagten Bars in Tel Aviv

Café-Kultur

Die für ihre Geselligkeit bekannten Tel Aviver treffen sich mit Vorliebe in Cafés, wie es sie auch in Europa gibt. Hier kann man sich Espresso, Bier, kleine Mahlzeiten und riesige Salate in klassischen Straßencafés, schattigen Bauhaus-Gärten und lebhaften Hipster-Lokalen im angesagten Florentin im Süden Tel Avivs schmecken lassen. Gleiches gilt für die Kioske auf dem Mittelstreifen von Rothschild *(siehe S. 174f)*, Ben-Gurion *(siehe S. 177)* und anderen breiten Boulevards.

→

Entspannte Atmosphäre in einem Straßencafé in Tel Avivs buntem Szeneviertel Florentin

Ausgehen in Jerusalem

Die meisten angesagten Musikclubs, Bierlokale und Tapasbars liegen im Viertel rund um den Mahane-Yehuda-Markt *(siehe S. 163)*. Die Jerusalem Cinematheque (www.jer-cin.org.il) am Berg Zion ist bei der linksliberalen, säkularen Minderheit der Einwohner beliebt.

Abendlokale am Mahane Yehuda, tagsüber ein Markt und abends ein beliebtes Ausgehviertel

Tel Aviv Pride

Bei Asiens größtem LGBTQ+ Pride-Event mit Veranstaltungen und nächtelangen Partys (2. Juniwoche) feiert rund eine Viertelmillion Menschen aus der ganzen Welt in Tel Aviv mit einem Riesenfest Freiheit, Vielfalt und Toleranz (www.tel-aviv.gov.il). Die Stadt schmückt sich mit Regenbogenfahnen, der Bürgermeister hält eine Rede, an der Strandpromenade gibt es eine Pride-Parade, Livemusik und Partys bis in die frühen Morgenstunden. Seit seinen Anfängen 1998 hat sich Tel Aviv Pride zu einem Höhepunkt im jährlichen Veranstaltungskalender entwickelt.

Auf Jesu Spuren

Viele Orte, die mit dem Leben und Wirken Jesu assoziiert werden, sind durch Überlieferung oder durch die Archäologie (oder beides) bekannt und können besichtigt werden: sein Geburtsort Bethlehem *(siehe S. 230–233)*, Nazareth, wo er aufwuchs *(siehe S. 198f)*, der See Genezareth, wo er predigte *(siehe S. 200–203)*. Die Verklärung fand am Berg Tabor *(siehe S. 209)* statt, seine Taufe am Jordan und die Kreuzigung in Jerusalem *(siehe S. 106–109)*.

Die Schätze Jerichos

Als wohl älteste ständig bewohnte Stadt der Welt hat Jericho *(siehe S. 234f)* die gesamte Geschichte der Region erlebt. Achäologen fanden in und um Jericho den ältesten Turmbau, die älteste bekannte Treppe und Stadtmauer der Welt, die alle um 8000 v. Chr. datieren, sowie einen Palast aus der Zeit von Kleopatra und Marcus Antonius. Sehenswert sind die Reste des Palasts des Hisham, eine omaijadische Anlage (8. Jh.), die in ihrer Blütezeit das »Versailles des Nahen Ostens« war.

Das griechisch-orthodoxe Kloster der Versuchung aus dem 12. Jahrhundert bei Jericho

STEINERNE ZEUGEN
IM HEILIGEN LAND

Die Frühmenschen, die vor 780 000 Jahren im Hulatal lebten, hinterließen dort ebenso Spuren wie alle späteren Siedler, seien es Israeliten, Römer, Kreuzfahrer oder Osmanen. An wenigen Orten der Erde ist uralte Zivilisation so greifbar.

Römische Relikte

Von Roms Glanz und Schrecken – prachtvoll in Stein verewigt – künden Bet She'an *(siehe S. 204f)*, Caesarea *(siehe S. 190f)* und Jerash *(siehe S. 258f)*. Einen Einblick in römische Belagerungstaktiken vermitteln die römischen Militärlager bei Masada *(siehe S. 216f)*.

Der Cardo, die elegante Hauptstraße der Römerstadt Jerash

Mysteriöse Israeliten

Herrschten König David und seine Nachfolger über ein mächtiges Reich oder über ein kleines, dünn besiedeltes Gebiet im Hochland, das in späteren Jahrhunderten von exzellenter PR profitierte? Faszinierende Anhaltspunkte liefern Jerusalems Davidsstadt *(siehe S. 132f)*, Ausgrabungen in Tel Dan *(siehe S. 209)*, Megiddo *(siehe S. 206)* und Tel Be'er Sheva *(siehe S. 222)* sowie die fantastischen Exponate im Israel Museum *(siehe S. 156–159)* aus der israelitischen Ära.

←

Ausgrabungen in der antiken befestigten Stadt Megiddo in der Jezreel-Ebene

💬 Expertentipp
Nabatäerstätten

Vor 2000 Jahren transportierten nabatäische Karawanen Weihrauch durch die Wüste Negev. Schön erhaltene Relikte ihrer Städte sehen Sie in Avdat *(siehe S. 222)*, Mamshit und Shivta.

Erbe der Kreuzfahrer

Die Kreuzfahrer, die von 1099 bis 1291 Teile des Heiligen Lands beherrschten, hinterließen eindrucksvolle Stätten. In Jerusalem bauten sie die Grabeskirche *(siehe S. 106–109)* wieder auf, deren Abriss ein Mitauslöser der Kreuzzüge war. Sie errichteten Burg Belvoir *(siehe S. 208)*, inspirierten die Muslime zum Bau von Burg Nimrod *(siehe S. 207)* und beendeten ihre Zeit im Heiligen Land in Akko *(siehe S. 196f)*, wo die imposantesten Kreuzfahrerruinen stehen.

→

Die mittelalterliche Burg Nimrod auf einem Felsrücken im Norden der Golanhöhen

Israelischer Wein

Israelische Weine haben in den letzten Jahren internationales Renommee erworben. Sie werden im Norden auf dem Ramat Dalton und den Golanhöhen sowie weiter südlich in den Judäischen Hügeln und im Negev-Hochland angebaut. Im Westjordanland betreiben palästinensische Christen Weingüter bei Bethlehem und in Taybeh. In letzter Zeit werden verstärkt vergessene historische Rebsorten wie *marawi (hamdani)* und *jandali* angepflanzt.

DAS HEILIGE LAND FÜR
FOODIES

Die moderne israelische Küche kombiniert regionale arabisch-levantinische Speisen mit Gerichten, die jüdische Einwanderer aus Europa, Nordafrika und dem Nahen Osten mitbrachten, sowie mit Gewürzen und Zubereitungsarten, die israelische Backpacker in Süd- und Südostasien kennen und lieben gelernt haben. Die aus frischesten Zutaten kreierte Fusionsküche ist ein unwiderstehliches Fest für den Gaumen.

Köstliches Streetfood

Kichererbsen sind die Stars zweier Gerichte, die Israelis und Palästinenser lieben: Falafeln (frittierte Bällchen aus Kichererbsen) und Hummus, der oft mit *fuul* (gekochte Dicke Bohnen) serviert wird. Die *bourekas* genannten pikanten Blätterteigtaschen gehen auf sephardische Juden vom Balkan zurück, *schawarma* ist Fladenbrot mit gegrillten Fleischstücken.

←

Mit Falafeln, Salaten, Peperoni und Tahini-Sauce gefüllte Pitabrote

Levantinische und arabische Küche

Die traditionelle Küche Palästinas, Jordaniens, Libanons und Syriens ist köstlich. Arabische Restaurants, z. B. in Haifa, Akko, Nazareth, Ramallah, Bethlehem und Amman, servieren erstklassiges Essen. Besonders lecker sind das jordanische Nationalgericht *mansaf* (in Laban, eine Art Joghurt, gekochtes Lamm oder Huhn mit Reis), *kibbeh* (Hackfleisch-Bulgur-Klöße) und *fattoush* (Rohkostsalat mit frittierten Pitastücken). *Kunafeh*, ein delikates, käsig-süßes Dessert, kommt aus Nablus.

←

Ein Imbissstand mit palästinensischen Speisen in Jerusalems Altstadt

Internationale Einflüsse

Jüdische Einwanderer und Flüchtlinge brachten eine Vielfalt leckerer Gerichte mit: Tscholent (langsam gegarter Sabbat-Eintopf) aus Osteuropa, blätterteigähnliches *Jachnun*-Gebäck aus dem Jemen und würzige Speisen auf *injera* (weiches saures Fladenbrot) aus Äthiopien.

←

Traditionelles äthiopisches Gericht mit injera

Vegetarierparadies

Die Region bietet eine reichliche Essensauswahl für Vegetarier. Vegetarisch oder vegan sind die meisten Streetfood-Gerichte, die großen israelischen Salate in den Cafés und die Mezze in levantinischen und arabischen Restaurants. Ein Highlight ist das von nordafrikanischen Juden eingeführte *shakshuka*: pochierte Eier in einer pikanten Sauce aus Olivenöl, Tomaten, Zwiebeln und Paprikaschoten.

→

Wohlschmeckendes Frühstück mit shakshuka*, Brot und Hummus*

Baha'i-Wallfahrten

Der Schrein des Bab im Baha'i-Park *(siehe S. 192)* in Haifa ist seit über 100 Jahren das Ziel von Baha'i-Pilgern. Gläubige aller Religionen und auch Ungläubige finden zwischen den blühenden Terrassen und Brunnen an den Hängen des Bergs Karmel Inspiration und vielleicht sogar spirituelle Anregung. Von hier ist schon die Aussicht auf die Stadt und das glitzernde Mittelmeer fast überirdisch.

→

Der traumhaft schöne Baha'i-Park mit dem Schrein des Bab in Haifa

TRADITIONEN
IM HEILIGEN LAND

Mit seinen heiligen Stätten von fünf Religionen – Judentum, Christentum, Islam, Drusentum und Baha'i – bietet die Region Besuchern die einmalige Gelegenheit, die eigenen spirituellen Verankerungen und die Zeremonien und Rituale anderer Religionen besser kennenzulernen.

Sabbat in Safed

Wenn die Sonne freitags untergeht und die letzten Läden schließen, senkt sich überirdische Ruhe über Safed *(siehe S. 206)*. Eine Sirene verkündet den Beginn des Sabbats, Synagogen heißen die »Königin Sabbat« mit einer 500 Jahre alten Liturgie willkommen. Die Stadt macht 25 Stunden lang Pause.

Ultraorthodoxe Juden auf dem Weg zum Gebet in Safed ↓

Iftar-Mahl

Im Fastenmonat Ramadan fasten fromme Muslime von Sonnenauf- bis -untergang, um Körper, Geist und Seele zu reinigen. Nach Sonnenuntergang setzen sich die Familien zum fröhlichen Iftar-Mahl zusammen. In einigen muslimischen Gemeinden in den Palästinensischen Autonomiegebieten und in Städten wie Umm al-Fahm und Jisr az-Zarqa in Israel sind Besucher beim Mahl willkommene Gäste.

Am Sabbat geschlossen!

In fast allen jüdischen Gebieten sind die Läden am Sabbat geschlossen. Er beginnt freitags kurz vor Sonnenuntergang und endet eine Stunde nach Sonnenuntergang am Samstag. In orthodoxen Bezirken sind alle Restaurants geschlossen – weichen Sie in säkulare jüdische oder arabische Gebiete aus.

←
Muslime beim Fastenbrechen vor dem Felsendom auf dem Tempelberg

→
Christen bei der Taufe im Jordan an der Jardenit-Taufstätte

Kabbala

Die Kabbala ist ein alte mystische Tradition des Judentums. Safed war im 16. Jahrhundert das führende Kabbala-Zentrum, nachdem sich 1492 aus Spanien geflohene jüdische Gelehrte hier niedergelassen hatten. Isaak Luria (1534–1572), der den Beinamen ARI trug, lehrte, dass die Welt in einem Tzimtzum genannten Prozess entstanden war, indem Gott das unendliche Urlicht zusammenzog, um Platz für das Universum zu schaffen.

Taufe im Jordan

Viele christliche Pilger im Heiligen Land bekräftigen noch einmal ihren Glauben, indem sie sich wie einst Jesus von Johannes dem Täufer im Jordan taufen lassen. In langen weißen Gewändern tauchen sie selbst an den Taufstätten ins Wasser, z. B. in Jardenit *(siehe S. 203)* südlich des Sees Genezareth, in Qasr el-Yehud im Westjordanland und jenseits des Jordans in al-Maghtas (»Bethanien jenseits des Jordans«) in Jordanien.

Packender Modern Dance

Israelische Choreografen und Tänzer sind eine treibende Kraft in der internationalen Modern-Dance-Szene. In Tel Aviv gibt das Suzanne Dellal Centre *(siehe S. 180)* jährlich rund 600 Vorstellungen. Ensembles des Hauses sind die weltberühmte Batsheva Dance Company und Israels erste Ballettkompanie, das Inbal Dance Theater. Die führende Kibbutz Contemporary Dance Company (www.kcdc.co.il) tritt im Kibbuz Ga'aton, israelweit sowie in Europa und Nordamerika auf.

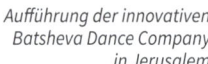

Aufführung der innovativen Batsheva Dance Company in Jerusalem

ENTERTAINMENT
IM HEILIGEN LAND

Im Bereich der darstellenden Künste besitzt die relativ kleine Region eine unglaublich große und vielfältige Szene. Theaterinszenierungen sind nicht selten provokativ und oft Grund heftiger Debatten. Musikdarbietungen reichen von Klassik über Pop bis zu Rap mit hebräischen, arabischen, indischen und äthiopischen Einflüssen.

Spannendes Theater

Theater ist in Israel eine extrem populäre Kunstform. In Tel Aviv inszeniert das Cameri Theater (www.cameri.co.il) neue israelische Stücke und das HaBima (www.habima.co.il) seit über 100 Jahren internationale Klassiker – jeweils mit englischen Übertiteln. Das Ensemble von Yiddishpiel (www.yiddishpiel.co.il) ist auf jiddische Vorstellungen spezialisiert, die Übertitel sind auf Hebräisch und Russisch.

Die beleuchtete Fassade des herausragenden HaBima Theatre in Tel Aviv

Mitreißender Klezmer

Der »jüdische Soul« stammt ursprünglich aus Osteuropa und zeigt Einflüsse osmanischer und Roma-Musik vom Balkan. Mit seinen von Klarinette und Geige geprägten Klängen kann Klezmer-Musik leidenschaftlich, aber auch schmachtend sein, Freude und Leid ausdrücken. Jedes Jahr im August treten beim Klezmer Festival (www.klezmerim.info) in Safed israelische und internationale Musiker auf.

→

Mit Seele: Musiker auf dem Klezmer Festival in Safed

East Meets West

Die traditionelle Liturgie der Juden Nordafrikas sowie Musik aus Spanien, Ägypten, Griechenland, der Türkei, dem Maghreb und Irak spielt das Jerusalem Orchestra East and West (www.tjo.co.il), das frühere Orchestre Andalou d'Israël.

←

Open-Air-Konzert des Jerusalem Orchestra East and West

Westliche Klassik

Tel Avivs Israel Philharmonic Orchestra oder IPO (www.ipo.co.il) wurde 1936 von deutschen Juden gegründet, die vor den Nazis geflüchtet waren. Zu seinen gefeierten Konzertreihen gehören Aufführungen für Kinder und »IPO in Jeans« für ein jüngeres, legeres Publikum.

Zubin Mehta dirigiert das Israel Philharmonic Orchestra ↑

DAS JAHR IN
ISRAEL, WESTJORDANLAND & PETRA

Januar

△ **Orthodoxes Weihnachten** *(7. Jan)*. Orthodoxe Christen feiern mit Prozessionen in Jerusalem, Bethlehem, Nazareth, Jaffa.
Tiberias Marathon *(variabel)*. Tiefster Marathon der Welt am See Genezareth.

Februar

△ **Tu biSchewat** *(variabel)*. Am jüdischen »Neujahr der Bäume« pflanzt man Bäume und geht wandern.
Tel Aviv Marathon *(variabel)*. Rund 40 000 Teilnehmer laufen durch Tel Aviv.

Mai

Unabhängigkeitstag *(variabel)*. Zu den Feiern gehört auch eine Flugschau der israelischen Luftwaffe.
Lag BaOmer *(variabel)*. Mit Freudenfeuern und Ausflügen wird ein jüdisches Wunder (2. Jh.) gefeiert, dreijährige Jungs erhalten traditionell den ersten Haarschnitt.
△ **Eid al-Fitr** *(variabel)*. Muslime feiern drei Tage lang das Ende des Ramadan.

Juni

Israel Festival *(Anfang Juni)*. Israels größtes Festival wird mit Konzerten, Tanz und Theater in ganz Jerusalem begangen.
△ **Tel Aviv Gay Pride** *(2. Woche im Juni)*. Rund 250 000 Menschen strömen zur größten LGBTQ+ Parade Asiens.

September

△ **Rosh HaShana** *(variabel)*. Das jüdische Neujahr wird mit Gebeten und Familienausflügen gefeiert.
Jom Kippur *(variabel)*. Am Versöhnungstag, dem höchsten Feiertag, sind die Grenzen geschlossen. Der Verkehr steht still.

Oktober

Sukkot *(variabel)*. Fromme Juden bauen beim Laubhüttenfest im Gedenken an den Auszug aus Ägypten Hütten aus Zweigen.
△ **International Fringe Theater Festival** *(variabel)*. Akko feiert die darstellenden Künste mit Straßentheater und Uraufführungen.
Simchat Tora *(variabel)*. Der neue Jahreszyklus der Thora-Lesungen beginnt.

März

△ **Purim** *(variabel)*. Das Gedenken an die Rettung der Juden im antiken Perserreich feiern vor allem Kinder mit Kostümparaden.
French Film Festival *(variabel)*. In ganz Israel zeigen Kinematheken Filme aus Frankreich.

April

Pessach *(variabel)*. Am Gedenktag an die Befreiung der Israeliten aus der Sklaverei wird nach jüdischem Gesetz in jüdischen Gebieten kein Brot verkauft.
△ **Karfreitag** *(variabel)*. In der Via Dolorosa in Jerusalem gehen Prozessionen den Kreuzweg.
Ostern *(variabel)*. Jesu Auferstehung wird mit Gottesdiensten und Paraden gefeiert.
Ramadan *(variabel)*. Muslime fasten einen Mondmonat lang bei Tageslicht, nach Sonnenuntergang wird fröhlich gespeist.

Juli

△ **Jerash Festival** *(Ende Juli)*. Konzerte, Theateraufführungen und Volkstänze bringen Leben in Jordaniens schönste römische Ruinen.
Eid al-Adha *(variabel)*. Am heiligsten aller Feiertage ehren die Muslime die Bereitschaft Abrahams, seinen Sohn zu opfern.

August

△ **Safed Klezmer Festival** *(Mitte Aug)*. Die Gassen von Safed swingen zum einzigartigen »Jiddischen Soul«.
Red Sea Jazz Festival *(Ende Aug)*. Jazzmusiker aus aller Welt jammen in Eilat.

November

△ **Yitzhak-Rabin-Gedenktag** *(variabel)*. Tel Aviv gedenkt mit einer Demonstration Rabins Ermordung 1995 durch einen jüdischen Gegner des Oslo-Friedensprozesses.
Open Restaurants Jerusalem *(Mitte Nov)*. Spitzenköche öffnen ihre Restaurantküchen für Kurse und geben kulinarische Tipps.

Dezember

Chanukka *(variabel)*. Juden feiern den Sieg der Makkabäer über die Seleukiden und die Wiedereinweihung des Zweiten Tempels.
Weihnachten *(25. Dez)*. Bethlehem feiert eine katholische Mitternachtsmesse.
△ **Holiday of Holidays** *(Wochenenden im Dez)*. Haifa veranstaltet interreligiöse Feiertage für die sechs Religionen der Stadt.

KURZE GESCHICHTE

Die Region zwischen dem östlichen Mittelmeer und dem Jordan – im historischen Verlauf: Kanaan, die Reiche Israel und Juda, Heiliges Land, Palästina, Staat Israel – spielt seit Urzeiten eine herausragende Rolle in der Geschichte der Menschheit und als Wiege monotheistischer Weltreligionen.

Die Israeliten und Erster und Zweiter Tempel

Zwischen 1200 und 1000 v. Chr. vereinen sich die hebräischen Stämme in Kanaan zum Reich Israel. Ihr König David wählt Jerusalem zur Hauptstadt. Nach dem Tod König Salomons zerfällt dieses Königreich in das Nordreich Israel in Galiläa und das Südreich Juda mit Jerusalem. 586 v. Chr. erobern die Babylonier Jerusalem, zerstören den Ersten Tempel Salomons und deportieren die Judäer ins Exil. Nach dem Sieg der Perser über die Babylonier 538 v. Chr. dürfen sie nach Israel zurück. Mit dem Bau eines neuen Tempels auf den Ruinen des Ersten beginnt die Ära des »Zweiten Tempels«.

1 *Historische Karte der Stadt Jerusalem mit dem Ersten Tempel*
2 *Salomon, Herrscher des Königreichs Israel*
3 *Modell des Zweiten Tempels in Jerusalem*
4 *Belagerung Jerusalems im Jüdischen Krieg*

Chronik

780 000 v. Chr.
In Obergaliläa nutzen Frühmenschen Faustkeile

10 000 v. Chr.
Steinzeitliche Jäger und Sammler siedeln in Jericho und beginnen mit Ackerbau und Viehzucht

1500 v. Chr.
Erwähnung der Kanaaniter in der Levante

12. Jh. v. Chr.
Philister kommen über die Ägäis und siedeln in und bei Gaza

11. Jh. v. Chr.
Jerusalem wird König Davids Hauptstadt, sein Sohn Salomon baut den Ersten Tempel

586 v. Chr.
Die Babylonier zerstören den Ersten Tempel, ein großer Teil der Bevölkerung kommt in die »Babylonische Gefangenschaft« nach Babylon

Die Römer und der jüdische Widerstand

Nach der römischen Eroberung Jerusalems 63 v. Chr. führen hohe Steuern und eine rigorose Besatzungspolitik zu sozialen und politischen Spannungen. In diese unruhige Zeit wird Jesus geboren, der als Jude lebt und predigt. Im Jahr 66 n. Chr. bricht der große Jüdische Krieg gegen die Römer aus, in dessen Verlauf römische Legionen Jerusalem erobern und zerstören. Sie reißen auch den Zweiten Tempel nieder, von dem nur die Westmauer (Klagemauer) stehen bleibt. Nach der Niederschlagung eines zweiten Aufstands im 2. Jahrhundert lässt der römische Kaiser Jerusalem wiederaufbauen, verbietet jedoch Juden, sich dort anzusiedeln. Zudem benennt er die römische Provinz Iudaea nach den Philistern, den Feinden der Juden, in Syria Palaestina um.

Im 2. und 3. Jahrhundert leben praktisch keine Juden in Judäa, das Judentum besteht jedoch in Galiläa und in Gemeinden der Diaspora weiter. Als Kaiser Konstantin der Große den Christen im frühen 4. Jahrhundert Religionsfreiheit gewährt, können Christen ins Heilige Land pilgern. In der Folge werden zahlreiche Kirchen gebaut. 380 wird das Christentum Staatsreligion im Römischen Reich (byzantinische Epoche).

Die verlorenen Stämme Israels

Als die Assyrer um 720 v. Chr. das Nordreich Israel eroberten, siedelten sie zehn Stämme um, die verschollen blieben. Jüdische Gruppen aus aller Welt, von Äthiopien über Afghanistan bis Nigeria, sehen sich als ihre Nachfahren.

322 v. Chr.
Alexander der Große erobert Judäa; hellenistische Kultur

164 v. Chr.
Mit dem Sieg der Makkabäer über die Seleukiden ist Judäa wieder unabhängig

63 v. Chr.
Die Römer erobern Jerusalem und Judäa

um 4 v. Chr.
Geburt Jesu in Bethlehem

66–70 n. Chr.
Jüdischer Krieg gegen die Römer, Zerstörung des Zweiten Tempels

380
Unter Theodosius wird das Christentum Reichskirche im Oströmischen Reich

Islam und Kreuzzüge

Nach der relativ stabilen und wohlhabenden byzantinischen Ära sorgen 638 muslimische Heere aus Arabien für Aufruhr. Sie erobern Palästina und führen den Islam und arabische Kultur ein. Christen und Juden können weiter in Jerusalem leben, wenn sie eine spezielle Steuer zahlen, Christen aus Byzanz und Europa dürfen ins Heilige Land pilgern. Die religiöse Koexistenz endet 1009, als der sechste Fatimiden-Kalif, al-Hakim, die Grabeskirche abreißen lässt. Als die türkischen Seldschuken Christen und Juden nicht mehr nach Jerusalem hineinlassen, löst dies im empörten christlichen Europa den ersten von mehreren Kreuzzügen zur Eroberung des Heiligen Landes aus – mit dem Ersten Kreuzzug (ab 1096) gelingt dies 1099.

Die Herrschaft der Kreuzfahrer in Jerusalem beendet 1187 der kurdisch-muslimische General Saladin (Salah ad-Din), doch die Kreuzfahrerstaaten im Heiligen Land bleiben noch bis 1291 bestehen. In der Folge steigt Jerusalem langsam zu einer Provinzstadt ab. Die Mamluken regieren das Land von Ägypten aus und verbannen Beamte, die am Hof in Kairo in Ungnade gefallen sind, in die Heilige Stadt. Allerdings dürfen Christen wieder ins Heilige Land pilgern.

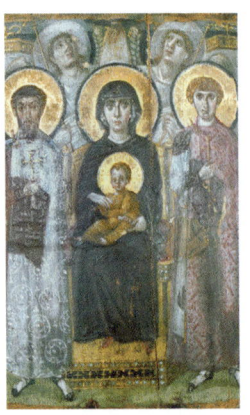

↑ *Byzantinische Ikone der Muttergottes mit Kind aus dem 6. Jahrhundert*

Chronik

636
Muslimische Araber gewinnen die Schlacht am Jarmuk und etablieren sich im Heiligen Land

970
Die schiitische Fatimiden-Dynastie aus Kairo erobert Palästina

1099
Kreuzfahrer erobern Jerusalem und gründen ein Königreich

1187
Saladin besiegt die Kreuzfahrer und erobert Jerusalem

1260
Mamluken besiegen Mongolen in der Schlacht bei 'Ain Dschālūt

Osmanische Herrschaft und Zionismus

1516 beginnt die rund 400 Jahre lange osmanische Herrschaft in Palästina. In Jerusalem lässt Sultan Süleyman I. (1520–66) die Altstadtmauer und weitere große Bauten errichten. Mit der schwindenden Macht des Osmanischen Reichs, das ab dem 18. Jahrhundert als verletzbar gilt, steigt das Interesse der durch die Industrielle Revolution erstarkten europäischen Staaten der Region. 1838 geht ein britischer Konsul nach Jerusalem, ihm folgen französische und preußische Diplomaten. In West- und Mitteleuropa erstarkt die zionistische Bewegung für die nationale jüdische Selbstbestimmung. 1896 gründet der in Budapest geborene österreichische Journalist Theodor Herzl den politischen Zionismus, der auf politisch-diplomatischem Weg einen unabhängigen jüdischen Staat anstrebt.

Im Ersten Weltkrieg beenden die Briten die osmanische Herrschaft in Palästina. In der Balfour-Deklaration von 1917 erklärt die britische Regierung ihre Unterstützung für die »Errichtung einer nationalen Heimstätte für das jüdische Volk in Palästina«. Das Versprechen wird zum Auftrag im Völkerbundsmandat für Palästina, das der Völkerbund 1922 an Großbritannien überträgt.

1 Darstellung einer Schlacht zwischen Kreuzfahrern und Muslimen in einer illuminierten Handschrift

2 Porträt des osmanischen Sultans Süleyman I. des Prächtigen

3 Napoléon bei seiner schnellen Eroberung von Jaffa 1799

4 Eingewanderte jüdische Siedler in Rishon LeZion, frühes 20. Jahrhundert

1291
Die letzten Kreuzfahrerstaaten im Heiligen Land fallen samt Akko an die Mamluken

1516
Mamluken verlieren die Macht in Palästina an die Osmanen

1799
Napoléon massakriert bei Jaffas Eroberung osmanische Truppen und Zivilisten

1839
Der britische Jude Sir Moses Montefiore verkündet als Erster die Idee eines jüdischen Staats

1882
Pogrome in Russland, geflüchtete Juden gründen Dörfer in Palästina

Arabisch-jüdischer Konflikt

Bei Ausbruch des Ersten Weltkriegs leben rund 500 000 Araber und 85 000 Juden in Palästina. In den 1920er und 1930er Jahren kommen etwa 250 000 weitere Juden, viele sind Flüchtlinge aus dem nationalsozialistischen Deutschland. Mit jeder Einwanderungswelle verschärfen sich die Spannungen zwischen den Bevölkerungsgruppen. Der arabische Aufstand von 1936 führt zum Generalstreik und zu Gewalttätigkeiten zwischen Arabern, Juden und Briten. Unter den Vorzeichen des drohenden Kriegs veröffentlicht die britische Regierung 1939 mit Blick auf arabische und muslimische Verbündete ein »Weißbuch«, das die jüdische Einwanderung drastisch einschränkt – gerade, als die Lage für die Juden in Deutschland verzweifelt wird.

Die Beschränkung, die nach dem Zweiten Weltkrieg auch für Holocaust-Überlebende weiter gilt, ist Zündstoff für den Konflikt zwischen der zionistischen Bewegung und der britischen Regierung. Die von David Ben-Gurion von der sozialistischen Mapai-Partei angeführte breite Masse der Juden in Palästina kooperiert großteils mit den Briten, die radikaleren zionistischen Organisationen wie die rechte Irgun (Etzel) und die Lehi (Stern Gang) führen dagegen Anschläge auf Briten und Araber,

1 *Jüdische Flüchtlinge gehen 1939 bei Tel Aviv an Land*

2 *Ein Plakat von 1947 zeigt Theodor Herzl, den Begründer des politischen Zionismus*

3 *Britische Truppen ziehen 1948 aus Palästina ab*

4 *Ben-Gurion proklamiert 1948 den Staat Israel*

Chronik

1910
Degania wird als erster Kibbuz beim See Genezareth gegründet

1916
Briten und Franzosen teilen die Levante im geheimen Sykes-Picot-Abkommen auf

1918
General Allenby beendet osmanische Kontrolle über Palästina

1920er Jahre
Arabischer Widerstand gegen Zionismus und Einwanderung in Palästina wächst

1929
Arabische Aufstände kulminieren in Pogromen gegen Juden in Palästina

auch auf Zivilisten, aus. Die Briten, die die Lage nicht mehr im Griff haben, bringen die »Palästina-Frage« vor die neu gegründeten Vereinten Nationen. Am 29. November 1947 stimmt die UNO-Vollversammlung für die Aufteilung Palästinas in einen jüdischen und einen arabischen Staat und die Unterstellung Jerusalems unter internationale Kontrolle.

Die Gründung des Staates Israel

Kurz darauf bricht in Palästina ein Bürgerkrieg aus: Als die Briten am 14. Mai 1948 abziehen, ruft David Ben-Gurion den Staat Israel aus. Bei Palästinensern gilt der Tag als Nakba (Katastrophe). Die Armeen Libanons, Syriens, Iraks, Jordaniens und Ägyptens marschieren in Israel ein. Zur Überraschung vieler können sich die Israelis behaupten und sogar ihr Territorium vergrößern. Ende 1948 kontrolliert Israel 77 Prozent des palästinensischen Mandatsgebiets. Das Westjordanland ist von Jordanien besetzt, der Gazastreifen untersteht Ägypten. Jerusalem ist eine geteilte Stadt: Die Altstadt samt der Klagemauer steht unter jordanischer Kontrolle. Rund 700 000 palästinensische Araber sind aus dem israelischen Territorium geflohen oder wurden vertrieben, etwa 180 000 sind geblieben.

Die Grüne Linie

Nach dem Krieg von 1948 markierten die Unterhändler Israels, Jordaniens und Ägyptens die Waffenstillstandslinie mit grüner Tinte auf der Karte. Die »Grüne Linie« schuf geopolitisch Neues: Westjordanland und Gazastreifen. Israel besetzt das Westjordanland seit 1967 (aus dem Gazastreifen zog es 2005 ab), für viele zeigt die Grüne Linie die Grenzen eines künftigen Palästinenserstaats.

1933 Juden aus Nazi-Deutschland fliehen vermehrt nach Palästina

1936 Arabischer Aufstand gegen britisches Mandat und jüdische Immigration beginnt

1946 Bombenanschlag der radikalen zionistischen Irgun auf Jerusalems King David Hotel

1948 Ben-Gurion ruft den Staat Israel aus

1949 Israel und seine arabischen Nachbarn unterzeichnen Waffenstillstandsabkommen

Arabisch-israelische Kriege nach 1948

Israel beginnt mit der Ansiedlung jüdischer Flüchtlinge aus Europa und dem Nahen Osten. In den folgenden zwei Jahrzehnten finden die meisten der 850 000 Juden, die aus arabischen Ländern fliehen oder vertrieben werden, Zuflucht in Israel, das weiter im Kriegszustand mit den Nachbarn ist. 1956 marschiert Israel auf dem Sinai ein – als Teil eines gescheiterten Plans Frankreichs und Großbritanniens, die Kontrolle über den unter Ägyptens Präsident Nasser verstaatlichten Suezkanal wiederzuerlangen. Im Frühjahr 1967 vertreibt Ägypten die UN-Truppen vom Sinai, sperrt die Straße von Tiran für israelische Schiffe und sendet Bodentruppen auf den Sinai. Als Reaktion zerstört Israel in einem Präventivschlag die Luftwaffe Ägyptens am Boden, attackiert die Luftwaffen Syriens, Jordaniens und Iraks. Nach dem Sechstagekrieg hat Israel die Kontrolle über die Golanhöhen von Syrien, Gaza und Sinai von Ägypten, Ostjerusalem und Westjordanland von Jordanien übernommen.

Friedensbemühungen

Der Jom-Kippur-Krieg von 1973 zwischen Ägypten, Syrien und Israel ändert wenig, ebnet jedoch den Weg für das Camp-Da-

> **Schon gewusst?**
> 1969 wurde Golda Meir die erste Premierministerin, die nicht aus einer Politikerdynastie stammte.

Chronik

1967 Israel verdreifacht im Sechstagekrieg das von ihm kontrollierte Gebiet

1977 Der Wahlsieg der rechten Likud-Partei beendet die 30-jährige Regierungsära der Arbeiterpartei

1993 Israel und die PLO unterzeichnen Oslo-Abkommen

1994 Jordanien und Israel unterzeichnen Friedensvertrag und öffnen die Grenze

1995 Premierminister Yitzhak Rabin wird von einem rechtsextremen Juden ermordet

vid-Abkommen (1978) und den Israelisch-ägyptischen Frieden von 1979, in dem Ägypten den Sinai zurückerhält. In den späten 1980er Jahren erkennt die Palästinensische Befreiungsorganisation (PLO), dass ihre Anschläge auf Zivilisten Israels Entschlossenheit stärken und ihr international wenig Sympathie einbringen. Weitaus effektiver ist ab 1987 die Intifada (»abschütteln«), eine Graswurzelrevolte der Palästinenser im Gazastreifen und Westjordanland. Infolge des Golfkriegs von 1991 vermitteln die USA israelisch-palästinensische Treffen, die zur Unterzeichnung der Oslo-Abkommen 1993 und 1995 führen.

Palästinensische Autonomiegebiete

Israels Zorn über palästinensische Selbstmordattentate während der Zweiten Intifada (2000 – 05), das Zerwürfnis zwischen dem von der Fatah regierten Westjordanland und dem Gazastreifen der Hamas sowie die wiederholten Gewalttakte zwischen Hamas und Israel haben den Friedensprozess zum Erliegen gebracht. Trotz des – zum Unmut der internationalen Gemeinschaft – fortgesetzten Siedlungsbaus durch Israels rechte Regierung wird weiterhin nach einer Lösung gesucht, die der Region dauerhaften Frieden bringt.

1 *Jordanische Flüchtlinge auf dem Weg in besetztes jordanisches Gebiet im Sechstagekrieg 1967*

2 *Palästinenser demonstrieren im Gazastreifen während der Intifada, 1988*

3 *Historischer Handschlag von Yitzhak Rabin und Yasser Arafat beim Oslo-Abkommen 1993*

4 *Heutige Jerusalemer beim Einkaufen auf einem Markt in der Altstadt*

2004
Palästinenserpräsident Yasser Arafat stirbt in einem Pariser Krankenhaus

2005
Israel zieht einseitig vom Gazastreifen ab

2006
Die militante islamistische Hamas besiegt die Fatah bei den Wahlen in den Autonomiegebieten

2007
Die Hamas übernimmt die Kontrolle über den Gazastreifen von der Fatah und der Autonomiebehörde

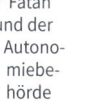

2020
Normalisierung der Beziehungen Israels zu mehreren arabischen Ländern

Judentum

Die jüdische Religion basiert auf dem Glauben an den einen jenseitigen Gott, der sich den Propheten der hebräischen Bibel – des Tanach – offenbarte. Die Thora (entspricht etwa dem Alten Testament) ist der erste Teil des Tanach. Demnach hat Gott mit den Juden einen Bund geschlossen: Gott sorgt für sein auserwähltes Volk, das an ihn als alleinigen Gott und seine Allmacht glaubt. Für traditionelle Juden ist das Judentum ein umfassender Lebensstil: Als rechtliche Vorlage dienen die Regeln und Gebote der Halacha (ein Teil des Talmuds). Das Judentum ist nicht missionarisch, weil gemäß dem Talmud »die Gerechten aller Völker Anteil an der kommenden Welt haben«. Jude ist, wer eine jüdische Mutter hat oder konvertiert – diese Regel führt in Israel allerdings zunehmend zu Diskussionen und Problemen.

Rabbinisches Judentum

Im Zentrum des jüdischen Ritus stand ursprünglich das von den Priestern im Tempel von Jerusalem ausgeführte Tieropfer. Nach der Zerstörung des Zweiten Tempels 70 n. Chr. *(siehe S. 49)* wurden statt Pilgerfahrten und Opfern Gebete und Studien in lokalen Synagogen ausgeführt. Die Rabbiner, die diese Neuorientierung leiteten, schrieben die mündlich überlieferten Religionsgesetze im Talmud nieder, der noch heute studiert und diskutiert wird.

Jüdische Strömungen

Auf die Moderne gibt es innerhalb des Judentums verschiedene Reaktionen. Das liberale Judentum stellt die ethischen über die rituellen Gesetze und basiert auf

↑ *Betende an der Klagemauer in Jerusalem, der heiligsten Stätte des Judentums*

den 1810 in Deutschland entwickelten Reformen. Die ultraorthodoxen Haredim legen die Halacha (jüdisches Recht) sehr streng aus – weitaus strenger als frühere Rabbiner. Die modernen Orthodoxen sind bestrebt, die Einhaltung der Halacha mit dem Leben in der modernen Welt zu vereinbaren. Für konservative Juden kann das Judentum nur authentisch und maßgeblich bleiben, wenn die Halacha als bindende Vorlage angepasst wird.

Frauen in der jüdischen Religion

Im traditionellen Glauben wird die Zugehörigkeit zum Judentum über die Mutter weitergegeben. Die Rolle der Frau lag früher fast nur im häuslichen Bereich. Heute erkennen liberale (Reformjuden), konservative Juden und Anhänger des Jewish Renewal die Gleichberechtigung der Frau an, eher liberale orthodoxe Richtungen versuchen sie im Ritus einzubinden. Die Einrichtung eines für Männer und Frauen gemeinsamen Gebetsbereichs an der Klagemauer lehnten die ultraorthodoxen Parteien ab *(siehe S. 89)*.

Die Thora

Die Thora (Pentateuch) umfasst die ersten fünf Bücher der hebräischen Bibel (Tanach): Genesis, Exodus, Leviticus, Numeri und Deuteronomium. Als zentraler, heiliger Text des Judentums ist sie Basis für jüdische Ethik, Rechtsordnung und Theologie. Der auf einer Pergamentrolle mit der Hand geschriebene Text der Thora wird in Synagogen im Verlauf eines Jahrs (teils drei Jahre) Woche für Woche am Samstagmorgen vorgetragen.

← Frauen werfen Süßigkeiten bei einer Bar Mizwa an der Klagemauer

↑ Orthodoxe Juden tanzen auf der Plaza vor der Klagemauer

Christentum

Das Christentum, ursprünglich eine jüdische Sekte, entwickelte sich aus den Lehren des Jesus von Nazareth. Dem christlichen Glauben zufolge war er von Gott als Erlöser der Menschheit (Messias) auf die Erde gesandt worden. Die verschiedenen christlichen Konfessionen unterscheiden sich zwar in bedeutenden theologischen Aspekten, glauben jedoch fast alle an die Dreifaltigkeit: der Wesenseinheit Gottes als Gott Vater, Gott Sohn (Jesus Christus) und Heiliger Geist. Glaubensgrundsatz des Christentums ist, dass Jesus den physischen Tod am Kreuz starb, um die Sünden der Menschheit auf sich zu nehmen, vom Tod auferstand und in den Himmel aufstieg – und dass die Menschheit auf die Wiederkunft des Herrn und den Jüngsten Tag wartet. Von den rund 2,4 Milliarden Christen sind 1,3 Milliarden Katholiken und 920 Millionen Protestanten.

Jesus

Jesus von Nazareth war ein Jude, der im 1. Jahrhundert n. Chr. in der römischen Provinz Judäa lebte. Sein Leben und seine Lehren sind im Neuen Testament beschrieben. In der christlichen Theologie ist Jesus die Menschwerdung Gottes und der im Tanach prophezeite Messias. Seiner Geburt gedenkt man an Weihnachten, seiner Kreuzigung am Karfreitag und seiner Auferstehung am Ostersonntag.

↑ *Hochfest Mariä Empfängnis in der Annakirche in Jerusalem*

Neues Testament

Zur Bibel gehört neben dem Alten Testament (entspricht etwa dem Tanach) das Neue Testament mit den Evangelien (»guten Nachrichten«) des Matthäus, Markus, Lukas und Johannes. Seine 27 Schriften über das Leben und die Lehren Jesu und der Apostel wurden Ende des 1. / Anfang des

Die Kuppeln der Grabeskirche in Jerusalem ↑

2. Jahrhunderts auf Griechisch erfasst und bilden die Grundlage der christlichen Theologie.

Christen im Heiligen Land
Von den rund 160 000 Christen (2 % der Einwohner) in Israel sind 80 Prozent arabischer Abstammung. 60 Prozent sind melkitische (griechische) Katholiken und 30 Prozent griechisch-orthodox. Von den 50 000 Christen im Westjordanland (1,7 % der Einwohner) ist etwa die Hälfte griechisch-orthodox, ein Drittel katholisch (meist östlich-, aber auch römisch-katholisch). Im Weiteren gibt es Anglikaner, Kopten, Lutheraner, Maroniten, armenisch-apostolische, syrisch-katholische, russisch-orthodoxe und äthiopisch-orthodoxe Christen.

Eucharistie
Bei der Eucharistie (Heilige Kommunion) werden Brot (oder eine Hostie) und Wein (oder Traubensaft) in Gedenken an den Kreuzestod Christi empfangen. Das erinnert an das Letzte Abendmahl, bei dem Jesus das Brot mit seinem Leib und den Wein mit seinem Blut gleichsetzte. Die meisten Christen glauben, dass Jesus während der Eucharistie wirklich oder symbolisch anwesend ist.

Ikonen
Ikonen sind ein bedeutendes Element in östlichen und altorientalischen Kirchen. Als bildliche Verkörperungen von Jesus, Maria, Heiligen und Engeln werden sie von den Gläubigen angebetet, um durch sie Gottes Heiligkeit zu erfahren. In orthodoxen Kirchen steht nach dem Vorbild des Tempels in Jerusalem *(siehe S. 48)* eine Ikonostase genannte, mit Ikonen geschmückte Wand zwischen dem Schiff, in dem die Laien beten, und dem Altarraum (Bema), in dem die Priester einen Teil des Gottesdienstes abhalten.

Das **Kreuz** ist das Symbol für die Kreuzigung Christi.

Kuppeln sind seit byzantinischer Zeit ein Architekturelement christlicher Kirchen.

↑ *Pilger auf der Via Dolorosa beim Gebet an einer Kreuzwegstation*

Islam

Glaubensgrundsatz dieser abrahamitischen Religion ist die absolute Einheit und Einzigkeit des allmächtigen und barmherzigen Gottes (Allah). Das arabische Wort *islam* bedeutet »sich ergeben in den Willen Gottes«, der im Koran, der Offenbarung Gottes an den Propheten Mohammed, verschriftlicht ist. Mohammed ist der letzte einer Reihe von Propheten, die mit Adam begann und zu der Noah, Abraham, Moses, Salomon und Jesus gehören. Das rechtliche Regelwerk Scharia behandelt jeden Aspekt des traditionellen muslimischen Alltags. Dem Glauben zufolge werden am Tag der Auferstehung die Gerechten belohnt und Sünder bestraft. Rund 1,8 Milliarden Menschen sind Muslime, der Islam wächst stärker als alle anderen großen Religionen.

Der Prophet Mohammed

Mohammed (um 570 – 632) gilt im Islam als Gottes letzter Prophet und hatte seine ersten Offenbarungserlebnisse mit 40. Angesichts des Widerstands gegen seine Lehren in Mekka floh er 622 nach Medina (Hidschra). 630 eroberte er Mekka, an seinem Lebensende herrschte der Islam in großen Teilen Arabiens. Die Hadith genannten überlieferten Aussprüche und Handlungen Mohammeds dienen als moralische Leitlinie und werden nur vom Koran übertroffen.

↑ *Der schöne Gebetsraum der El-Jazzar-Moschee in Akko*

Koran

Die heilige Schrift des Islam enthält dem Glauben zufolge die wörtliche Offenbarung Gottes, die er Mohammed durch den Erzengel Gabriel verkünden ließ. Er umfasst 114 Suren (Kapitel), die grob der Länge nach von der längsten zur kürzesten angeordnet sind. Viele Personen aus dem Tanach und dem Neuen Testament erscheinen auch in Passagen des Korans, die jedoch in verschiedenen Einzelheiten von ihren jüdischen und christlichen Pendants abweichen.

Moscheen

Eine Moschee (arabisch: *masjid*) enthält in der Regel die Gebetsnische *(mihrab)* – sie markiert die Richtung nach Mekka, der heiligsten Stadt des Islam – und eine *minbar* genannte Kanzel, auf der der Imam die Freitagspredigt hält. Viele Moscheen besitzen zudem ein Minarett, von dem der Muezzin fünfmal am Tag zum Gebet ruft.

Ein Wahrzeichen Ammans: die König-Abdullah-Moschee mit der blauen Hauptkuppel ↑

Die fünf Säulen des Islam

Schahada – das muslimische Glaubensbekenntnis: »Es gibt keinen Gott außer Allah und Mohammed ist sein Prophet.«

Salah – das Gebet: Die Gebete werden fünfmal täglich in Richtung der Kaaba verrichtet, dem zentralen Heiligtum des Islam im Innenhof der al-Haram-Moschee in Mekka (Saudi-Arabien).

Zakat – Die Abgabe eines bestimmten Teils des Besitzes an Bedürftige.

Sawm – Das Fasten bei Tageslicht während des gesamten heiligen Monats Ramadan, des neunten Monats im islamischen Kalender.

Haddsch – Die Pilgerfahrt in die heilige Stadt Mekka, die alle dazu fähigen Muslime zumindest einmal im Leben antreten sollten.

1 *Einsammeln von Zakat-Gaben*
2 *Betende in Jerusalems Al-Aqsa-Moschee während des Sawm (Fasten) im heiligen Monat Ramadan*
3 *Tausende muslimische Pilger umrunden beim Haddsch die Kaaba im Innenhof der al-Haram-Moschee im saudi-arabischen Mekka.*

Schon gewusst?

Wegen des islamischen Bilderverbots zieren Muster und Kalligrafien die Moscheen.

JERUSALEM
ERLEBEN

Pilger auf dem Ölberg

Muslimisches Viertel **66**

Jüdisches Viertel **84**

Christliches Viertel **102**

Armenisches Viertel
und Berg Zion **120**

Ölberg
und Davidsstadt **128**

Modernes Jerusalem **138**

Abstecher **154**

JERUSALEM
AUF DER KARTE

In diesem Reiseführer wurde Jerusalem in sechs Areale aufgeteilt, die auf den folgenden Seiten einzeln beschrieben werden (zu Abstechern siehe S. 154–165).

Heiliges Land und Umgebung

Belebte Straße im Muslimischen Viertel

Muslimisches Viertel

Das Altstadtviertel entstand in der Zeit von Herodes dem Großen und erhielt unter byzantinischer Herrschaft seine heutige Form. Als die Kreuzfahrer es im 12. Jahrhundert übernahmen, errichteten sie zahlreiche christliche Kirchen und Stätten, darunter die Via Dolorosa, die sich westwärts des Löwentors erstreckt. Im 14. und 15. Jahrhundert gestalteten die Mamluken diesen Stadtteil neu und bauten ihn vor allem um den Tempelberg (Haram ash-Sharif) aus. Es entstanden elegante Moscheen, Medresen (Koranschulen) und Pilgerunterkünfte mit Bogeneingängen, Steinmetzarbeiten und kalligrafischen Inschriften. Das monumentale Damaskustor wurde Anfang des 16. Jahrhunderts auf Geheiß des osmanischen Sultans Süleyman I. des Prächtigen errichtet.

Wie die anderen drei Viertel der Altstadt erhielt auch das Muslimische Viertel seine religiöse Bezeichnung im 19. Jahrhundert. Bevor in den 1920er und 1930er Jahren gewaltsame Unruhen ausbrachen, lebten hier Angehörige unterschiedlicher Religionen. Heute ist das Viertel das am dichtesten besiedelte der Altstadt – und auch das ärmste. Das Areal ist durch seine überfüllten, farbenfrohen Souks mit dem Herz des arabischen Ostjerusalem verbunden.

Muslimisches Viertel

Highlight
1. Tempelberg

Sehenswürdigkeiten
2. Geißelungskloster
3. Ecce-Homo-Bogen
4. Lady Tunshuqs Palais
5. Markt der Baumwollhändler
6. Chain Street
7. Zentraler Souk
8. Damaskustor
9. Herodestor
10. Annakirche
11. Löwentor

Restaurants
1. Abu Shukri
2. Ja'far Sweets

Café
3. Wiener Kaffeehaus

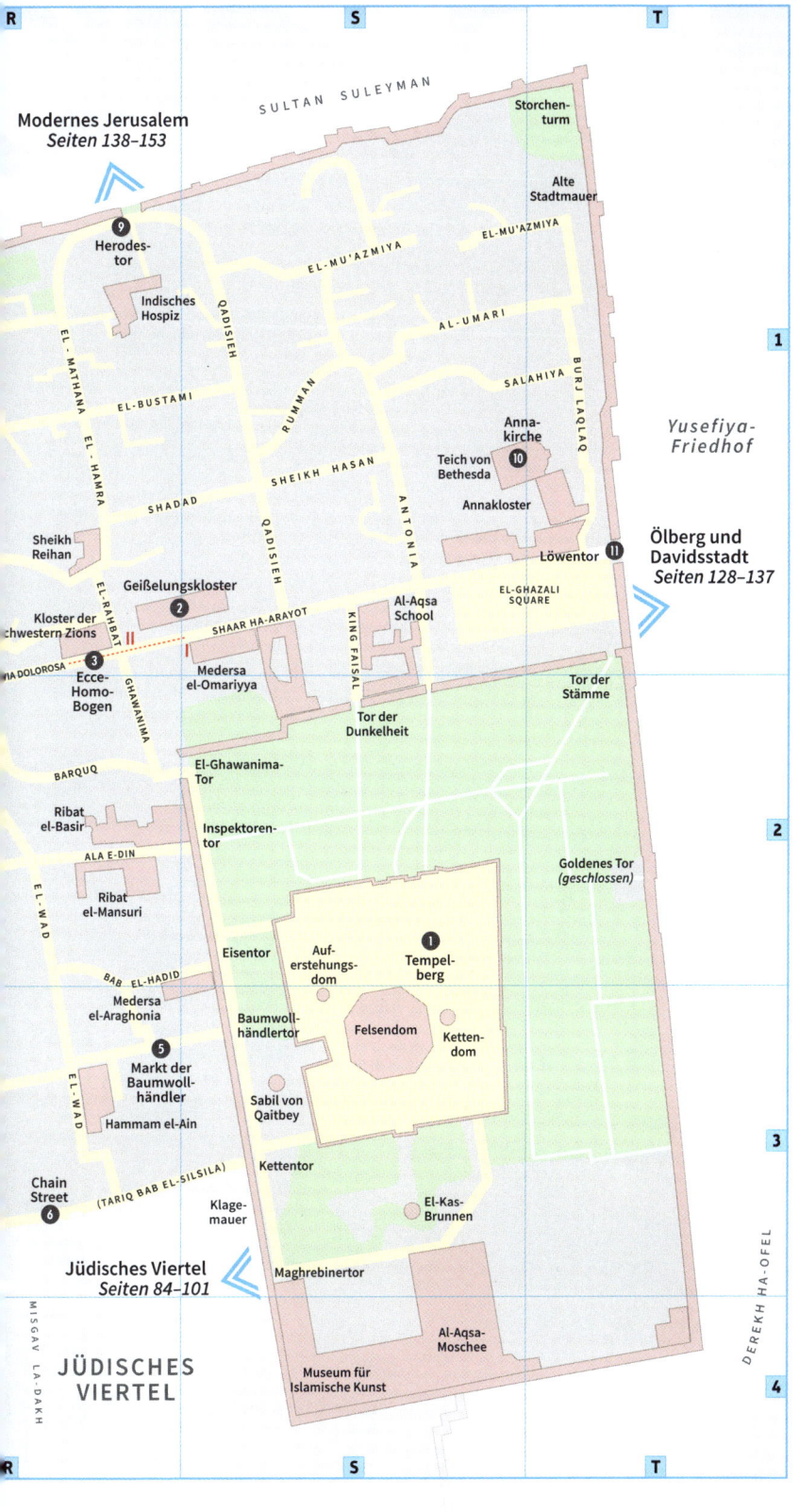

❶ Tempelberg

📍 S2 🚪 Zutritt für Nichtmuslime (dezente Kleidung) nur über das Maghrebinertor
🕐 Sommer: So – Do 7:30 –11, 13:30 –14:30; Winter: So – Do 7:30 –10, 12:30 –13:30 (plötzliche Schließungen möglich) 🚫 Fr, Sa, muslimische Feiertage

Der Tempelberg (Al-Haram ash-Sharif, »Edles Heiligtum«) ist eine riesige rechteckige Esplanade im Südosten der Altstadt. 3000 Jahre lang war er das Zentrum Jerusalems, Stätte des Ersten und Zweiten Tempels. Heute wird er vom glitzernden Felsendom (für nichtmuslimische Besucher nicht zugänglich) und anderen heiligen islamischen Stätten dominiert.

> Fotomotiv
> **Tempelberg**
> Für ein eindrucksvolles Panoramafoto vom Tempelberg und der Altstadt sollten Sie auf den Ölberg steigen *(siehe S. 129)* und sich nach Westen ausrichten. Der goldene Felsendom präsentiert sich am schönsten im Licht des frühen Morgens.

Erster und Zweiter Tempel

Sowohl nach jüdischer als auch muslimischer Überlieferung wollte Abraham auf dem Tempelberg seinen Sohn Isaak für Gott opfern. Die Stätte war wohl Ort des Ersten, von Salomon im 10. Jahrhundert v. Chr. errichteten Tempels. Dieser wurde 587 v. Chr. von den Babyloniern zerstört und später durch den Zweiten Tempel ersetzt. Im 1. Jahrhundert v. Chr. wurde der ganze Komplex von Herodes erweitert, der die Ausmaße des Tempels nahezu verdoppelte und eine riesige Tempelplattform mit vier Mauern errichten ließ. Von diesem erweiterten Tempel vertrieb Jesus die Händler und Geldwechsler. Der Herodes-Tempel wurde von den Römern zerstört, nachdem sie 70 n. Chr. Jerusalem fünf Monate lang belagert hatten. Es war der Höhepunkt der gewalttätigen Auseinandersetzungen, die vier Jahre früher mit dem Jüdischen Krieg begonnen hatten.

Tempelberg mit der Klagemauer im Vordergrund ↑

Haupteingang zur Al-Aqsa-Moschee aus dem 11. Jahrhundert

Gläubige, die im Schatten auf der Esplanade des Tempelberg-Komplexes entspannen

Islamischer Schrein

Nachdem sie ein halbes Jahrtausend in Ruinen gelegen hatte, wurde die Stätte 691 zum Ort eines islamischen Schreins: dem Felsendom. Kurz nach seiner Fertigstellung wurde mit dem Bau der Al-Aqsa-Moschee begonnen, doch in den ersten 60 Jahren wurde sie zweimal von Erdbeben zerstört. Als die Kreuzfahrer Jerusalem 1099 einnahmen, wurde sie Hauptquartier der Templer. Im Lauf der Jahrhunderte kamen weitere Gebäude hinzu. Der Tempelberg ist für Sunniten die drittheiligste Stätte nach Mekka und Medina.

Schon gewusst?

Das Lichterfest Chanukka feiert die Neuweihe des Zweiten Tempels (164 v. Chr.).

Jerusalem und Islam

Felsendom und Al-Aqsa-Moschee bilden zusammen den größten religiösen Komplex der islamischen Welt. Obwohl Muslime zum Teil dieselben Propheten verehren wie Juden und Christen – vor allem Abraham (Ibrahim) –, wird Jerusalem im Koran nirgends direkt erwähnt. Die Wahl dieses Orts war wohl eher politisch motiviert: Indem er seine Moschee neben den Tempel stellte, wollte der Kalif Abd el-Malik bekräftigen, dass die neue Religion und damit auch sein Weltreich Nachfolge und Fortsetzung sowohl für das Juden- als auch für das Christentum sei.

Auf dem Tempelberg

Zwar ist der Felsendom zweifellos die größte Attraktion auf dem Platz, doch hat der Haram ash-Sharif noch viele weitere interessante Bauten zu bieten. Auf der Esplanade erhält man einen guten Überblick über die islamische Baukunst – angefangen mit dem Dom aus der Omaijadenzeit als frühestem Bauwerk über die Zeit der Ayyubiden (Koranschule), der Mamluken (zahlreiche Medresen) und der Osmanen. Bestimmte Bereiche des Haram ash-Sharif sind für Besucher nicht zugänglich, vor allem die Bereiche südlich vom Tor der Stämme und östlich der Al-Aqsa-Moschee. Nichtmuslime können den Tempelberg nur über das Maghrebinertor betreten, Felsendom und Al-Aqsa-Moschee sind für sie tabu.

↑ *Mauern des Tempelbergs mit der grauen Kuppel der Al-Aqsa-Moschee dahinter*

- Die alte **Koranschule** ist immer noch in Betrieb.
- Die **Medersa el-Omariyya** ist eine der Koranschulen aus der Mamlukenzeit.
- **Medersa el-Isardiyya**
- **Felsendom**
- **Kettendom**
- **Asbat-Minarett**
- **Qanatir** 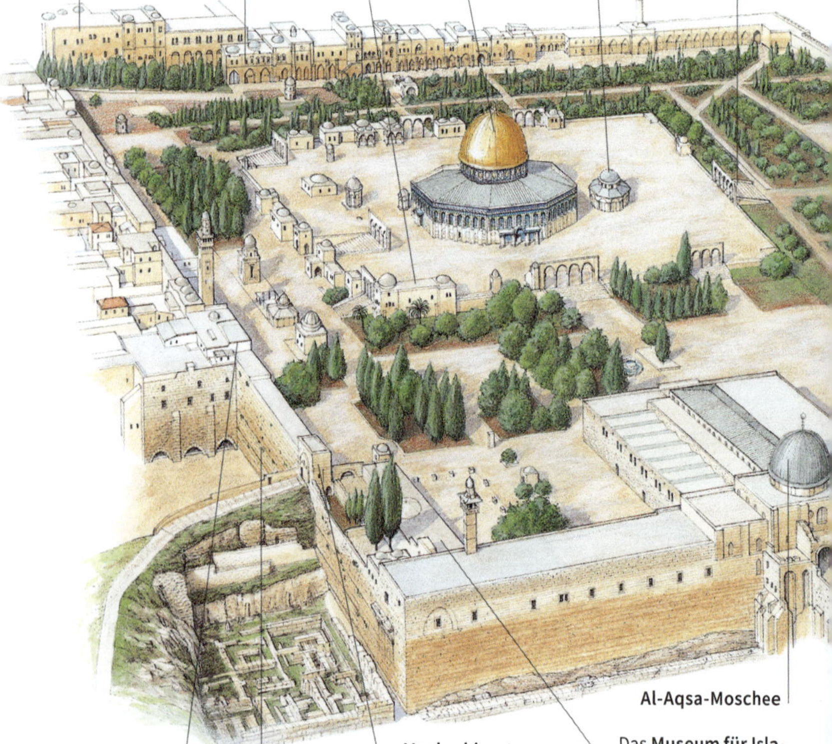
- **Al-Aqsa-Moschee**
- Das **Museum für Islamische Kunst** zeigt Koranausgaben, Textilien und Keramik.
- **Maghrebinertor** (Bab el-Maghariba)
- **Klagemauer** (siehe S. 88f)
- **Kettentor** (Ha-Shalshelet)

Der Tempelberg in der jüdischen Überlieferung

Gläubige Juden beten überall auf der Welt in Richtung Jerusalem. Der heiligste Ort der Stadt ist der Tempelberg. In ein paar Synagogen gibt es ein Bild des Felsendoms (sogar in Safed), da dieser islamische Schrein aus dem 7. Jahrhundert angeblich direkt an der Stelle des Ersten und Zweiten Tempels steht. Als die Römer den Zweiten Tempel 70 n. Chr. zerstört hatten, hörte die Opferung von Tieren auf. Jüdische Gelehrte legten mehr Wert auf Gebet und Rechtsvorschriften *(siehe S. 56f)*. Heute verbieten die religiösen Vorschriften einen Besuch des Tempelbergs. Die israelischen Gesetze untersagen zudem, dass Nichtmuslime hier beten.

Das **Goldene Tor** wurde von Muslimen schon im 16. Jahrhundert versiegelt. Das Areal ist nicht zugänglich.

↑ *Der große Innenhof des Tempelbergs (Al-Haram ash-Sharif)*

Schon gewusst?

Der Komplex des Tempelbergs erstreckt sich über 150 000 Quadratmeter.

Bauwerke

Highlight

Al-Aqsa-Moschee

▷ Die heutige Moschee stammt vom Anfang des 11. Jahrhunderts. Das Innere dominieren neuere Dekors (Mitte 20. Jh.), etwa von Mussolini gestiftete Marmorsäulen und ein Deckenfresko von König Farouk. Älter ist der *mihrab*, den Sultan Saladin im Jahr 1187 verzieren ließ.

Museum für Islamische Kunst

Das Museum im Refektorium der Tempelritter enthält Objekte, die dem Haram ash-Sharif im Lauf der Jahrhunderte gestiftet wurden, sowie Relikte der Stätte. Derzeit ist es geschlossen.

Qanatirs

◁ Acht kurze Treppen führen zur Plattform des Felsendoms, alle aus verschiedenen Epochen. Eine schmale Arkade *(qanatir)* krönt jeden Aufgang.

Kettendom

Der imposanteste der kleineren Dome ist der Kettendom. Sein Name geht auf eine Sage zurück: Einst soll eine Kette vom Dach gehangen haben. Wer eine Lüge aussprach, während er sie in der Hand hielt, wurde vom Blitz erschlagen.

Medresen

Die meisten Bauten des Areals sind Koranschulen. Ashrafiyya (1482) ist ein Juwel islamischer Baukunst, Uthmaniyya ist schön verziert.

Goldenes Tor

▷ Durch das Stadttor aus der Zeit von Herodes soll einst der Messias einziehen.

Felsendom

Der Felsendom (arabisch: Qubbat as-sachra) wurde 688–91 unter dem Omaijaden-Kalifen Abd el-Malik errichtet und gilt als eine der frühesten und größten Leistungen islamischer Baukunst. Er sollte die Überlegenheit des Islam demonstrieren und in der Heiligen Stadt als muslimisches Zentrum dienen. Heute gehört er zu den Wahrzeichen Jerusalems. Das perfekt proportionierte Gebäude enthält klassische und byzantinische Elemente, darunter die Rotunde des Heiligen Grabs *(siehe S. 106–109)*. Ursprünglich bestand die Kuppel aus Kupfer, heute ist sie, dank der finanziellen Unterstützung von König Hussein II. von Jordanien, vergoldet. Im Inneren ist sie mit floralen Mustern verziert.

Fliesendekor

Mitte des 16. Jahrhunderts beschloss Süleyman I. der Prächtige, den Felsendom aufzupolieren, denn nach sechs Jahrhunderten waren seine Mosaiken stark gealtert. Er ließ Keramikkünstler aus dem türkischen Iznik 45 000 Fliesen herstellen, die nach Jerusalem verschifft wurden. Die meisten wurden mittlerweile ersetzt, doch einige Originalfliesen sind in wettergeschützten Teilen des Komplexes noch vorhanden.

Der Text in der **Kuppel** ist Saladin gewidmet, der die Restaurierung des Baus finanzierte.

Der **Tambour** ist mit Fliesen und Koranversen verziert, die Mohammeds Nachtreise beschreiben.

Der exquisit verzierte Felsendom

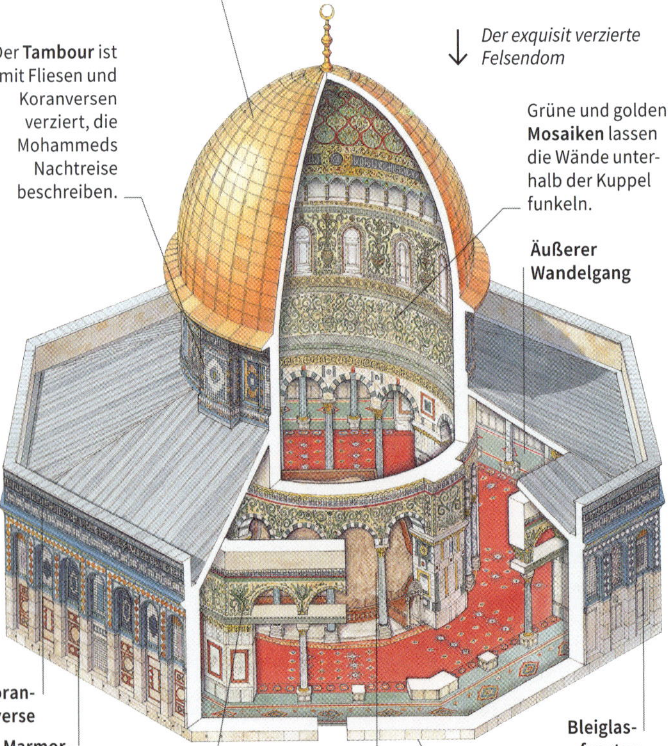

Grüne und goldene **Mosaiken** lassen die Wände unterhalb der Kuppel funkeln.

Äußerer Wandelgang

Koranverse

Marmorpaneele

Die achteckige **Arkade** hat Inschriften, die Christen einladen, die Wahrheit des Islam zu erkennen.

Auf dem **Felsen** wollte Abraham angeblich seinen Sohn opfern.

Bleiglasfenster

Jede **Außenwand** ist exakt 20,4 Meter lang. Das entspricht auch der Höhe des Doms.

Highlight

Schon gewusst?

Die Kuppel des Felsendoms wurde 1993 mit 80 Kilogramm Gold (24 Karat) vergoldet.

↑ *Gerahmt von den Säulen der umliegenden Gebäude: der Felsendom in voller Pracht*

SEHENSWÜRDIGKEITEN

❷ Geißelungskloster
📍 R1 🏛 Via Dolorosa
📞 +972 2 627 0444 🕒 Kloster: tägl. 8–18 (Winter: bis 17); Studium Museum: nach Vereinbarung

Mitten in dem Franziskanerkloster steht die schlichte Geißelungskapelle, die der italienische Architekt Antonio Barluzzi in den 1920er Jahren gestaltete. Er entwarf auch die Dominus-Flevit-Kapelle auf dem Ölberg (siehe S. 135). Die Kapelle befindet sich an der Stelle, wo Jesus laut Neuem Testament von den Römern gegeißelt wurde (Matthäus 27, 27–30; Markus 15, 16–19).

Auf dem Hof gegenüber steht die Urteilskapelle (frühes 20. Jh.) auf den Überresten einer mittelalterlichen Kapelle, an der Stelle, wo Jesus vor Pontius Pilatus gestanden haben soll.

Das benachbarte Klostergebäude beherbergt das Studium Biblicum Franciscanum, ein namhaftes Institut für biblische, geografische und archäologische Studien. Ebenfalls zum Komplex gehört das Studium Museum mit Funden, die Franziskaner bei Ausgrabungen in Kapernaum, Nazareth und Bethlehem machten. Die interessantesten Exponate stammen aus der Zeit der Byzantiner und Kreuzfahrer, darunter Fragmente von Fresken aus der Gethsemane-Kirche, der Vorgängerin der heutigen Kirche der Nationen (siehe S. 134f), und ein Krummstab aus dem 12. Jahrhundert aus der Geburtskirche in Bethlehem (siehe S. 232f).

❸ Ecce-Homo-Bogen
📍 R1 🏛 Via Dolorosa

Der Bogen über der Via Dolorosa wurde von den Römern 70 n. Chr. erbaut, um eine Rampe zur Antoniafestung zu unterstützen, in der sich jüdische Rebellen verbarrikadiert hatten.

Als die Römer Jerusalem nach dem Zweiten Jüdischen Krieg (siehe S. 49) neu errichteten, wurde der Bogen als Siegesmonument rekonstru-

Restaurants

Abu Shukri
Das winzige familiengeführte Lokal, gegenüber der 5. Kreuzwegstation, soll den besten Hummus in Jerusalem servieren, mit *tahini* (Sesampaste) und *fuul* (Saubohnen), Kichererbsen oder Pinienkernen.
📍 R2 🏛 63 El-Wad Rd
📞 +972 2 628 9303

Ja'far Sweets
Das Lokal beim Damaskustor ist für seine Süßspeise *kunafeh* bekannt: aus warmem Quark und in Rosenwassersirup getränktem Engelshaar, verziert mit einem Gitter aus Pistazien.
📍 Q1 🏛 Khan el-Zeit St
📞 +972 2 628 3582

↑ *Der schattige Kreuzgang des Geißelungsklosters in der Via Dolorosa*

Der Ecce-Homo-Bogen überspannt die Via Dolorosa

iert – mit zwei kleineren Seitenbogen, die einen zentralen Mittelbogen flankieren. Der Bogen über der Straße ist dieser Mittelbogen.

Einer der Seitenbogen ist in das benachbarte **Kloster der Schwestern Zions** integriert worden. Das 1860 errichtete Kloster enthält auch die Überreste des riesigen Spatzenbeckens *(struthion)*, eines ehemaligen Wasserreservoirs, in dem sich das Regenwasser der Dächer sammelte.

Das Becken war ursprünglich mit einer Steinplatte *(lithostrothon)* abgedeckt. Darauf soll Pontius Pilatus Jesus der Menschenmenge präsentiert und die Worte »Ecce homo« (»Siehe, der Mensch« oder auch »Seht, welch ein Mensch«) gesprochen haben. Die Archäologen haben diese Überlieferung allerdings widerlegt: Der Stein stammt aus dem 2. Jahrhundert.

In einem umzäunten Bereich sieht man Einritzungen im Stein. Historiker vermuten, dass sie von römischen Wachsoldaten stammen, die hier eine Art Straßenspiel veranstalteten.

Kloster der Schwestern Zions
📞 +972 2 627 7292
🕗 tägl. 8–17

④ Lady Tunshuqs Palais
📍 R2 📍 El-Takiya St

Lady Tunshuq, die mongolischer oder türkischer Abstammung war, war die Frau oder Konkubine eines kurdischen Edelmanns. Sie kam im 14. Jahrhundert nach Jerusalem und ließ dieses Gebäude errichten. Es ist eines der schönsten Beispiele für die Baukunst der Mamluken in Jerusalem.

Leider ist die Straße so eng, dass man nicht zurücktreten kann, um die Fassade vollständig zu sehen. Bewundern Sie stattdessen die drei großen Tore mit ihren herrlichen Einlegearbeiten aus Marmor. Der obere Teil einer Fensternische zeigt steinerne, stalaktitenähnliche Verzierungen, *muqarnas* genannt. Das ehemalige Palais dient heute als Waisenhaus und ist deshalb nicht öffentlich zugänglich.

Lady Tunshuq wurde in einem kleinen Grab gegenüber dem Palais beigesetzt, das mit Streifen aus verschiedenfarbigem, raffiniert geformtem und puzzleartig zusammengefügtem Marmor verziert ist – ein typisches Merkmal des Mamlukenstils.

Überquert man die El-Wad Road in östlicher Richtung, gelangt man in eine schmale Gasse namens Ala e-Din mit weiteren sehenswerten Mamlukenbauten. Die meisten Fassaden bestehen aus verschiedenfarbigen Steinstreifen, wie sie für die *Ablaq*-Technik charakteristisch waren.

> **Schon gewusst?**
> Die Außengestaltung von Lady Tunshuqs Mausoleum entspricht der Fassade von Lady Tunshuqs Palais.

Islamisches Detail an der Fassade von Lady Tunshuqs Palais

Unterschiedliche Stände auf dem Markt der Baumwollhändler

❺ Markt der Baumwollhändler
📍 R3 🏠 Nahe El-Wad Rd

Auf Arabisch heißt der überdachte Markt Souk el-Qattanin, auf Englisch Cotton Merchants' Market. Er hat fast kein Tageslicht, dafür zahlreiche, nur spärlich beleuchtete Läden und ist vermutlich der atmosphärisch dichteste Ort der Altstadt.

Baubeginn war zur Zeit der Kreuzfahrer. Damals sollte der Markt frei stehen. Doch Anfang des 14. Jahrhunderts wurde die Anlage von den Mamluken mit dem Haram ash-Sharif *(siehe S. 70–75)*, dem Tempelberg, durch ein prächtig ausgeschmücktes Tor zum Felsendom hin verbunden. (Nichtmuslime dürfen den Haram ash-Sharif durch dieses Tor nicht betreten, sondern nur verlassen.)

Neben ungefähr 50 Läden, mit Wohnräumen in den Obergeschossen, umfasst der Souk auch zwei hübsch verzierte Badehäuser: den Hammam el-Ain, den die Mamluken im 14. Jahrhundert errichteten, und den Hammam el-Shifa. Beide wurden jüngst restauriert, ersterer ist nun ein Spa, letzterer dient als Galerie. Zwischen den Badehäusern liegt die ebenfalls restaurierte einstige Händlerherberge Khan Tankiz.

Knapp 50 Meter südlich steht in der El-Wad Road ein kleiner Trinkbrunnen *(sabil)* in der Art, wie sie unter Süleyman I. dem Prächtigen häufig errichtet wurden.

❻ Chain Street
📍 R3

Der arabische Name der »Kettenstraße« lautet Tariq Bab el-Silsila (»Straße des Kettentors«) und bezieht sich auf das prächtige Eingangstor zum Haram ash-Sharif *(siehe S. 70–75)* an dessen östlichem Ende. Die Straße verlängert die David Street, zusammen durchziehen sie die gesamte Altstadt vom Jaffator bis zum Haram ash-Sharif.

In der Chain Street gibt es einige sehenswerte Gebäude, die mamlukische Herrscher im 14. Jahrhundert errichten ließen. Östlich der David Street kommt man zunächst zur Khan-el-Sultan-Karawanserei, eine restaurierte Herberge. Etwas weiter auf der rechten Seite steht die Medersa Tashtamuriyya mit ihrem eleganten Balkon. In der Koranschule befindet sich das Grab des Emirs Tashtamur. Im 14. und 15. Jahrhundert ließ man sich gern hier beisetzen, um ganz in der Nähe des Haram ash-Sharif zu ruhen.

Auf derselben Seite liegt das Grab des grausamen Tatarenemirs Barka Khan, Schwiegervater des Mamlukenführers Baibar, der die Kreuzfahrer aus dem Heiligen Land vertrieb. Das Gebäude mit seiner schönen Fassade beherbergt heute die Khalidi-Bibliothek (1899).

→

Farbenfrohes Allerlei an den Ständen in Jerusalems historischem Zentralen Souk

> **Expertentipp**
> **Handeln in den Souks**
> Auch nach einem Tee sollten Sie bei der Hälfte des Preises starten und die Empörung ignorieren! Wenden Sie sich zum Gehen – der Preis wird sinken.

Das Kettentor führt von der Chain Street zum Tempelberg

Direkt gegenüber sieht man zwei kleine Mausoleen, von denen das des Emirs Kilan durch eine schlichte, ausgewogene Fassade besticht. Etwas weiter auf derselben Seite befindet sich das Grab des Tatarenpilgers Turkan Khatun, leicht erkennbar an den üppigen Arabesken. Gegenüber dem Kettentor liegt der beeindruckende Eingang zur Medersa Tankiziyya (14. Jh.). Eine Inschrift mit drei Symbolen in Form eines Kelchs weist darauf hin, dass der Erbauer Emir Tankiz das wichtige Amt des Kelchüberbringers innehatte. In der Nähe, nicht weit vom Markt der Baumwollhändler, steht ein Trinkbrunnen *(sabil)* aus der Zeit Süleymans I. des Prächtigen, mit dekorativen römischen und Kreuzfahrermotiven.

Zentraler Souk
Q3 David St / Chain St Sa – Do 8 –19

Der Zentrale Souk besteht aus drei parallel laufenden überdachten Straßen an der Kreuzung von David und Chain Street, die einst Teil des römischen Cardo *(siehe S. 94)* waren. Heute werden hier zumeist Kleidung und Souvenirs verkauft. Der in den 1970er Jahren restaurierte »Metzgermarkt« (Souk el-Lakhamin) bietet noch alle Farben und Reize eines orientalischen Basars. Zartbesaitete Besucher sollten sich allerdings vorsehen: Der Mix aus Gewürzen und frisch geschlachtetem Fleisch kann einem schon auf den Magen schlagen.

8 Damaskustor
📍 Q1 🚌 1, 2

Das Tor ist nicht zu übersehen, nicht nur weil es das imposanteste der Altstadt ist, sondern auch weil auf dem Platz davor immer etwas los ist. Die Araber nennen es Bab el-Amud (Säulentor). Der Name bezieht sich möglicherweise auf eine Statue Kaiser Hadrians, die zur Zeit der Römer im Tor stand. Für die Juden ist es das Shaar Shkhem, das Tor, das zur biblischen Stätte Shechem führt. Diese ist besser unter ihrem arabischen Namen Nablus bekannt.

Das heutige Tor wurde auf den Überresten des Römertors und Teilen der römischen Stadt errichtet. Hinter dem Tor führen Stufen zur Ausgrabungsstätte. Im ersten Areal finden sich Überreste einer Kreuzfahrerkapelle mit Fresken, Teile einer mittelalterlichen Straße und ein altes Schild, das auf die zehnte römische Legion hinweist. Zudem steht hier der einzig verbliebene Bogen des Römertors, durch den man zur **Ausgrabungsstätte** am Beginn des Cardo gelangt. Man kann hier u. a. ein in die Bodenplatten eingeritztes Spielbrett sehen. Die Hadrianstatue steht als Hologramm auf dem Platz. Den oberen Teil des Tors kann man gut bei einem Spaziergang auf der Stadtmauer erkunden *(siehe S. 100f)*.

Ausgrabungsstätte
🕐 Sa – Do 9 – 17 (Winter: bis 16)

9 Herodestor
📍 R1

Der arabische und hebräische Name für das Tor, Bab el-Zahra und Shaar ha-Prakhim, bedeuten jeweils »Blumentor«, was sich auf die Rosette über dem Bogen bezieht. Zum Herodestor wurde es, weil christliche Pilger fälschlicherweise annahmen, hinter dem Tor habe sich der Palast des Sohns von Herodes dem Großen befunden. Über den einstigen, inzwischen geschlossenen Eingang weiter östlich drangen am 15. Juli 1099 die Kreuzfahrer in die Stadt ein.

10 Annakirche
📍 S1 🏠 2 Shaar ha-Arayot St 📞 +972 2 628 3285
🕐 tägl. 8 – 12, 14 – 18 (Winter: bis 17)

Die Kreuzfahrerkirche ist ein schönes Beispiel für romanischen Baustil. Sie wurde

Café

Wiener Kaffeehaus

Das Österreichische Hospiz bringt Wiener Kaffeehauskultur in den Orient. Köstlich: Melange mit Apfelstrudel.

📍 R1 🏠 Österreichisches Hospiz, 37 Via Dolorosa
🕐 tägl. 10 – 22
🌐 austrianhospice.com

Gebet am angeblichen Ort von Mariä Geburt in der Annakirche

1131–38 errichtet, ersetzte damals eine byzantinische Kirche und steht bis heute mehr oder weniger in Originalform an der Stelle, an der Anna und Joachim, die Eltern Marias, gelebt haben sollen. Angebliche Überreste ihres Hauses befinden sich in der Krypta, die für ihre bemerkenswert gute Akustik bekannt ist.

Kurz nach dem Bau wurde die Kirche bereits erweitert, wobei man die Fassade mehrere Meter nach vorn versetzte. Der ursprüngliche Abschluss ist zwischen der ersten Säulenreihe noch zu sehen. 1192 wandelte Saladin den Bau in eine Koranschule um. Über dem Eingang findet sich eine entsprechende Inschrift. Später verfiel das Gebäude. Erst als die Osmanen es 1856 Frankreich schenkten, wurde es restauriert.

Unweit der Kirche gibt es zwei Zisternen, die früher außerhalb der Stadtmauern lagen. Sie wurden im 8. bzw. 3. Jahrhundert v. Chr. gebaut, um Regenwasser aufzufangen. Unter Herodes dem Großen dienten sie als Heilbäder. Hier liegen Ruinen eines römischen Tempels, der vermutlich dem römischen Gott der Heilkunde gewidmet war, unter einer byzantinischen Kirche – sie wurde über dem Tempel errichtet. An dieser Stelle soll sich der Teich von Bethesda befunden haben, in dem Jesus einen Lahmen heilte (Johannes 5, 1–15).

⓫ Löwentor

Süleyman I. der Prächtige ließ das Tor 1538 errichten. Der arabische Name Bab Sitti Marijam (»Tor der Jungfrau Maria«) bezieht sich auf das Grab Marias im nahen Joschafattal *(siehe S. 136)*. Der hebräische Name Shaar ha-Arayot (»Löwentor«) erklärt sich durch die beiden Löwen an den Seiten des Tors, die manche allerdings für Panther halten. Für die Bedeutung der Löwen gibt es zahlreiche Erklärungen. So soll Süleyman I. der Prächtige sie zu Ehren des Mamlukenemirs Baibar und seines erfolgreichen Feldzugs gegen die Kreuzfahrer in Auftrag gegeben haben. Der Beiname Stephanstor entstand im Mittelalter durch christliche Pilger, die glaubten, dass an dieser Stelle der hl. Stephan hingerichtet wurde. Damals war allerdings bereits bekannt, dass der Heilige vor dem Damaskustor gesteinigt worden war.

Das Tor steht auch für die jüngere Geschichte: 1948 drang hier die arabische Armee in die Altstadt vor *(siehe S. 53)*. 1967 landeten israelische Fallschirmjäger an der Stelle *(siehe S. 54)*. Das Tor eignet sich als Ausgangspunkt für einen Spaziergang entlang der Via Dolorosa *(siehe S. 110f)*.

← *Das Damaskustor liegt in der Stadtmauer, die Jerusalems Altstadt umgibt*

Schon gewusst?
Im Muslimischen Viertel leben 27 000 Menschen, etwa drei Viertel der Altstadtbewohner.

Spaziergang durch das Muslimische Viertel

Länge 500 m **Dauer** 15 Min.
Bushaltestelle Sultan Suleyman Street

An den beiden Hauptstraßen dieses geschäftigen Viertels – Via Dolorosa und El-Wad – liegen zahlreiche Läden, die vor allem typische Souvenirs anbieten. Die wenigsten Besucher verlassen diese Durchgangsstraßen, doch wer es tut, wird belohnt: Die ruhigen, gewundenen Gassen der Umgebung überraschen mit sehenswerten islamischen Bauten, die zumeist aus der Zeit der Mamluken (1250–1516) stammen. Nicht alle sind in gutem Zustand, doch die meisten dienen immer noch dem Zweck, zu dem sie einst errichtet wurden.

Das **Österreichische Hospiz** wurde 1869 auf Veranlassung von Kaiser Franz Joseph I. für christliche Pilger errichtet.

Die **Via Dolorosa** *(siehe S. 110f)* führt in ostwestlicher Richtung durch das Viertel. Christliche Pilger vollziehen hier Jesu Kreuzweg nach.

Restaurant Abu Shukri *(siehe S. 76)*

In der engen Treppengasse **El-Takiya** im Herzen des Viertels finden sich einige der schönsten Beispiele für die Baukunst der Mamluken.

Lady Tunshuqs Palais *(siehe S. 77)* ist typisch für den Mamlukenstil, mit Streifen aus verschiedenfarbigem Stein und Einlagen aus Marmor.

← *Frisch gebackene Brote an einem Stand in der El-Takiya*

Das **Kloster der Schwestern Zions** betreibt auch ein Pilgerhospiz, das aus der Zeit des christlichen Baubooms im 19. Jahrhundert stammt.

Der **Ecce-Homo-Bogen** *(siehe S. 76f)*, der die Via Dolorosa überspannt, ist Hauptteil eines römischen Dreifachbogens. Einer der kleineren Außenbogen wurde in den Bau des Klosters der Schwestern Zions integriert.

Zur Orientierung
Siehe Stadtteilkarte S. 68f

Der Überlieferung nach wurde Jesus an der Stelle des **Geißelungsklosters** *(siehe S. 76)* gegeißelt. Das Franziskanerkloster enthält zwei schöne Kapellen und ein archäologisches Museum, das Studium Museum.

↑ *Die Bab el-Hadid mit charakteristischen Elementen des Mamlukenstils*

In der recht verfallenen **Bab el-Hadid** befinden sich einige Koranschulen aus dem 14. und 15. Jahrhundert.

Medersa el-Araghonia (1358)

Betende Juden an der Klagemauer am Jerusalemtag (siehe S. 88f)

Jüdisches Viertel

Zu Zeiten von Herodes grenzte dieser Bereich an die Mauereinfassung des Zweiten Tempels und war der Priesterelite vorbehalten. In spätrömischer Zeit durften die Juden nicht mehr in Jerusalem leben. Erst im 13. Jahrhundert siedelte sich hier wieder eine kleine Gemeinde an. Die im 15. Jahrhundert aus Spanien vertriebenen Juden erhöhten die Einwohnerzahl. Unter osmanischer Herrschaft war das Areal überwiegend jüdisch und erhielt seinen heutigen Namen. Im 16. Jahrhundert gehörte die Wallfahrt zur Klagemauer (Westmauer), dem einzigen Rest des Tempels, fest zur jüdischen Tradition.

Nach der Zerstörung des Areals im Ersten Nahostkrieg 1948 und den Jahren unter jordanischer Besatzung eroberten israelische Truppen 1967 das Jüdische Viertel zurück. Der Wiederaufbau begann unmittelbar danach. Unter neueren Gebäuden wurden zahlreiche alte Ruinen entdeckt, die man wieder öffentlich zugänglich machte, sodass das Jüdische Viertel heute ein Kaleidoskop der über 3000-jährigen jüdischen Geschichte in Jerusalem bietet.

Jüdisches Viertel

Highlights
1. Klagemauer
2. Jerusalem Archaeological Park

Sehenswürdigkeiten
3. Cardo
4. Breite Mauer
5. Hurva Square
6. Hurva-Synagoge
7. Ramban-Synagoge
8. Tiferet Yisrael Street
9. Wohl Archaeological Museum
10. Batei Makhase Square
11. Sephardische Synagogen
12. Old Yishuv Court Museum
13. Ariel Center for Jerusalem in the First Temple Period
14. Verbranntes Haus
15. Marienkirche
16. Dungtor

Restaurant
1. Quarter Cafe

Muslimisches Viertel *Seiten 66–83*

Christliches Viertel *Seiten 102–119*

Armenisches Viertel und Berg Zion *Seiten 120–127*

Klagemauer

📍 S3 🏠 Western Wall Plaza 📞 +972 2 627 1333 🕐 Chain of Generations Center: So – Do 9:40 – 23, Fr 7–12 (Center und Tunnel: Führungen obligatorisch) 🚫 jüdische Feiertage 🌐 thekotel.org

Die nackte Wand aus großen Steinquadern ist die heiligste Stätte des Judentums, der Platz davor ständige Gebetsstätte. Die Klagemauer (Westmauer, hebräisch: Ha-Kotel ha-Maaravi) ist Teil der Stützmauer des Tempelbergs und wurde unter Herodes dem Großen bei der Erweiterung der Tempelanlage *(siehe S. 70)* errichtet.

Der Platz vor der Klagemauer ist eine riesige Open-Air-Synagoge, wo sich Gruppen zusammenfinden, um zu beten. Auch Feste wie etwa Bar Mizwa finden hier statt. Manche Menschen kommen täglich, um das Buch der Psalmen aufzusagen. Andere glauben, dass Bitten, die man hier an Gott richtet, besonderes Gehör finden, und stecken beschriebene Zettel zwischen die Steine und in die Ritzen der Mauer. An Tisha B'Av, dem neunten Tag des Monats Av (Juli oder August), wird im Gedenken an die Zerstörung beider Tempel gefastet *(siehe S. 48f)*. Die Menschen sitzen auf dem Boden, rezitieren aus dem Buch der Klagelieder und singen *kinot* (liturgische Gesänge). Da der Platz öffentlich ist, gibt es Meinungsverschiedenheiten über die Ausdehnung von männlichem und weiblichem Gebetsbereich und den Wunsch nichtorthodoxer Gruppen, Gottesdienste für beide Geschlechter abzuhalten.

> **Einige Gläubige meinen, dass Gebete an der Mauer besonderes Gehör bei Gott finden, und stecken Zettel in die Mauerritzen.**

Schon gewusst?
Der größte Stein der Mauer aus herodianischer Zeit wiegt 570 Tonnen.

Jüdische Gläubige an der Klagemauer, dem heiligen Überrest des Zweiten Tempels ↑

Besuch an der Klagemauer

Die unmittelbare Umgebung der Mauer war früher bebaut. Doch als die Israelis 1967 die Kontrolle über die Altstadt gewannen, machten sie das angrenzende arabische Viertel dem Erdboden gleich, um die Western Wall Plaza anzulegen. Die großen Steine der Mauer im unteren Bereich stammen aus Herodes' Zeiten, die oberen aus früher islamischer Zeit.

Unter den Osmanen entwickelte sich die Mauer zum wichtigsten Pilgerziel der Juden. Hierher kam man, um die Zerstörung des Zweiten Tempels zu beklagen – daher der Name Klagemauer. Nichtjuden dürfen sich der Wand nähern, sofern sie eine Kopfbedeckung (Kippas gibt es kostenlos) tragen und angemessen gekleidet sind.

Links vom Männerbereich steht der Wilsonbogen (19. Jh.). Heute ist er Teil einer Synagoge, ursprünglich war er Durchgang zum Tempel. Vom Bogen aus gruben Archäologen einen Tunnel, um die Fundamente der Mauer zu erforschen. Er verläuft unter Straßenniveau an der Tempelmauer entlang und kommt auf der Via Dolorosa nach oben. Das Chain of Generations Center erzählt die Geschichte der Juden. Zentrum und Tunnel sind nur bei Führungen zu besichtigen (früh anmelden).

↑ *Betende in einem bedeckten Abschnitt der Mauer, der in einen Tunnel führt*

← *Betende Frauen im Frauenbereich der Klagemauer*

Geschlechtermix an der Klagemauer

Im 19. Jahrhundert gab es an der Mauer keine Geschlechtertrennung, doch 1967 übernahm das orthodoxe Rabbinat die Kontrolle über die Western Wall Plaza und unterteilte sie in einen Männer- und Frauenbereich. 1968 forderte die Reformbewegung gemischtgeschlechtliche Gebetsräume, auch die Frauenorganisation Women of the Wall kämpft seit Jahrzehnten dafür – doch das Thema spaltet noch immer. Die Regierung hat inzwischen einen solchen Bereich unter dem Robinsonbogen geschaffen, in dem Frauen aus der Thora lesen und Gebetsschals tragen dürfen – doch dies wurde von den ultraorthodoxen Parteien gestoppt.

Highlight

Die riesige Western Wall Plaza (siehe S. 89) am Fuß des Tempelbergs

Jerusalem Archaeological Park

📍 S4 🏠 Batei Makhase St 📞 +972 2 627 7550 🕐 So–Do 8–17, Fr 8–14 🚫 jüdische Feiertage 🌐 archpark.org.il

Das überschaubare L-förmige Areal birgt die gesamte bewegte Geschichte der Stadt, von den Tagen des Ersten Tempels bis zur Ära der Omaijaden. Unter den imposanten Ausgrabungsfunden befinden sich die Reste des Robinsonbogens, eine Einkaufsstraße aus der Zeit von Herodes, ein mittelalterlicher Turm und Omaijaden-Paläste.

Das Gebiet südlich der Klagemauer und des Tempelbergs ist eine der wichtigsten archäologischen Stätten in Jerusalem. Ausgrabungen begannen im 19. Jahrhundert. Sie wurden von Bibelgelehrten wie Edward Robinson durchgeführt, der den riesigen Bogen entdeckte, der nach ihm benannt ist. Moderne Ausgrabungen finden hier seit 1968 statt. Sie haben einen Schatz an Artefakten offengelegt, der faszinierende Einblicke in das einstige Leben der Stadt ermöglicht. Beginnen Sie Ihren Besuch im Davidson Center, das Multimedia-Einführungen bietet und die Funde der Archäologen in einen historischen Kontext stellt.

> **Schon gewusst?**
>
> Die ersten seriösen Ausgrabungen führte 1867 der britische Captain Charles Warren durch.

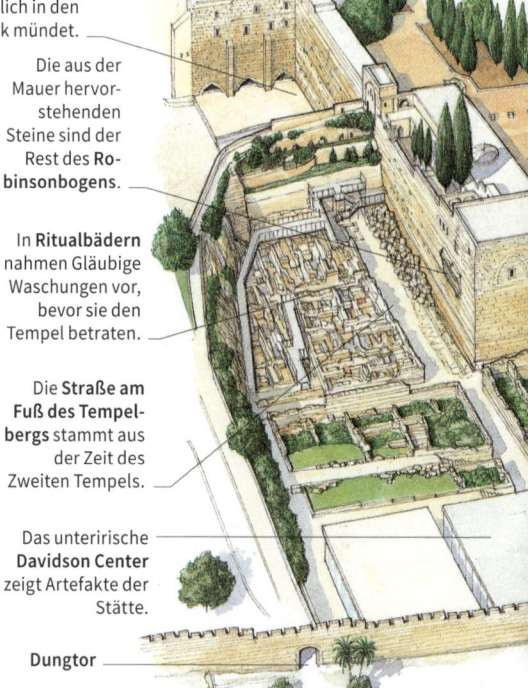

Die **Klagemauer** ist Teil der Maueranlage des Tempelbergs, der südlich in den Archäologiepark mündet.

Die aus der Mauer hervorstehenden Steine sind der Rest des **Robinsonbogens**.

In **Ritualbädern** nahmen Gläubige Waschungen vor, bevor sie den Tempel betraten.

Die **Straße am Fuß des Tempelbergs** stammt aus der Zeit des Zweiten Tempels.

Das unterirische **Davidson Center** zeigt Artefakte der Stätte.

Dungtor

Robinsonbogen

Südlich des Frauenbereichs der Klagemauer, oberhalb eines Areals, das für gemischtgeschlechtliche Gebete vorgesehen war *(siehe S. 89)*, ragt der Robinsonbogen aus der herodianischen Mauer. Der Bogen (1. Jh. v. Chr.) war einst 13 Meter breit und Teil einer Treppe, die den Tempel mit dem Markt der Oberstadt verband. Die Römer zerstörten 70 n. Chr. den Komplex. Einige der heruntergefallenen Steine des Bogens liegen noch an der Stelle, an der er zusammengestürzt war.

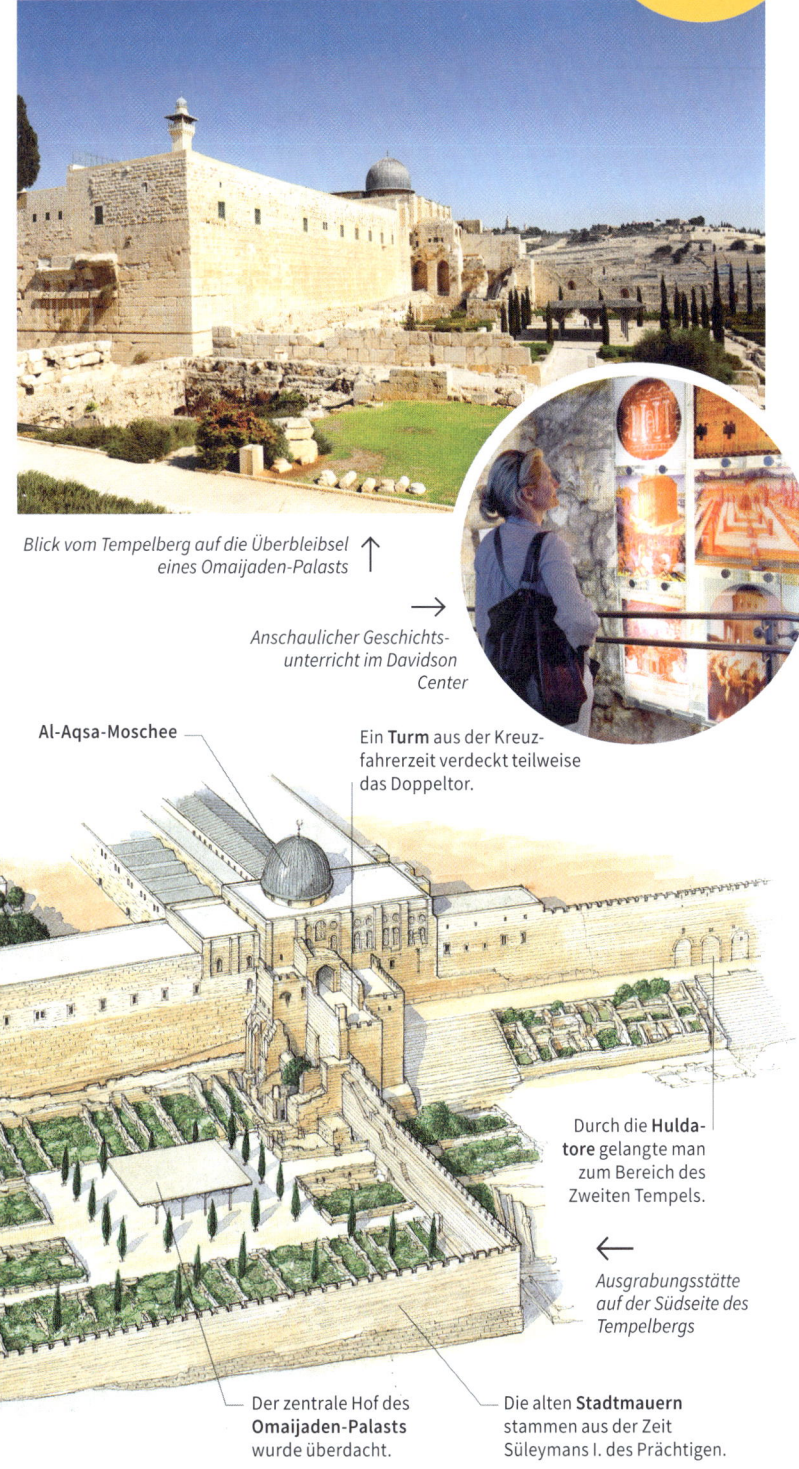

Blick vom Tempelberg auf die Überbleibsel eines Omaijaden-Palasts

Anschaulicher Geschichtsunterricht im Davidson Center

Al-Aqsa-Moschee

Ein **Turm** aus der Kreuzfahrerzeit verdeckt teilweise das Doppeltor.

Durch die **Huldatore** gelangte man zum Bereich des Zweiten Tempels.

Ausgrabungsstätte auf der Südseite des Tempelbergs

Der zentrale Hof des **Omaijaden-Palasts** wurde überdacht.

Die alten **Stadtmauern** stammen aus der Zeit Süleymans I. des Prächtigen.

Bilder und Souvenirs in der Shopping-Arkade des historischen Cardo

SEHENSWÜRDIGKEITEN

3
Cardo
📍 Q4

Der Cardo, heute zum Teil eine exklusive Shopping-Meile, war zu byzantinischer Zeit Jerusalems Hauptverkehrsstraße. Die Römer hatten ihn als Hauptachse angelegt, im 4. Jahrhundert wurde er ausgebaut, als christliche Pilger nach Jerusalem strömten und die Stadt expandierte. Die zum Teil heute noch sichtbaren byzantinischen Erweiterungen verbanden die beiden wichtigsten Gebetsstätten der Zeit, die Grabeskirche *(siehe S. 106–109)* im Norden und die verschwundene Nea Basilica im Süden.

Zu byzantinischer Zeit säumten Gehsteige mit Säulen und Läden den 12,5 Meter breiten Cardo. Wie das Ganze damals aussah, zeigt ein rekonstruiertes Stück, das auf einer Länge von 200 Metern entlang der Ha-Yehudim (Jewish Quarter Road) verläuft.

Dass der Cardo auch im 6. Jahrhundert unter Justinian große Bedeutung hatte, beweist seine Erwähnung auf der berühmten Madaba-Mosaikenkarte *(siehe S. 260f)*. Rund 500 Jahre später, zur Zeit der Kreuzfahrer, baute man den Cardo in einen überdachten Markt um.

Die Ausstellung »Alone on the Walls« an der Jewish Quarter Road dokumentiert anhand von Fotos die Besetzung des Jüdischen Viertels durch arabische Truppen 1947/48, bei der 68 Einwohner ihr Leben verloren.

4
Breite Mauer
📍 R4 🏛 Plugat ha-Kotel St

Das Jüdische Viertel ging im Ersten Nahostkrieg 1948 großteils in Flammen auf und verfiel in 19 Jahren jordanischer Besatzung immer mehr.

Nach dem Sieg der Israelis im Sechstagekrieg von 1967 förderte man beim Wiederaufbau viele archäologische Funde zutage, u. a. Fundamente eines 65 Meter langen und sieben Meter breiten Walls, vermutlich Teil einer Befestigung, die König Hiskija im 8. Jahrhundert v. Chr. hatte errichten lassen, um außerhalb der Stadtmauer neue Stadtviertel zu erschließen. Die Erweiterung wurde möglicherweise durch die Flüchtlinge notwendig, die nach der assyrischen Invasion 722 v. Chr. aus Samaria einwanderten.

Eine Markierung an dem Gebäude neben der Mauer zeigt, wo Archäologen die einstige Mauerhöhe vermuten. Man sieht auch Häuserruinen, die der Mauer weichen mussten, wie im Buch Jesaja geschrieben steht (22, 10): »Ihr zählt die Häuser Jerusalems und reißt die Häuser nieder, um die Mauern zu verstärken.«

5
Hurva Square
📍 R4

Der charmante Platz ist das soziale Zentrum des Jüdischen Viertels – und für die orthodoxen Familien, die in der Nähe leben, ein beliebter Spielplatz. An der Westseite des Platzes befinden sich Hurva- und Ramban-Synagoge, ebenso das Minarett der längst verschwundenen Moschee von Sidna Omar, die im 14. Jahrhundert unter den Mamluken errichtet worden war.

Der Platz ist von Cafés, Souvenirläden und einigen

Die rekonstruierte Hurva-Synagoge am weitläufigen Hurva Square

Restaurant

Quarter Cafe
Das koschere Selbstbedienungslokal bietet seit 1975 preiswerte Fischgerichte und andere regionale Gerichte sowie einen herrlichen Blick auf Tempelberg und Klagemauer.

📍 R4
🏠 11 Tiferet Israel St, Jüdisches Viertel
☎ +972 2 628 7770

Snackbars gesäumt, die bei gutem Wetter ihre Tische nach draußen stellen.

❻ Hurva-Synagoge
📍 Q4 🏠 Hurva Square
🕐 So – Do 9 –18, Fr 9 –13
🌐 rova-yehudi.org.il

Hurva bedeutet »Ruine« – die Geschichte der Synagoge rechtfertigt diesen Namen. In den 1690er Jahren ließ die aschkenasische Gemeinde Jerusalems eine zerstörte Synagoge wiedererrichten, doch zwei Jahrzehnte später wurde sie von muslimischen Gläubigern niedergebrannt, die sich über die nicht bezahlten Schulden der Gemeinde ärgerten. 1857– 64 wurde die Synagoge in neobyzantinischem Stil wiederaufgebaut, doch 1948, einen Tag vor der Kapitulation des Jüdischen Viertels, wurde sie von jordanischen Truppen zerstört.

Obwohl das Viertel nach 1967 wiederaufgebaut wurde, blieb die Synagoge bis 2010 eine Ruine. Dann erfolgte nach Ausgrabungen ihre Rekonstruktion im Stil des 19. Jahrhunderts. Von der Veranda um die Kuppel hat man einen grandiosen Ausblick.

❼ Ramban-Synagoge
📍 Q4 🏠 Hurva Square
🕐 Morgen- und Abendgebet

Als der spanische Rabbi und Gelehrte Moses Ben Nahman (Nahmanides) 1267 in Jerusalem ankam, stellte er schockiert fest, dass nur eine Handvoll Juden hier lebte. Er setzte sich zum Ziel, eine jüdische Gemeinde zu gründen, und kaufte Land nahe dem Davidsgrab auf dem Berg Zion und baute dort eine Synagoge. Um 1400

↑ *Das erleuchtete Innere der Ramban-Synagoge von Moses Ben Nahman*

wurde sie an ihren heutigen Standort versetzt. Zum ersten Mal seit ihrem Exil 135 n. Chr. kamen wieder Juden in diesen Teil der Altstadt.

1523 musste der Bau nach einem Einsturz wiedererrichtet werden. Man nimmt an, dass die Synagoge unter der Herrschaft der Osmanen zunächst die einzige jüdische Gebetsstätte der Stadt war. 1587 schlossen die Behörden die Synagoge und benutzten sie als Werkstatt. Erst nach der Rückeroberung der Altstadt durch die Israelis 1967 wurde das Gebäude nach 400 Jahren weltlicher Nutzung wieder ein Gebetshaus.

❽ Tiferet Yisrael Street
📍 R4

Sie gehört zu den belebtesten Straßen im Jüdischen Viertel und verbindet den Hurva Square mit den Stufen hinunter zur Klagemauer. Hier liegt die Ruine der Tiferet-Yisrael-Synagoge (1857–72). Sie wurde 1948 von jordanischen Soldaten zerstört. Die Straße mündet in einen schönen baumbestandenen Platz mit mehreren Snackbars und Cafés, darunter das beliebte Quarter Cafe, das koscheres Essen serviert. Von der Terrasse aus sieht man den Felsendom.

❾ Wohl Archaeological Museum
📍 R4 🏠 1 Ha-Karaim St
📞 +972 2 626 5906 🕐 So–Do 9–17, Fr 9–13 🚫 Feiertage

Zur Zeit von Herodes dem Großen (um 73–4 v. Chr.) gehörte das Jüdische Viertel zur wohlhabenden »Oberstadt«, in der meist Familien von Hohepriestern lebten. Beim Wiederaufbau nach 1967 legte man hier die Reste einiger großer Häuser frei. Das wiederentdeckte herodianische Viertel liegt drei bis sieben Meter unter Straßenniveau unter einem Wohnkomplex und wurde als archäologisches Museum zugänglich gemacht. Es präsentiert auf anschauliche Art den Alltag vor 2000 Jahren. Alle Häuser besaßen einen Innenhof, Ritualbäder und Zisternen für Regenwasser, die einzige Süßwasserquelle jener Zeit.

Der erste Teil des Museums, das Westhaus, zeigt ein Mosaik im Vestibül und ein gut erhaltenes Ritualbad *(mikwe)*. Dahinter befindet sich der Mittelbau mit den Überresten zweier Häuser, in denen Archäologen unter verbranntem Holz einen Mosaikboden mit Labyrinthmuster entdeckten. Vermutlich ging er nach der römischen Belagerung der Stadt 70 n. Chr. in Flammen auf.

> **Expertentipp**
> **Zwei zum Preis von einer**
>
> Der Eintritt zum sehenswerten Wohl Archaeological Museum schließt auch den Eintritt zum Verbrannten Haus *(siehe S. 98)* ein.

Das größte und am besten erhaltene Gebäude der Herodes-Zeit ist der palastartige Bau. Auch er besaß prächtige Mosaikböden und Ritualbäder.

❿ Batei Makhase Square
📍 R5

Der stille Platz hat seinen Namen von den sogenannten Schutzhäusern *(batei makhase)*, die gleich südlich liegen. Sie wurden 1862 von Juden aus Deutschland und Holland für mittellose Einwanderer aus Osteuropa errichtet. Nach Kriegsschäden 1948 und 1967 restaurierte man die Gebäude.

Die Arbeiten förderten die Überreste der Nea Basilica zutage, die bis dahin nur von der Mosaikkarte von Madaba *(siehe S. 260f)* und aus literarischen Quellen bekannt war.

543 ließ der byzantinische Kaiser Justinian die damals größte Basilika Palästinas errichten. Die Ruinen einer der Apsiden sind in der südwestlichen Ecke des Platzes zu besichtigen. Archäologen zeichneten den ursprünglichen Grundriss von 116 Metern Länge und 52 Metern Breite nach. Weitere Überreste birgt das Untergeschoss eines Hauses nördlich des Platzes.

Überreste alter Häuser im Wohl Archaeological Museum

Innenraum der Yochanan-ben-Zakkai-Synagoge, eine der sephardischen Synagogen

Der Arkadenbau auf der Westseite des Platzes wurde 1871 für die Rothschilds errichtet. Davor stehen Reste römischer Säulen unklarer Herkunft.

11

Sephardische Synagogen

R4   Mishmerot ha-Kehuna St   +972 2 628 0592   So – Do 9 –17, Fr 9 –13 (nach Voranmeldung)

Die vier Synagogen bildeten lange das spirituelle Zentrum der jüdischen Gemeinde. Sie lagen unter heutigem Straßenniveau, da nach osmanischem Recht Synagogen nicht höher sein durften als benachbarte Moscheen. Einige der Einrichtungsgegenstände stammen aus im Zweiten Weltkrieg zerstörten italienischen Synagogen. In der Yochanan-ben-Zakkai-Synagoge (Anfang 17. Jh.) wurden die sephardischen Oberrabbiner geweiht. In ihrem Hof wurde die Mittel-Synagoge errichtet, ihre heutige Form stammt aus den 1830er Jahren. Die Prophet-Elias-Synagoge, ein früherer Lehrsaal, wurde 1702 geweiht. Angeblich erschien hier der Prophet an Yom Kippur als zehnter Mann für das Gebet – daher der Name. Die Istanbuli-Synagoge wurde 1857 von türkischen Einwanderern errichtet.

12

Old Yishuv Court Museum

Q4   6 Or ha-Khayim St   +972 2 627 6319   So – Do 9 –17 (Winter: bis 15), Fr 9 –13   Feiertage

Das kleine Museum widmet sich der Geschichte der jüdischen Gemeinde von Mitte des 19. Jahrhunderts bis zum Ende der osmanischen Herrschaft 1917. Der türkische Bau (15./16. Jh.) war Teil eines Wohnhauses und enthält Erinnerungsstücke und Fotos. Die Ari-Synagoge im Erdgeschoss wurde zur Zeit der Osmanen von der sephardischen Gemeinde genutzt. 1936 wurde sie schwer beschädigt, 1967 restauriert. Im Obergeschoss liegt die Or-ha-Khayim-Synagoge aus dem 18. Jahrhundert, die im 19. Jahrhundert den Aschkenasim als Gebetsraum diente. Zwischen 1948 und 1967 war sie geschlossen, heute finden hier wieder Gottesdienste statt.

Ultraorthodoxe Juden

Die ultraorthodoxen Juden bilden die konservativste Gruppierung in Israel. Die *haredim* (»die vor Gott zittern«) zeichnen sich durch strenge Befolgung der jüdischen Gesetze und durch Thorastudium aus. Die Kleiderregeln – weiße Hemden, schwarze Kaftans, schwarze Filzhüte (Männer), lange Röcke, hochgeschlossene langärmlige Blusen (Frauen, verheiratet bedecken sie ihr Haar) – gehen auf die Bräuche im 19. Jahrhundert in Osteuropa zurück, die typisch für das »Schtetl« waren. Die *haredim* verweigern sich dem modernen Leben so weit wie möglich und vermeiden auch den Kontakt mit dieser anderen Welt. Radikalere Untergruppen sprechen kein Hebräisch, sondern Jiddisch. Einige erkennen den Staat Israel und seine Gesetze nicht an.

Ariel Center for Jerusalem in the First Temple Period

R4 Bonei Hahomah St
+972 2 628 6288 So – Do 9 –16 (nach Voranmeldung) jüdische Feiertage ybz.org.il

Kernstück der Ausstellung des kleinen Besucherzentrums im Jüdischen Viertel ist ein faszinierendes Modell der archäologischen Überreste aus der Zeit des Ersten Tempels (ca. 800 v. Chr.). Es zeigt die Zusammenhänge der einzelnen Ruinen, die – umgeben von anderen Bauten – schwierig einzuordnen sind, sowie die ursprüngliche Topografie der Umgebung Jerusalems, bevor man Täler auffüllte und den Boden begradigte. Eine audiovisuelle Show erläutert die Geschichte der Stadt in der Ersten-Tempel-Periode (1000 – 586 v. Chr.).

Faszinierend sind auch die Funde des englischen Archäologen Captain Montague Parker, die dieser zwischen 1909 und 1911 klammheimlich machte. Sein Team drang auf der Suche nach einer Kammer, die angeblich König Salomons Schatz beherbergen sollte, unter den Haram ash-Sharif (Tempelberg) vor.

Als das Projekt bekannt wurde, kam es zu gewalttätigen Demonstrationen – sowohl von Juden wie auch von Muslimen, die hier in ihrem Zorn vereint waren. Parker und seine Helfer, die den Ort quasi »entweiht« hatten, mussten die Stadt fluchtartig verlassen.

Verbranntes Haus

R4 Tiferet Yisrael St
+972 2 626 5906
So – Do 9 –17, Fr 9 –13
jüdische Feiertage

Als die Römer 70 n. Chr. Jerusalem eroberten, zerstörten sie den Zweiten Tempel und die sich nach Süden ausdehnende Unterstadt. Kurze Zeit später plünderten sie die wohlhabende Oberstadt und steckten die Häuser in Brand. Verkohlte Wände und eine Münze von 69 n. Chr., die bei Ausgrabungen in den 1970er Jahren hier auftauchten, deuten darauf hin, dass das Verbrannte Haus damals zerstört wurde.

Unter den ausgestellten Artefakten sind Öfen, Kochtöpfe und ein Speer. Ein steinernes Gewicht, das zwischen den Trümmern gefunden wurde, trägt die Inschrift »Sohn des Kathros«. Vermutlich lebte hier eine wohlhabende Familie von Hohepriestern. Der babylonische Talmud, eine Sammlung der jüdischen Gesetze aus dem 3. bis 6. Jahrhundert, erwähnt diese Familie.

Eine interessante audiovisuelle Show erklärt die einzelnen Räume – vier Zimmer, die wohl als Schlafzimmer dienten, Küche und Badezimmer mit Ritualbad. Man glaubt, dass diese Zimmer zu einem weit größeren Komplex gehörten. Weitere Ausgrabungen sind allerdings nicht möglich, da die Ruinen unter den heutigen Nachbarhäusern liegen.

Das Ticket zum Verbrannten Haus bietet zugleich ermäßigten Eintritt zum Wohl Archaeological Museum (siehe S. 96), das weitere Informationen zu den Ausgrabungen bietet, die in der Stadt durchgeführt wurden.

Steintafel mit aramäischer Inschrift aus dem Verbrannten Haus

Baustil im Jüdischen Viertel

Nach dem Krieg von 1948 *(siehe S. 53)* wurde das Viertel zerstört, die hier wohnenden Juden wurden vertrieben. Die Rekonstruktion begann gleich nach dem Krieg von 1967, nachdem Archäologen das Areal untersucht hatten. Die neuen Häuser entlang den engen Kopfsteinpflastergassen – bewusst asymmetrisch und verschieden hoch gehalten, um eine historische Entwicklung zu imitieren – besitzen traditionelle nahöstliche Elemente wie Bogen, Kuppeln, kleine Höfe und Außentreppen.

Das osmanische Dungtor ist der Hauptzugang zum Jüdischen Viertel

⓯ Marienkirche
📍 R4 🏠 Misgav la-Dakh St
🕐 tägl.

Direkt unter der Terrasse des Quarter Cafe in der Tiferet Yisrael Street liegen die Mauern der Marienkirche. Die Kreuzfahrerkirche aus dem frühen 12. Jahrhundert war Teil einer Anlage, zu der ein (nicht mehr existierendes) Pilgerhospiz und ein Krankenhaus gehörten. Das von den Johannitern errichtete Gebäude wurde von deutschen Ordensmitgliedern geführt, als immer mehr deutschsprachige Pilger ins Land kamen, die weder Französisch, die damalige Verkehrssprache, noch Latein, die offizielle Sprache des neuen lateinischen Königreichs von Jerusalem, beherrschten.

Die Anlage verlor an Bedeutung, als Jerusalem 1187 den Muslimen in die Hände fiel. Als die Stadt 1229–44 wieder unter christlicher Herrschaft stand, wurden Kirche und Krankenhaus erneut genutzt.

Heute besitzt die Kirche kein Dach mehr. Doch die hohen Wände blieben erhalten und zeigen deutlich die drei Apsiden, die für eine Basilika im Heiligen Land schon seit byzantinischen Zeiten typisch waren.

Die Treppe, die neben der Kirche zur Western Wall Plaza hinunterführt, bietet einen herrlichen Ausblick auf Klagemauer (Westmauer), Felsendom und den Ölberg dahinter.

⓰ Dungtor
📍 S4

Auf alten Fotografien erscheint das Dungtor (auch »Misttor«) kaum größer als der Tordurchgang zu einem durchschnittlichen Haus. Sein hebräischer Name lautet Sha'ar ha-Ashpot. Es wird im Buch Nehemiah (2, 13) im Alten Testament erwähnt. Vermutlich geht der Name auf den Abfall zurück, der vom Tempel durch das Tor vor die Stadtmauer transportiert wurde. Sein arabischer Name ist Bab Silwan, weil es zum arabischen Dorf Silwan führt.

1952 wurde das Tor von den Jordaniern vergrößert, sodass Fahrzeuge hindurchfahren konnten. Heute ist das nach wie vor kleinste Tor der Altstadt der Hauptzugang zum Jüdischen Viertel. Der Torbogen weist noch die osmanischen Steinmetzarbeiten mit einem Abschlussstein auf.

> **Schon gewusst?**
> Die alte Stadtmauer Jerusalems war zwölf Meter hoch und 2,5 Meter breit.

Spaziergang auf der alten Stadtmauer

Länge 2,5 km vom Jaffator zum Löwentor; 1,5 km vom Jaffator zum Dungtor (viele steile Treppen) **Dauer** 60 Min. **Light Rail** City Hall

Die Altstadt von Jerusalem ist eigentlich überschaubar, doch aufgrund ihrer Kompaktheit und des unebenen Areals ist sie manchmal nicht leicht zu erkunden. Bei einem Spaziergang auf den Mauern erhält man einen guten Überblick über das Gassengewirr, die Kuppeln und Türme. Es gibt zwei Routen: eine führt vom Jaffator im Uhrzeigersinn zum Löwentor, die andere gegen den Uhrzeigersinn vom Jaffator zum Dungtor. Der Bereich zwischen Löwentor und Dungtor ist gesperrt.

Der Stadtmauerspaziergang kostet Eintritt, Eingang und Kasse sind am Jaffator (Sa – Do 9 – 17, Fr 9 – 16 Uhr im Sommer, Sa – Do 9 – 16, Fr 9 – 14 Uhr im Winter).

Das **Damaskustor** (siehe S. 80) ist ein Nadelöhr zwischen Altstadt und Neustadt.

Das **Neue Tor** wurde 1889 in die Mauer gebrochen, um den außerhalb der Stadtmauer untergebrachten Pilgern einen direkten Zugang zum Christlichen Viertel zu bieten.

Zum Start des Spaziergangs steigen Sie die Stufen des **Jaffators** (siehe S. 116f) empor. Richtung Norden kommen Sie zum ersten von 35 Wachttürmen.

Der Zugang zur zweiten Route des Spaziergangs liegt außerhalb der Mauer, gleich südlich der **Zitadelle** (siehe S. 112f). Am Anfang verläuft die Route grabenartig zwischen hohen Mauern.

Das **Zionstor** (siehe S. 125) zeigt noch Einschusslöcher von den Kämpfen von 1948.

← Damaskustor, das größte der Altstadttore

Gleich östlich des **Herodestors** *(siehe S. 80)* durchbrachen die Kreuzritter am 15. Juli 1099 die Mauer, um Jerusalem von den Muslimen zu befreien. Davor verläuft die Salah al-Din, die Hauptstraße des arabischen Ostjerusalem.

Zur Orientierung
Siehe Stadtteilkarte S. 86f

Am **Storchenturm** macht die Mauer einen 90-Grad-Knick nach Süden. Von hier blickt man auf die Gräber im Kidrontal *(siehe S. 134)* und auf den Ölberg *(siehe S. 128f)*.

Die Route endet am von Süleyman dem Prächtigen erbauten **Löwentor** *(siehe S. 81)*, von hier steigt man wieder auf Straßenniveau hinab. Vor einem liegt der Beginn der Via Dolorosa *(siehe S. 110f)*, die wieder zum Bereich des Jaffators zurückführt.

Auf dem letzten Mauerabschnitt hat man einen herrlichen Blick auf das arabische Dorf Silwan. Die Route endet am **Dungtor** *(siehe S. 99)*, dem kleinsten Stadttor.

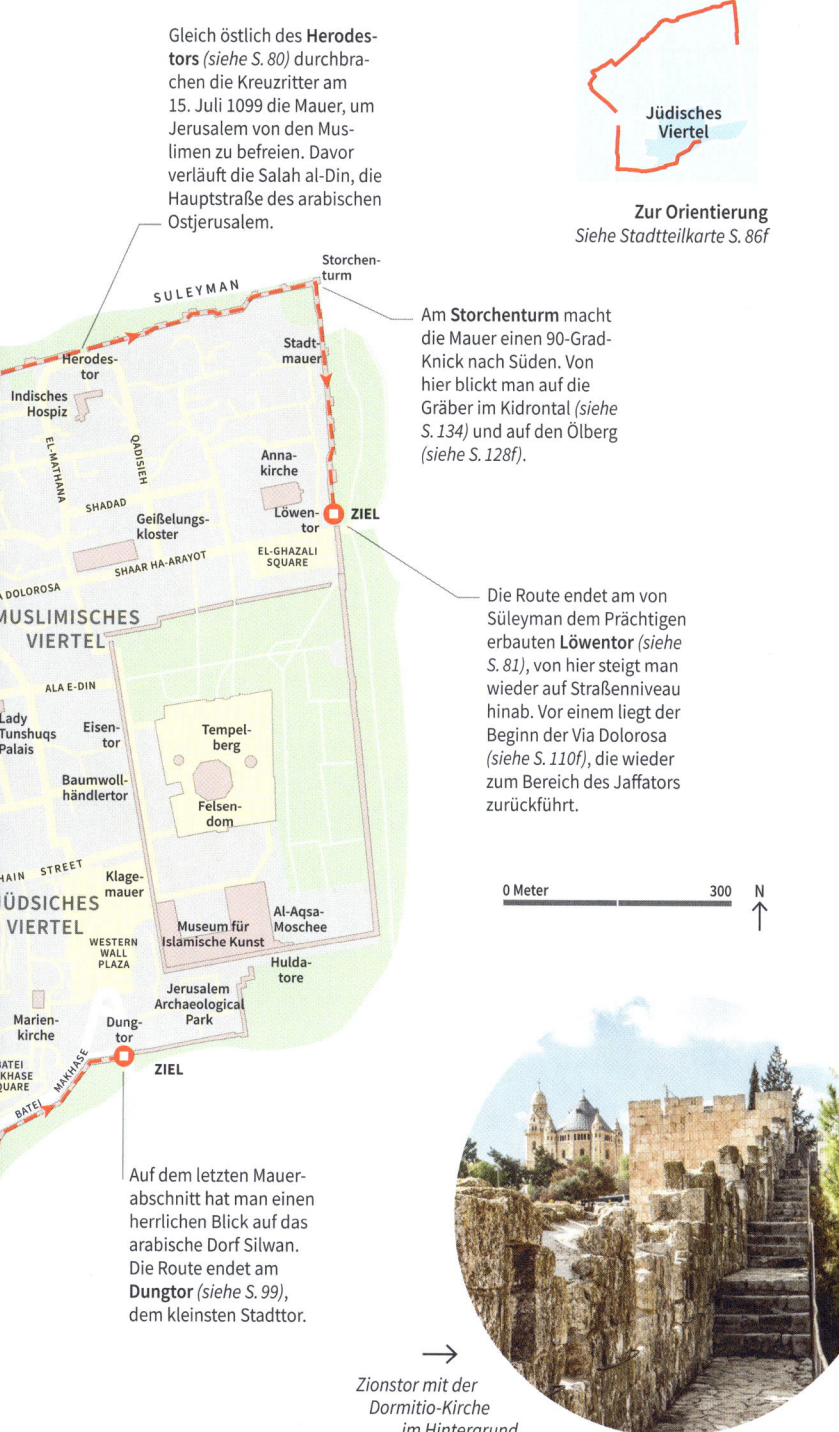

→ *Zionstor mit der Dormitio-Kirche im Hintergrund*

Deckenfresken in der Grabeskirche (siehe S. 106–109)

Christliches Viertel

Das Christliche Viertel liegt im Nordwesten der Stadt nördlich des Jaffators und der Zitadelle. Sein spirituelles Herz ist die Grabeskirche, die seit dem 4. Jahrhundert als Ort von Christi Kreuzigung, Grablegung und Auferstehung angesehen wird. Im Lauf der Jahrhunderte entstanden im Viertel Patriarchate, Pilgerhospize, Kirchen und andere religiöse Stätten aller christlichen Konfessionen. Einige davon wurden Ende des 19. Jahrhunderts von ausländischen Mächten wie Österreich-Ungarn und dem Deutschen Kaiserreich errichtet.

    Das jüngste Tor der Altstadt, das Neue Tor, wurde 1889 von den Osmanen erbaut, um das Christliche Viertel mit den christlichen Institutionen und Wohnvierteln außerhalb der Stadtmauer zu verbinden, insbesondere mit dem französischen Hospiz Notre-Dame und dem Russischen Viertel. Das Neue Tor lag im Nahostkrieg von 1948 auf der Frontlinie und wurde von Jordanien besetzt und geschlossen. Als die Israelis nach dem Sechstagekrieg 1967 die Altstadt eroberten, wurde es wieder geöffnet.

Christliches Viertel

Highlights
1. Grabeskirche
2. Zitadelle

Sehenswürdigkeiten
3. Alexanderhospiz
4. Lutherische Erlöserkirche
5. Christian Quarter Road
6. Johanneskirche
7. Museum des griechisch-orthodoxen Patriarchats
8. Jaffator
9. Omar ibn al-Khattab Square

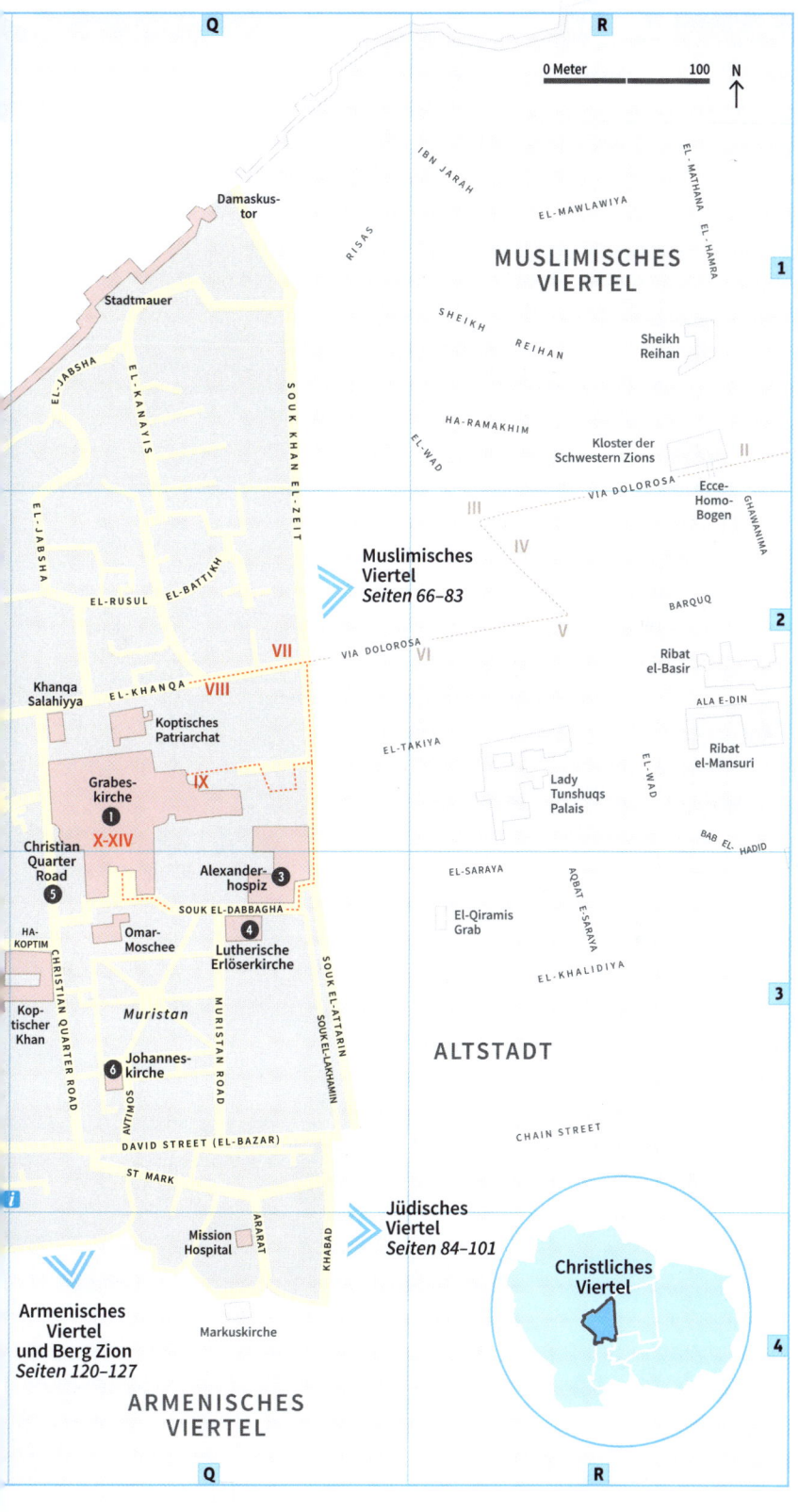

Grabeskirche

📍 Q2 🏠 Zugang vom Souk el-Dabbagha 📞 +972 2 626 7011
🕐 Sommer: tägl. 5–21 (So bis 20); Winter: tägl. 4–19

Die wichtigste Kirche der Christenheit steht dort, wo die Kreuzigung, Grablegung und Auferstehung Jesu stattgefunden haben sollen. Eingezwängt in ein Labyrinth an Läden lässt das simple Äußere der Kirche kaum auf die Atmosphäre im Inneren schließen. Im Zentrum der konstantinischen Rotunde des Gotteshauses steht die Heilig-Grab-Ädikula, in ihr bedeckt ein Marmorstein den Felsen, auf dem der Leichnam Jesu aufgebahrt worden sein soll. Dort wird an Ostern in der dunklen Kirche das erste Osterlicht entzündet, dann viele weitere als Symbol der Auferstehung Jesu. 2016/17 wurde die Grabeskapelle umfassend saniert.

Die erste Basilika ließ der römische Kaiser Konstantin zwischen 326 und 335 auf Wunsch seiner Mutter Helena errichten. Nach ihrer Zerstörung 1009 durch den Fatimidensultan Hakim baute sie der byzantinische Kaiser Konstantin Monomachus um 1040 in kleinerem Maßstab neu. Die Kreuzfahrer erweiterten sie zwischen 1114 und 1170. Ein verheerender Brand 1808 und ein Erdbeben 1927 machten diverse Restaurierungen erforderlich. Heute teilen sich sechs Konfessionen die Kirche.

Dass die Kirche wirklich am Schauplatz der Kreuzigung steht, ist nicht bewiesen, aber möglich. Ausgrabungen legen nahe, dass der Ort erst 43 n. Chr. mit neuen Mauern zum Stadtgebiet kam und vorher – wie für Kreuzigungen üblich – außerhalb der Stadtmauern lag. Zudem gab es hier im frühen 1. Jahrhundert n. Chr. einen stillgelegten Steinbruch. Ab dem 1. Jahrhundert v. Chr. wurden an der Stelle Felsengräber angelegt. All dies deckt sich mit den Berichten der Bibel.

↑ *Stein der letzten Ölung – er erinnert an Salbung und Umhüllung von Jesu Leichnam*

Chronik

1009
Der Fatimidensultan Hakim lässt die Grabeskirche zerstören und vernichtet dabei den Schrein (4. Jh.) um das Grab Jesu

2017
▽ Anlässlich einer Vier-Millionen-Dollar-Restaurierung wird der Stein über Jesu Grab erstmals seit 500 Jahren wegbewegt

326
△ Unter Konstantin wird ein Teil des Hügels abgetragen, um genügend Platz für eine Kirche um das vermutliche Grab Jesu zu haben

1555
Über dem Grab wird ein Marmorstein platziert, der wohl von osmanischen Plünderern zerbrochen wurde

1808
△ Ein heftiger Brand zerstört den Stein der letzten Ölung und beschädigt die Rotunde

Highlight

Schon gewusst?

Der Autor Herman Melville bezeichnete die Grabeskirche als »abscheulichen Schwindel«.

Die Grabeskirche, mit einer grauen Kuppel über dem Hauptschiff ↑

Grabeskirche: Kapellen und Schreine

Da die Kirche über die Jahrhunderte wiederholt neu aufgebaut und erweitert wurde, entstand ein komplexes Gebilde mit vielen Kapellen und Bereichen für sechs verschiedene christliche Konfessionen. Das Innere ist spärlich beleuchtet. Vor Jesu Grab bilden sich oft Schlangen, sodass dem einzelnen Besucher kaum ein paar Minuten zur Besichtigung des Schreins bleiben. Trotz des Andrangs erfüllt dieser heiligste Ort der Christenheit viele Gläubige mit einem Gefühl tiefer Ehrfurcht.

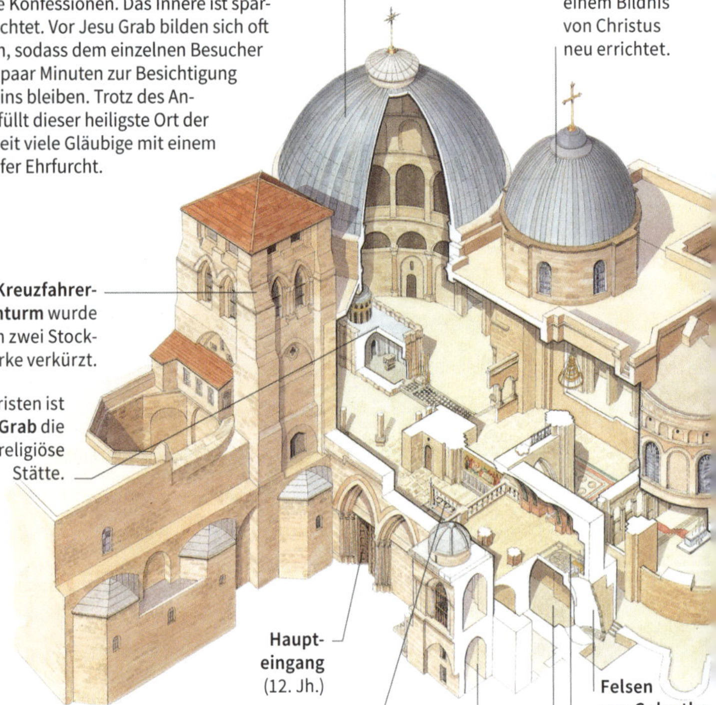

Die **Rotunde** wurde nach dem Brand von 1808 neu gebaut und verstärkt.

Die **Katholikon-Kuppel** wurde nach dem Erdbeben von 1927 mit einem Bildnis von Christus neu errichtet.

Der **Kreuzfahrer-Glockenturm** wurde 1719 um zwei Stockwerke verkürzt.

Für Christen ist **Jesu Grab** die heiligste religiöse Stätte.

Haupteingang (12. Jh.)

Felsen von Golgatha

Seit dem Mittelalter gibt es einen **Stein der letzten Ölung**. Der jetzige Stein stammt von 1810.

Frankenkapelle

Adamskapelle

Golgatha beherbergt den Felsen, der als Ort der Kreuzigung gilt.

Status quo

Nach jahrhundertelangem Streit unter den christlichen Konfessionen *(siehe S. 115)* darüber, wem die Kirche gehört, brachte 1852 ein osmanisches Gesetz die Lösung. Es ist noch in Kraft und als »Status quo« bekannt. Danach werden die Besitzrechte auf Armenier, Griechen, Kopten, Katholiken, Äthiopier und Syrer verteilt. Jeden Morgen wird die Kirche von einem Muslim geöffnet. Seit Generationen ist der Schlüssel im Besitz derselben Familie.

↑ *Geistliche der Armenisch-Apostolischen Kirche halten in der Helenakapelle eine Messe ab*

Highlight

Kapellen

Golgatha

▷ Golgatha enthält links die griechisch-orthodoxe Kapelle, deren Altar auf dem Felsen steht, wo sich das Kreuz Jesu befunden haben soll. Rechts liegt die römisch-katholische Kapelle, dazwischen der Stabat-Mater-Altar, der Marias Schmerz vor dem Kreuz gewidmet ist.

Schon gewusst?

Der Spalt im Felsen von Golgatha soll vom Erdbeben nach der Kreuzigung Christi stammen.

Adamskapelle

▽ Die Adamskapelle am Felsen von Golgatha ist der mittelalterliche Ersatz für die Kapelle der konstantinischen Basilika (4. Jh.). Ihr Name bezieht sich auf die Überlieferung, dass Jesu über dem Begräbnisort von Adams Schädel gekreuzigt wurde.

In kleinen **Häuschen auf dem Dach** der Helenakapelle leben äthiopische Mönche.

Jesu Grab

Der heutige Schrein wurde 1809 / 10 nach dem Brand von 1808 errichtet. In der äußeren Engelskapelle liegt ein Stück des Steins, der durch Engelhände von Christi Grab weggerollt worden sein soll. Eine niedrige Tür führt zur winzigen inneren Kapelle, wo eine Marmorplatte die Stelle bedeckt, wo Jesu Leichnam gelegen haben soll.

Rotunde und syrische Kapelle

▷ Kuppel (11. Jh.) und Kolonnade der Rotunde im römischen Stil wurden nach dem Brand 1808 ersetzt. An der Rückseite steht die syrische Kapelle mit Felsengräbern (1. Jh. v. Chr. bis 1. Jh. n. Chr.).

Helena- und Inventio-Crucis-Kapelle

Die Wände der Helenakapelle gehörten zur Basilika (4. Jh.). Unten liegt die Inventio-Crucis-Kapelle (Kreuzauffindungskapelle), eine frühere Zisterne.

Die **Helenakapelle** ist dem hl. Gregor geweiht, dem Begründer der Armenischen Kirche.

Stufen zur Inventio-Crucis-Kapelle

↑ *Die Grabeskirche mit ihren zahlreichen Kuppeln*

Äthiopisches Kloster

Das Kloster besteht aus kleinen Häusern auf dem Dach der Helenakapelle. Die äthiopischen Mönche mussten im 17. Jahrhundert hierher umsiedeln, weil sie die von den Osmanen auferlegten Steuern nicht bezahlen konnten.

Via Dolorosa

Die Via Dolorosa in Jerusalem gilt als letzter Schmerzensweg von Jesus von Nazarath, der zum Ort seiner Kreuzigung und schließlich zum Grab in der Grabeskirche führt, wo Jesus beerdigt worden sein soll. Diese Route hat allerdings mehr mit religiösen Traditionen als mit historischen Fakten zu tun und hat sich auch im Lauf der Jahrhunderte immer wieder verändert. Gleichwohl zieht die Via Dolorosa täglich Pilgerströme an, die sich mit Jesu Leiden identifizieren und die 14 Kreuzwegstationen im Gedenken an seinen letzten Weg abschreiten. Freitags führen die Franziskaner die Prozession an. In der Woche nach Ostern findet sie nicht statt.

»Originalroute«

Die Route, die Jesus beschritt, beginnt wohl an der heutigen Zitadelle, der Jerusalemer Residenz von Pontius Pilatus, wo wahrscheinlich der Prozess gegen Jesus stattfand. Die Verurteilten wurden über die heutige David Street und den Zentralen Souk aus der Stadt geführt.

↑ *Die Grabeskirche wird an Ostern vom »Heiligen Feuer« erleuchtet*

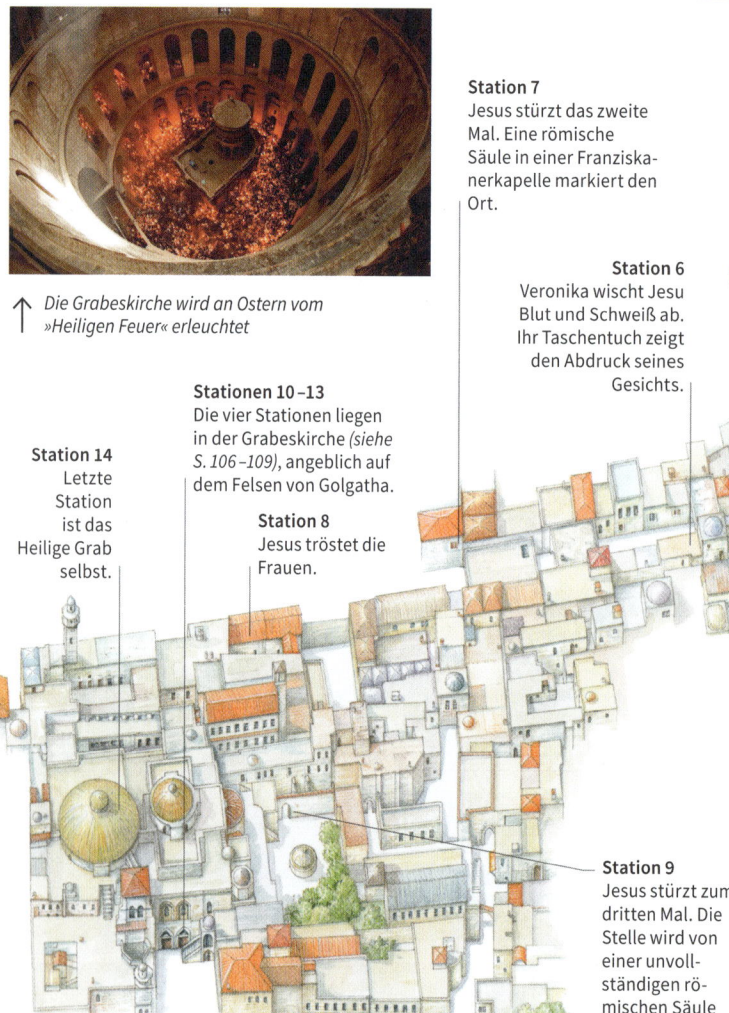

Station 7
Jesus stürzt das zweite Mal. Eine römische Säule in einer Franziskanerkapelle markiert den Ort.

Station 6
Veronika wischt Jesu Blut und Schweiß ab. Ihr Taschentuch zeigt den Abdruck seines Gesichts.

Stationen 10–13
Die vier Stationen liegen in der Grabeskirche *(siehe S. 106–109)*, angeblich auf dem Felsen von Golgatha.

Station 14
Letzte Station ist das Heilige Grab selbst.

Station 8
Jesus tröstet die Frauen.

Station 9
Jesus stürzt zum dritten Mal. Die Stelle wird von einer unvollständigen römischen Säule markiert.

← *Marmorrelief über der Tür einer Kapelle an der dritten Kreuzwegstation*

Station 2
Jesus nimmt das Kreuz, nachdem er verspottet wurde und eine Dornenkrone aufgesetzt bekam. Die Station ist vor dem Geißelungskloster *(siehe S. 76)*.

Station 3
Jesus stürzt unter dem Gewicht des Kreuzes. Ein Marmorrelief an einer Kapelle erinnert daran.

Station 1
Jesus wird zum Tod verurteilt. Der ursprüngliche Ort, die römische Festung, liegt innerhalb der muslimischen Medresa el-Omariyya.

Station 4
Jesus trifft auf Maria (vor der armenischen Kirche der Schmerzen Mariä).

Station 5
Simon von Kyrene wird von römischen Legionären gezwungen, das Kreuz Jesu zu tragen (Markus 15,21). Dies ist der Start für den Aufstieg nach Golgatha.

→ *Pilgerprozession, die den Leidensweg Jesu nachvollzieht*

Zitadelle

📍 P4 🏛 Jaffator 📞 +972 2 626 5333 🕐 Sep–Juli: Sa–Do 9–16 (Fr bis 14); Aug: Sa–Do 9–17 (Fr bis 14) 🚫 jüdische Feiertage 🌐 tod.org.il

Die Davidszitadelle (auch: Tower of David) dominiert das Jaffator. Hier befindet sich das Tower of David Museum, das 4000 Jahre Stadtgeschichte nachzeichnet. Der Panoramablick von den zinnenbewehrten Mauern ist grandios.

Die heutige Anlage geht im Wesentlichen auf das Mittelalter zurück. Süleyman I. der Prächtige erweiterte sie 1532. Die Zitadelle erhielt später ein Minarett (den Davidsturm – obwohl er nichts mit König David zu tun hat). Ausgrabungen förderten allerdings Überreste aus dem 2. Jahrhundert v. Chr. zutage, was darauf hindeutet, dass hier zu Herodes' Zeiten eine Festung stand – ein Hinweis, dass Jesu Prozess und Verurteilung an dieser Stelle stattgefunden haben könnten. An einigen Abenden *(siehe Website)* wird die Zitadelle im Rahmen von Night Spectacular illuminiert. Die audiovisuelle Show lässt Besucher mit Bildern und Klängen in 4000 Jahre Stadtgeschichte eintauchen.

Der Name »Tower of David« bezieht sich auch auf ein **Minarett**, das 1655 angefügt wurde.

Die **Moschee** errichteten Mamluken über einem Kreuzfahrersaal.

> Besucher können bei der Licht-Ton-Show Night Spectacular an der Zitadelle in die Geschichte Jerusalems eintauchen.

Verrochios David, ein Geschenk von Florenz an Jerusalem

Südostturm

Sockel eines islamischen Turms

↑ *Blick über den Innenhof der Zitadelle auf das Minarett aus dem 17. Jahrhundert*

Expertentipp
Herodianische Steine

Man erkennt die Blöcke, die von den Steinmetzen Herodes' (1. Jh. v. Chr.) gefertigt wurden: Sie sind groß und quadratisch mit eingekerbten Rändern (wie die an der Klagemauer).

Highlight

Führungen im Tower of David Museum

Im Tower of David Museum der Zitadelle finden sich viele bedeutende Exponate. Es gibt drei Routen: Die *Observation Route* verläuft entlang den Verteidigungsanlagen und bietet die beste Aussicht auf die Altstadt und den neueren Teil Jerusalems. Die *Excavation Route* konzentriert sich auf die archäologischen Reste im Innenhof, die *Exhibition Route* leitet den Besucher durch mehrere Räume, in denen die Geschichte der Stadt mit Dioramen, Modellen und Darstellungen nachgezeichnet wird. Sonntags bis freitags um 11 Uhr gibt es eine 90-Minuten-Führung auf Englisch. Auch Nachtführungen werden angeboten.

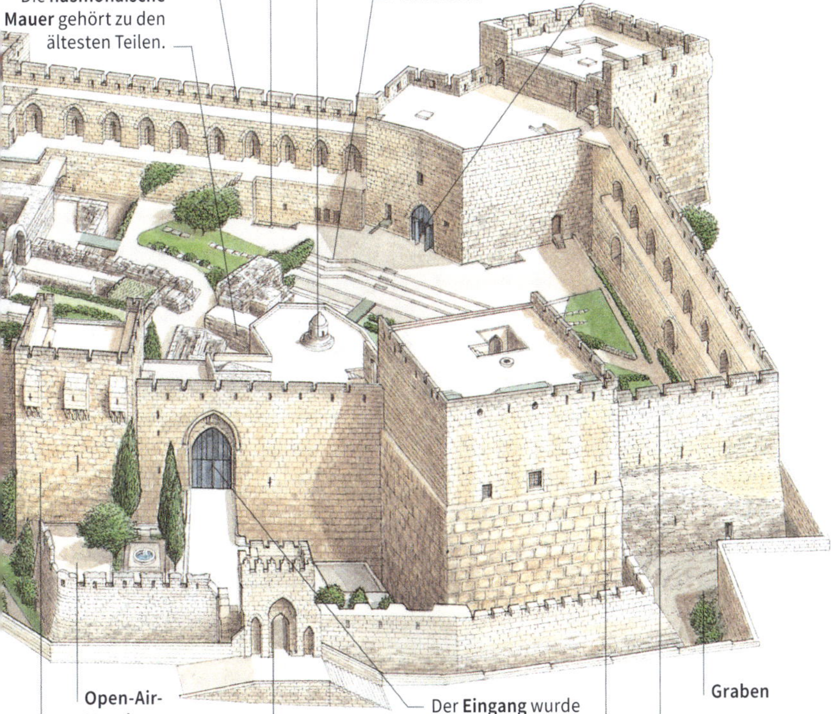

In der unterirdischen **Zisterne** steht ein Jerusalem-Modell von 1873.

Die kleine **Kuppel** gehört zum Mamlukenanbau von 1310.

Man kann auf den **Mauern** fast rundherum gehen.

Der **Innenhof** liegt über einem Kreuzfahrersaal.

Eingang zum **Café**

Die **hasmonäische Mauer** gehört zu den ältesten Teilen.

Open-Air-Moschee

Ostturm

↑ *Mauern und Innenhof der Zitadelle*

Die Einnahme Jerusalems 1917 durch die Briten wurde vor diesem **Tor** verkündet.

Der **Eingang** wurde L-förmig angelegt, um Angreifer zu bremsen.

Der **Phasaelturm** wurde unter Herodes erbaut und nach seinem Bruder benannt.

Graben

Spuren der **byzantinischen Stadtmauer** findet man am Fuß dieses Mauerabschnitts

SEHENSWÜRDIGKEITEN

❸
Alexanderhospiz
📍 Q3 🏠 Souk el-Dabbagha
📞 +972 2 627 4952 🕒 Ausgrabungen: tägl. 9–18

Neben der Alexanderkirche, der Hauptkirche der russisch-orthodoxen Gemeinde Jerusalems, birgt das Alexanderhospiz einige bedeutende Ausgrabungen. Als es 1859 gegründet wurde, war bereits bekannt, dass sich hier Ruinen der ursprünglichen Grabeskirche von 335 befanden. 1882 förderten Grabungen Reste der Stadtmauer aus der Zeit von Herodes zutage – der Beweis, dass sich die Grabeskirche einst außerhalb der Stadtbefestigung befunden hatte. Dies wiederum untermauerte die Annahme, die Kreuzigung Jesu habe möglicherweise an dieser Stelle stattgefunden (siehe S. 106–109).

Erhalten sind auch Überreste einer Kolonnadenstraße und eines Triumphbogens vom Hadriansforum, dessen Bau 135 n. Chr. begann. Die Ausgrabungsstätte ist vollständig, die Kirche nur zum Teil zu besichtigen.

❹
Lutherische Erlöserkirche
📍 Q3 🏠 24 Muristan Rd
📞 +972 2 626 6800 🕒 Mo–Sa 10–17 (Winter: bis 16)
🌐 elcjhl.org

Die neoromanische Kirche wurde für den deutschen Kaiser Wilhelm II. errichtet und 1898 vollendet. Europas Interesse am Heiligen Land war Ende des 19. Jahrhunderts wiedererwacht und leitete eine Phase der Restaurierungen und Kirchenneubauten ein, viele Länder wollten mit einem Sakralbau in der Stadt präsent sein.

Die Erlöserkirche entstand auf den Resten der Maria-Latina-Kirche, die von Händlern aus Amalfi errichtet worden war. Viele Elemente der mittelalterlichen Kirche wurde in den Neubau integriert. Der mit Tierkreiszeichen und Symbolen für die Monate verzierte Eingang ist noch original. Der Kreuzgang im angrenzenden Lutherischen Hospiz stammt aus dem 13./14. Jahrhundert.

1889
In diesem Jahr wurde das jüngste der Tore, das Neue Tor, von den Osmanen errichtet.

Der beliebteste Teil der Lutherischen Erlöserkirche ist der Glockenturm. Nach dem Erklimmen der 177 Stufen hat man einen herrlichen Blick auf die Altstadt.

Unter der Kirche bietet der archäologische Park »Durch die Zeiten« die Möglichkeit, rund 2000 Jahre Stadthistorie kennenzulernen.

❺
Christian Quarter Road
📍 Q3

Zusammen mit der David Street, die vom Jaffator zum Muristan führt, ist die Christian Quarter Road eine der wichtigsten Straßen des Christlichen Viertels. Am Muristan und an der Westseite der Grabeskirche vorbei verläuft die Straße parallel zum Souk Khan el-Zeit. Hier bekommt man Antiquitäten, palästinensisches Kunsthandwerk (Stickereien, Leder

Devotionalien, Handwerk und Antiquitäten in der Christian Quarter Road

und Hebron-Glas) sowie verschiedenste Devotionalien (Ikonen, Rosenkränze und Kreuze).

In der Mitte der Straße, wo ein Schild nach rechts den Weg zur Grabeskirche weist, führt eine Treppe zur schlichten Omar-Moschee mit einem auffälligen viereckigen Minarett hinunter. Ihren Namen hat sie von Kalif Omar, der verhindert haben soll, dass die Grabeskirche nach der Eroberung der Stadt durch die Araber 638 in muslimische Hände geriet. Obwohl er zum Beten die Kirche betreten sollte – was sie zum islamischen Gebetsort gemacht hätte –, betete er auf den Stufen davor. So blieb die Kirche christlich. Die Omar-Moschee ließ Saladins Sohn Aphdal Ali 1193 neben dem alten Hospital der Johanniter erbauen.

Das unauffällige Khanqa Salahiyya steht am Ende der Christian Quarter Road. Das Kloster, das Saladin 1187–89 für Sufi-Mystiker erbauen ließ, liegt neben den Stätten der alten Kreuzfahrerpatriarchate Jerusalems. Nicht-muslime dürfen das Kloster nicht betreten.

Entlang der Nordseite der Moschee verläuft die El-Khanqa Street. Interessante Läden säumen die schöne alte Treppenstraße.

⑥ Johanneskirche
📍 Q3 🏛 Christian Quarter Rd

Die silbrig glänzende Kuppel der Johanneskirche ist über den Dächern des Muristan weithin sichtbar. Den Eingang auf der Christian Quarter Road findet man weniger leicht. Eine kleine Tür führt in einen Hof, der wiederum Zugang zum benachbarten Kloster mit Kirche der Griechisch-Orthodoxen gewährt (nicht öffentlich zugänglich).

Die Johanneskirche wurde im 5. Jahrhundert gegründet und gehört zu den ältesten Sakralbauten in Jerusalem. Sie drohte lange Zeit zu verfallen, wurde im 11. Jahrhundert jedoch mit großem Aufwand restauriert. Abgesehen von den zwei Glockentürmen, die später hinzukamen, blieb der Bau weitgehend im Originalzustand erhalten.

Während der Belagerung von Jerusalem 1099 wurden hier verwundete Kreuzritter versorgt. Nach ihrer Genesung beschlossen diese »Hospitalsritter«, selbst Kranken zu helfen und Jerusalem-Pilger zu beschützen. Sie gründeten einen Orden und nannten sich Johanniter (später Malteser). Der Orden wurde militärisch und spielte bei der Verteidigung des Heiligen Landes während der Kreuzzüge eine wichtige Rolle.

Christen im Heiligen Land

In Jerusalem sind weltweit die meisten christlichen Konfessionen vertreten. Die größte Gruppe stellen die melkitische griechisch-katholische und die griechisch-orthodoxe Kirche. Auch die russisch-orthodoxe Kirche ist bedeutend. Andere orthodoxe Kirchen umfassen Armenier, Äthiopier, Kopten und Syrisch-Orthodoxe. Die älteste protestantische Gruppe sind die Anglikaner. Etwa zwei Prozent der Bevölkerung in Israel und im Westjordanland sind Christen.

Die Lutherische Erlöserkirche, die noch einige mittelalterliche Elemente enthält

❼ Museum des griechisch-orthodoxen Patriarchats

P2 Greek Orthodox Patriarchate Rd +972 2 627 4941 wg. Sanierung

Das im Gassengewirr des Christlichen Viertels versteckte Museum (derzeit wg. Renovierung geschlossen) birgt eine Sammlung sakraler Gegenstände, darunter Ikonen, bestickte Ornate, Mitren, Kelche und Filigranobjekte, aber auch archäologische Funde. Interessant sind zwei Sarkophage, die Ende des 19. Jahrhunderts in einem Grab nahe dem heutigen King David Hotel *(siehe S. 142)* gefunden wurden. Sie sollen der Familie von Herodes dem Großen gehört haben. Ihr Blumendekor gehört zum Schönsten, was die Grabeskunst jener Zeit hervorgebracht hat.

Im Museum finden sich darüber hinaus vielfältige Objekte der Kreuzfahrer, darunter ein Kapitell (12. Jh.) aus Nazareth sowie einige Artefakte, die man im Grab Balduins I. (König von Jerusalem, 1100–18) in der Grabeskirche entdeckte. Eine der wertvollsten Kostbarkeiten ist zweifellos eine aus einem Bergkristall geschnitzte Mitra. Das im 12. Jahrhundert geschaffene Werk wird von Kupferbändern und Edelsteinen verziert. Zur Sammlung von historischen Edikten gehört auch dasjenige, mit dem Kalif Omar 638 der griechisch-orthodoxen Kirche die heiligen Stätten zugesprochen haben soll.

❽ Jaffator
P3

Das Jaffator ist Nadelöhr für Verkehr und Fußgänger aus dem modernen Teil Jerusalems im Westen. Trotz beachtlicher Größe besitzt es einen nur engen Durchgang. Es wurde unter Süleyman I.

dem Prächtigen L-förmig angelegt, um Angreifer abzubremsen. In einer Widmung im Bogen außen am Eingang wird das Jahr 1538 genannt. Der Durchgang, durch den heute die Autos fahren, wurde 1898 in die Mauer geschlagen, damit Kaiser Wilhelm II. es mit seiner Kutsche passieren konnte.

Direkt hinter dem Tor links liegen jenseits einer Umzäunung zwei Gräber. Fremden-

Brotverkauf auf dem Areal vor dem historischen Jaffator ↓

Christliches Informationszentrum

Das von den Franziskanern geführte Infozentrum gegenüber der Zitadelle informiert über christliche Gemeinschaften, Gottesdienste, Kirchen, heilige Orte und Schreine im gesamten Heiligen Land. Auf der Website (www.cicts.org) findet man hilfreiche Nummern. 1859–1917 diente das Gebäude als Postamt der k. u. k. Monarchie in Jerusalem.

Der belebte Omar ibn al-Khattab Square, der zum Jaffator führt

❾ Omar ibn al-Khattab Square
📍 P4

Er ist weniger ein Platz als eine Straßenerweiterung um die Zitadelle, doch dieses quirlige Areal hinter dem Jaffator ist Mittelpunkt des Lebens in der Altstadt.

Der Platz an der Verbindungsstelle von Christlichem, Jüdischem und Muslimischem Viertel hat seinen Namen vom Kalifen Omar, der 638 Jerusalem eroberte. Sein muslimischer Name ist irreführend, da die meisten der umliegenden Gebäude und Areale dem griechisch-orthodoxen Patriarchat gehören.

Im späten 19. Jahrhundert errichtete das Patriarchat die Hotels und Läden auf der Nordseite des Platzes, darunter auch das neoklassizistische New Imperial Hotel von 1880.

An einer Kreuzung hinter dem Hotel steht eine römische Säule, die im 3. Jahrhundert zu Ehren des Präfekten von Juda und Kommandeurs der zehnten Legion errichtet wurde. Diese beteiligte sich an der Rückeroberung Jerusalems und Zerstörung des Zweiten Tempels 70 n. Chr. *(siehe S. 49)* und war anschließend längere Zeit in der Stadt stationiert. Heute trägt die Säule eine Straßenlaterne.

Mehrere Straßencafés laden auf der Ostseite des Platzes zum Verweilen ein. Daneben befindet sich das christliche Informationszentrum. Gegenüber dem Eingang zur Zitadelle liegt der Bereich der anglikanischen Christuskirche. Die neogotische Kirche (1849) war das erste protestantische Gebäude im Heiligen Land.

> **Schon gewusst?**
> Die frühen Christen versammelten sich zu Hause. Erst ab 200 gab es Kirchen im Heiligen Land.

führer erzählen gern, dass hier Süleymans Architekten ruhen, die hingerichtet wurden, weil sie den Berg Zion nicht in die Stadtmauern einbeziehen konnten. Eine andere Erzählung besagt, dass sie getötet wurden, um nie wieder ein so großartiges Bauwerk schaffen zu können. In Wirklichkeit gehören die Gräber einem prominenten Stadtbürger und seiner Frau.

Am Jaffator gelangt man auch auf die Befestigung – hier ist der Eingang zu einem Spaziergang auf der Stadtmauer *(siehe S. 100f)*. Die Araber nennen das Tor Bab el-Khalil nach dem arabischen Namen für Hebron (El-Khalil bzw. Al Halil). Die alte Straße in die Stadt begann hier.

> **Der Platz an der Verbindungsstelle von Christlichem, Jüdischem und Muslimischem Viertel hat seinen Namen vom Kalifen Omar, der 638 Jerusalem eroberte.**

Spaziergang im Christlichen Viertel

Länge 500 m **Dauer** 15 Min.
Bushaltestelle HaKishle / Armenisches Patriarchat

Der meistbesuchte Teil der Altstadt ist das Christliche Viertel, das eine eigenartige Symbiose aus Spiritualität und Kommerz bildet. Im Zentrum steht die Grabeskirche, die heiligste Stätte der Christen. Sie ist von so vielen Kirchen und Hospizen umgeben, dass man von ihrem Äußeren nur Kuppel und Eingangsfassade sieht. Die Straßen in der Nähe sind voller Läden und Stände, die vielfältige Pilgersouvenirs anbieten. Ausruhen kann man sich in den Cafés der Muristan Road.

Schon gewusst?

Zalatimo Sweets beherbergt die Überreste des originalen Eingangs (4. Jh.) der Grabeskirche.

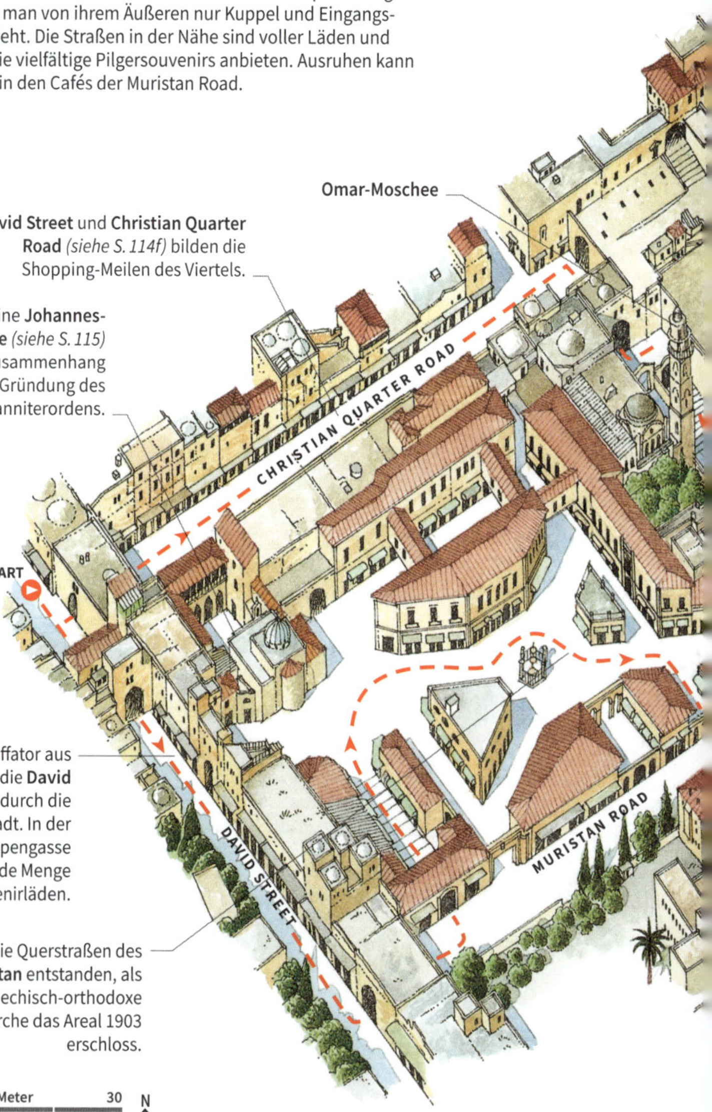

Omar-Moschee

David Street und **Christian Quarter Road** *(siehe S. 114f)* bilden die Shopping-Meilen des Viertels.

Die kleine **Johanneskirche** *(siehe S. 115)* steht in Zusammenhang mit der Gründung des Johanniterordens.

START

Vom Jaffator aus führt die **David Street** durch die Altstadt. In der steilen Treppengasse gibt es jede Menge Souvenirläden.

Die Querstraßen des **Muristan** entstanden, als die griechisch-orthodoxe Kirche das Areal 1903 erschloss.

0 Meter 30 N↑

Der Stabat-Mater-Altar gehört zu den zahlreichen Kapellen und Schreinen der **Grabeskirche** *(siehe S. 106–109)*, die an Kreuzigung und Grablegung Christi erinnern.

Khanqa Salahiyya

Zur Orientierung
Siehe Stadtteilkarte S. 104f

↑ *Eingangstor zu einer der Straßen im Muristan*

Äthiopisches Kloster
(siehe S. 109)

Zalatimo Sweets ist ein bekannter Süßwarenladen.

Säulen der originalen byzantinischen Grabeskirche *(siehe S. 106)*

Das **Alexanderhospiz** *(siehe S. 114)* steht auf den Ruinen der früheren Grabeskirche.

Die Läden im **Souk el-Dabbagha** verkaufen Devotionalien.

Die **Lutherische Erlöserkirche** *(siehe S. 114)* besitzt einen schönen mittelalterlichen Kreuzgang.

→ *Blick vom Turm der Lutherischen Erlöserkirche*

Hunderte von Öllampen in der Jakobuskathedrale (siehe S. 124)

Armenisches Viertel und Berg Zion

Armenische Christen kamen ab 301 als Pilger nach Jerusalem, nachdem Armenien damals das Christentum als erstes Land weltweit zur Staatsreligion gemacht hatte. Die Jakobuskathedrale wurde zur Zeit der Kreuzritter an der Stelle einer armenischen Kirche aus dem 5. Jahrhundert errichtet. Die Gemeinde wuchs jahrhundertelang um diesen Kristallisationspunkt. Das Gotteshaus ist noch immer das spirituelle Zentrum der Jerusalemer armenischen Gemeinde.

Vom Armenischen Viertel gelangt man durch das Zionstor zum Berg Zion, dem Ort, an dem sich nach jüdischer Überlieferung das Grab von König David befindet. Von den Christen wird der Ort mit dem Letzten Abendmahl assoziiert, sie pilgerten zunächst hierher. Damals lag der Berg Zion noch innerhalb der Grenzen der Altstadt, doch in den 1530er Jahren, als Süleyman I. der Prächtige die Stadtmauern neu anlegen ließ, rückte er nach außerhalb – angeblich ein Fehler seiner Stadtplaner. Nach der Teilung der Stadt 1948 war der Berg Zion der Punkt, an dem Juden der von Jordanien kontrollierten Klagemauer am nächsten sein konnten. Er blieb es bis 1967, als die Stadt wieder vereint war.

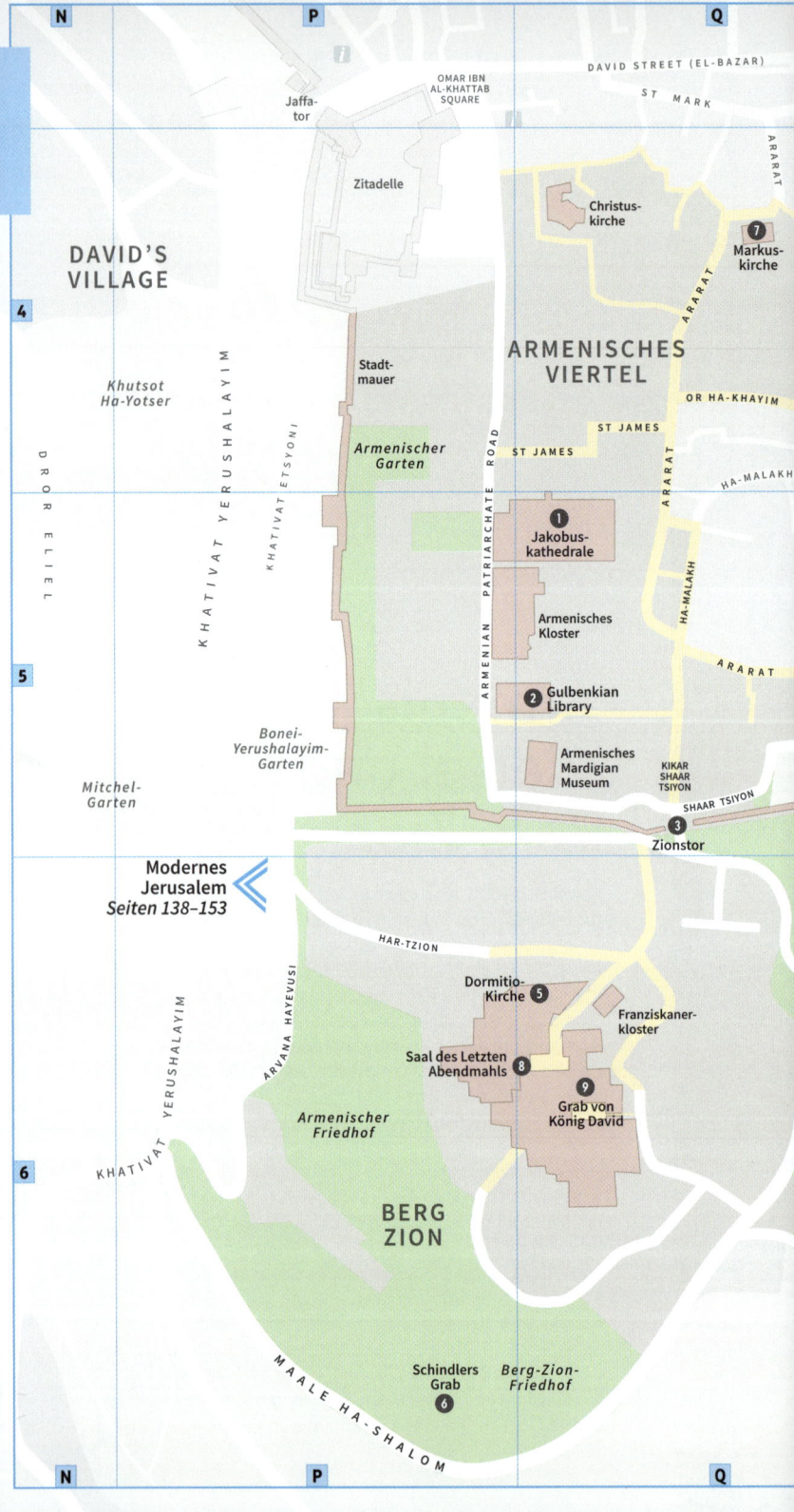

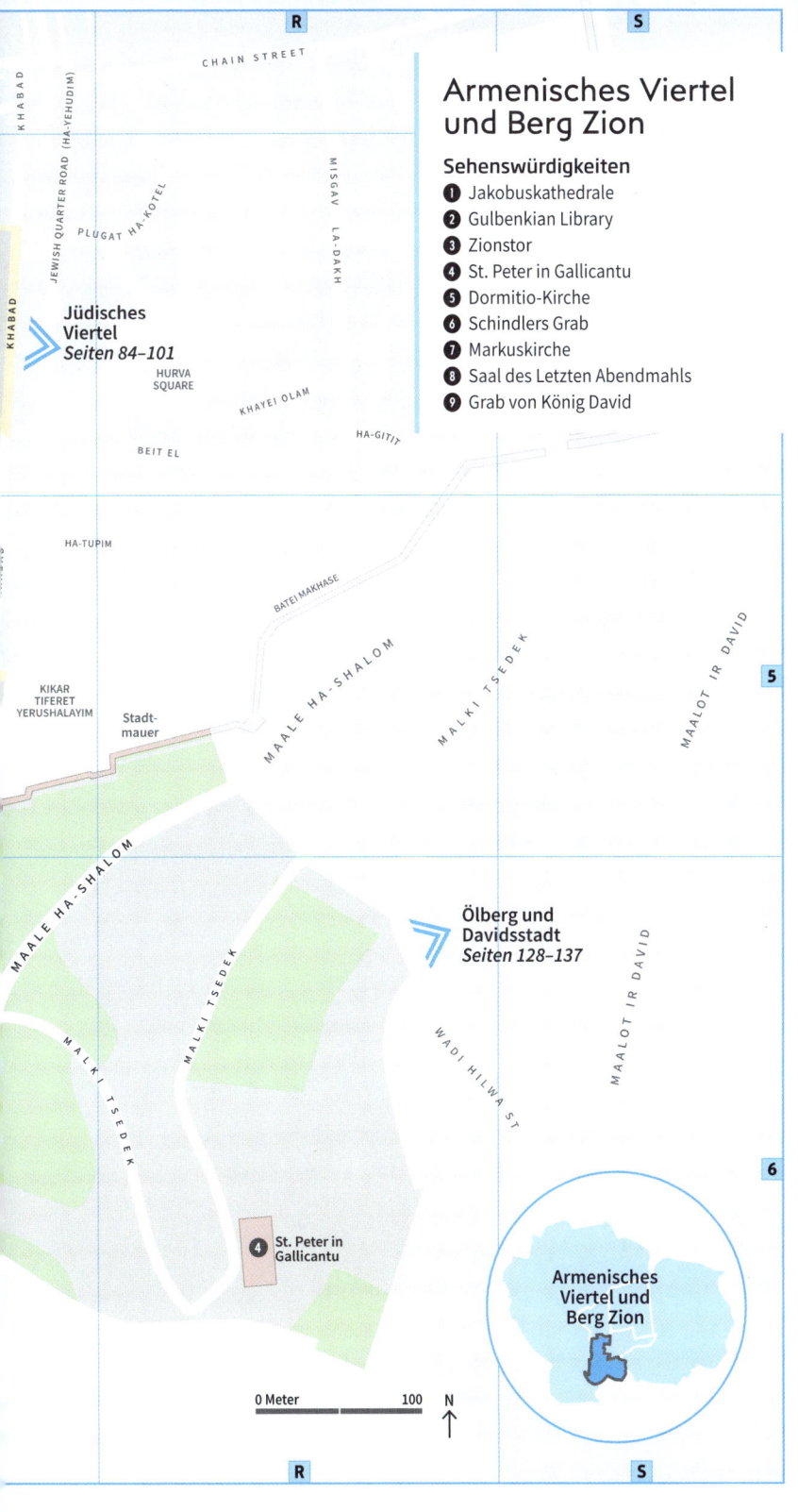

Jakobuskathedrale, das Zentrum der armenischen Christen in Jerusalem

SEHENSWÜRDIGKEITEN

❶ Jakobuskathedrale

📍 Q5 🏛 Armenian Patriarchate Rd 📞 +972 2 628 2331 🕐 tägl. 6–7:30, 15–15:30

Die armenische Kathedrale gehört zu den schönsten Sakralbauten Jerusalems. Sie wurde im 11./12. Jahrhundert über dem vermuteten Grab des Apostels Jakobus errichtet, den Herodes Agrippa I. (reg. 37–44) hatte hinrichten lassen.

In der Folgezeit wurden zahlreiche Um- und Anbauten an der Kathedrale vorgenommen, insbesondere im 18. Jahrhundert, aus dem auch die Ausstattung des Baus, die wir heute sehen, größtenteils stammt.

Der Eingang liegt hinter einem kleinen Hof mit einem Brunnen (19. Jh.). An der Westmauer finden sich armenische Inschriften, eine davon aus dem Jahr 1151. Unter dem gewölbten Vordach hängen Holzbalken. Jeden Nachmittag schlägt ein Priester sie mit dem *nakus*, einem Holzschlägel, um den Beginn des Gottesdienstes anzukündigen.

Das Innere der Kirche wird nur spärlich von den zahllosen Öllampen beleuchtet, die von der Decke hängen. Es gibt keine Bestuhlung, stattdessen sind die Böden mit Orientteppichen ausgelegt. Vier Pfeiler unterteilen den Hauptraum in drei Gänge. Die Säulen sind ebenso wie die Wände mit blau-weißen Fliesen in Blumen- und Fantasiemustern verziert.

Am Ende jedes Gangs steht in der Apsis ein Altar, der durch eine Ikonostase abgetrennt ist. Im Chor befinden sich zwei Throne. Derjenige an der Säule soll Jakobus d. J. gehört haben, laut Überlieferung Jesu Stiefbruder und erster Bischof von Jerusalem. Sein Thron wird nur einmal im Jahr, Anfang Januar zu seinem Festtag, benutzt. Auf dem anderen Thron nimmt der Patriarch Platz.

Die Kathedrale besitzt viele Kapellen. Am interessantesten ist die dritte auf der linken Seite: Sie birgt angeblich den Schädel von Jakobus. In der Etchmiadzin-Kapelle auf der rechten Seite kann man herrliche Fliesen sehen.

Beachten Sie für eine Besichtigung der Kathedrale die sehr begrenzten Öffnungszeiten.

> **Expertentipp**
> **Armenische Keramik**
> Hübsche armenische Keramik wird in einigen Werkstätten um die Altstadt hergestellt, so auch bei Garo Sandrouni (www.garosandrouni.com) im Armenischen Viertel.

❷ Gulbenkian Library

📍 Q5 🏛 Armenian Patriarchate Rd 🚌 38 📞 +972 2 628 2331 🕐 Mo–Fr 14–18 🌐 armenian-patriarchate.com/gulbenkian

Die Gulbenkian-Bibliothek liegt auf dem Komplex der Jakobuskathedrale. Sie gehört zu den größten Zentren,

Schon gewusst?

Der Philanthrop Calouste Gulbenkian machte mit Erdöl aus dem Nahen Osten ein Vermögen.

die sich der Geschichte und Kultur der Armenier widmen. Die Bibliothek des Mäzens Calouste Gulbenkian wurde 1932 eröffnet und besitzt eine sich stetig vermehrende Sammlung von derzeit über 100 000 Werken, sowohl historische wie zeitgenössische Schriften. Ein Großteil der Bücher ist in armenischer Sprache verfasst.

Die Bibliothek besitzt zudem die drittgrößte Sammlung armenischer Zeitungen sowie eine große Anzahl an Zeitschriften und Periodika.

Ein eigener Raum beherbergt seltene frühe Drucke. Darunter befindet sich die Erstausgabe der offiziellen Publikation des Armenischen Patriarchats. Weitere interessante Exponate sind Bücher aus der ersten Druckerei Jerusalems, die sich seit 1833 innerhalb des Areals des Armenischen Klosters befindet.

Das Patriarchat kuratiert zudem eine erstaunliche Sammlung von 4000 alten Manuskripten, die in der St.-Toros-Kirche, nahe der Bibliothek, untergebracht sind.

> St. Peter in Gallicantu wirkt modern, doch in der Krypta gibt es alte Räume, in denen Christus übernachtet haben soll.

→

St. Peter in Gallicantu – an der Stelle, wo Petrus Jesus verleugnet haben soll

❸ Zionstor
📍 Q5

Das Zionstor wurde 1540 unter Süleyman I. dem Prächtigen errichtet. Es verbindet die Stadt mit den heiligen Stätten auf dem Berg Zion. Hier wurde 1948 besonders heftig gekämpft, als israelische Soldaten bei der Belagerung der Jordanier versuchten, die Mauer zum Jüdischen Viertel zu durchbrechen. Die äußere Seite des Tors ist voller Einschusslöcher. Etwas westlich des Tors sieht man am Fuß der Mauer weitere Spuren dieser Kämpfe: Dort versuchten die Soldaten, sich ihren Weg freizusprengen. Auf Arabisch heißt das Tor Bab el-Nabi Daud (Tor des Propheten David), weil es in der Nähe der Stelle steht, an der sich das Grab von König David *(siehe S. 127)* befinden soll.

❹
St. Peter in Gallicantu
📍 R6 📍 Malki Tsedek Rd
🚌 38 📞 +972 2 673 1739
🕐 Mo–Sa 9–17

Die Kirche steht östlich des Bergs Zion an den Hängen oberhalb der Davidsstadt *(siehe S. 132f)* und dem Kidrontal. Sie erinnert an Petrus' Verrat: »Ehe der Hahn zweimal kräht, wirst du mich dreimal verleugnen« (Markus 14, 72). Der 1931 errichtete Bau wirkt sehr modern. In der Krypta jedoch gibt es alte Räume, in denen Christus übernachtet haben soll, bevor er zu Pontius Pilatus gebracht wurde. Unter der Kirche wurden herodianische Überreste entdeckt. Im Garten steht noch ein Teil einer hasmonitischen Treppe, die zu Jesu Zeiten benutzt wurde. Freigelegt wurden überdies Mosaiken einer älteren, byzantinischen Kirche und eines Klosters (5./6. Jh.).

Armenier in Jerusalem

301 wurde das Christentum in Armenien Staatsreligion, in der Folge kamen armenische Pilger ins Heilige Land. Nach dem Ersten Weltkrieg bat der britische Militärgouverneur armenische Keramiker aus der Türkei, die Fliesen des Felsendoms zu reparieren. Da sie wegen des Völkermords an den Armeniern nicht zurückkehren konnten, ließen sie sich in Jerusalem nieder.

❺ Dormitio-Kirche

📍 Q6 🚩 Berg Zion 🚌 38, 20 📞 +972 2 565 5330 🕐 Mo – Sa 9 –17, So 11:30 – 17 (Mittagszeit für Gebet geschlossen)

Die neoromanische Benediktinerkirche thront auf dem Berg Zion – gekrönt von einem hohen Glockenturm und einer Kuppel mit vier Ecktürmchen. Der große, luftige Bau aus weißem Stein steht dort, wo Maria in »ewigen Schlaf« gesunken sein soll. Nach der Kreuzigung ihres Sohns soll sie bis zu ihrem Tod hier gelebt haben.

Bald wurde der Berg ein heiliger Ort. Bereits im 4. Jahrhundert soll hier eine Kirche gestanden haben. Im 6. Jahrhundert entstand eine große Basilika, die später verfiel. Die Kreuzfahrer bauten ebenfalls eine Kirche mit Kapellen, die Marias Entschlafung und dem Letzten Abendmahl geweiht wurden.

Die heutige Kirche mit der Dormitio-Kapelle und der Abtei ließ Kaiser Wilhelm II. im frühen 20. Jahrhundert nach dem Vorbild des Doms zu Aachen errichten. Während des Nahostkriegs 1948 und des Sechstagekriegs 1967 war die Kirche ein strategischer Außenposten israelischer Soldaten und stand bei verschiedenen Kampfhandlungen unter Beschuss.

Im Hauptbereich befindet sich ein schön gestalteter Mosaikboden mit Tierkreiszeichen sowie den Namen von Heiligen und Propheten. In der Krypta sieht man eine Figur der »schlafenden« Jungfrau aus Holz und Elfenbein. Die Wände zeigen Bilder von Frauen des Alten Testaments, darunter Eva, Judith, Ruth und Esther.

Im Halbgeschoss sind Überreste verschiedener Vorgängerbauten zu sehen.

❻ Schindlers Grab

📍 P6 🚩 Berg Zion 🚌 1, 2

Direkt unterhalb des Zionstors biegt der Weg ab zur Holocaust-Kammer, einem kleinen Museum, das der jüdischen Opfer der nationalsozialistischen Diktatur gedenkt. Auf der anderen Straßenseite am Ende des Wegs liegt ein christlicher Friedhof, auf dem Oskar Schindler (1908 –1974) begraben ist.

Der Industrielle Schindler setzte im Zweiten Weltkrieg alles daran, jüdische Häftlinge als Zwangsarbeiter in seiner Fabrik zu beschäftigen. Damit rettete er über 1000 Menschen vor den Konzentrationslagern. Vor seinem Tod 1974 bat er, in Jerusalem begraben zu werden. Seinem mutigen Widerstand gegen die Nazis setzte Steven Spielberg mit dem Oscar-prämierten Film *Schindlers Liste* (1993) ein Denkmal.

❼ Markuskirche

📍 Q4 🚩 5 Ararat St 📞 +972 2 628 3304 🕐 Mo – Sa 9 –13, 15 –17 (Winter: bis 16)

Das Kirchlein ist Zentrum der syrisch-

Ge-Hinnom-Tal

Das Tal unterhalb des Bergs Zion wurde seit den Zeiten des Propheten Jeremias (Ende 7. Jh. v. Chr.) mit Feuer und Tod assoziiert. Hier wurden im Moloch-Kult Kinder geopfert. Im Neuen Testament gilt das Tal als Ort des »unlöschbaren Feuers«, in dem Ungläubige ewig leiden werden. So wurde das Tal für Juden und Christen Vorbild für die Qualen der Hölle.

Dormitio-Kirche im sanften Licht der Abendsonne ↑

orthodoxen Gemeinde. Vieles in der Kirche verweist auf biblische Erzählungen, nur wenig ist historisch belegt. Der Überlieferung zufolge stand hier das Haus von Maria, der Mutter des Evangelisten Markus. Im Taufstein soll die Gottesmutter getauft worden sein. Es gibt auch ein Pergamentbildnis von Maria mit Kind, das dem Evangelisten Lukas zugeschrieben wird, aber erst später entstand. Gleichwohl glauben einige, dass ein kleiner Kellerraum unter der Kirche und nicht der Berg Zion Ort des Letzten Abendmahls war.

⑧ Saal des Letzten Abendmahls
Q6 Berg Zion tägl. 8–18

Im ersten Stock eines gotischen Gebäudes auf dem Berg Zion, den Überresten einer großen Kreuzfahrerkirche, die im Gedenken an Marias Tod errichtet wurde, liegt der Saal des Letzten Abendmahls, das Coenaculum. Nach christlicher Überlieferung speiste Jesus hier zum letzten Mal mit seinen Jüngern.

Der Raum ist, von den gotischen Rundbogen abgesehen, relativ schmucklos. Im Mittelalter gehörte er zum angrenzenden Franziskanerkloster. Im 15. Jahrhundert wurde er von den Türken zur Moschee umgewandelt, die dafür einen *mihrab* und einige Bleiglasfenster einbauen ließen.

⑨ Grab von König David
Q6 Berg Zion 1, 3 +972 2 581 911 Sa–Do, Feiertage 8–21, Fr 8–14 (Winter: bis 13)

Unterhalb des Saals des Letzten Abendmahls liegen ein paar kleinere Kammern, die als Davidsgrab verehrt werden. Die Hauptkammer ist bis auf einen bedeckten Kenotaph leer. Im 11. Jahrhundert wurde diese Stätte zum Grab von König David erklärt, im 15. Jahrhundert wurde sie von den Muslimen, die David als Prophet sehen, in eine Moschee integriert.

Obwohl die Echtheit der Stätte angezweifelt wird, gehört sie zu den heiligen Orten des Judentums und wurde vor allem zwischen 1948–67 verehrt, als Jordanien die Altstadt kontrollierte. Solange Juden nicht zur Klagemauer konnten, beteten sie hier. Noch heute dient die Eingangshalle als Synagoge. Vom 4. bis zum 15. Jahrhundert wurde das Grab mit Pfingsten und Marias Tod in Verbindung gebracht. Der Bibel nach soll Christus hier seinen Jüngern nach dem Abendmahl die Füße gewaschen haben (Johannes 13, 1–17).

↑ *Der isalmische mihrab im Saal des Letzten Abendmahls*

→

Statue des Harfe spielenden König David am Eingang zum Grab von König David

Jüdischer Friedhof auf dem Ölberg (siehe S. 136)

Ölberg und Davidsstadt

Nach dem Alten Testament soll König David 1000 v. Chr. Jerusalem von den Jebusitern erobert haben. Zur Zeit des Ersten Tempels lag das Zentrum Jerusalems südlich des Tempelbergs auf einem Bergrücken, der als Davidsstadt bekannt war. 586 v. Chr. wurde die Stadt von den Babyloniern eingenommen, seither liegt sie in Ruinen. Heute wird das Areal von Archäologen ausgegraben, um zu erfahren, ob hier tatsächlich eine stark befestigte Stadt lag, die Hauptstadt eines in der Bibel beschriebenen zentralistischen Königreichs – oder nur die kleine Bergstadt eines lokalen Anführers, dessen Bedeutung von der Bibel aufgebauscht wurde.

Der Ölberg, eigentlich Olivenberg (hebräisch: Har ha-Setim), jenseits des Kidrontals ist seit biblischer Zeit ein Friedhofsareal, auch weil er nach rabbinischer Tradition der Ort sein soll, an dem nach Erscheinen des Messias die Toten auferstehen werden. Laut Neuem Testament soll Jesus in der Woche vor seiner Kreuzigung den Ölberg dreimal aufgesucht haben. 70 n. Chr. kampierte hier die berüchtigte römische Legio X Fretensis (zehnte Legion) während der blutigen Belagerung Jerusalems.

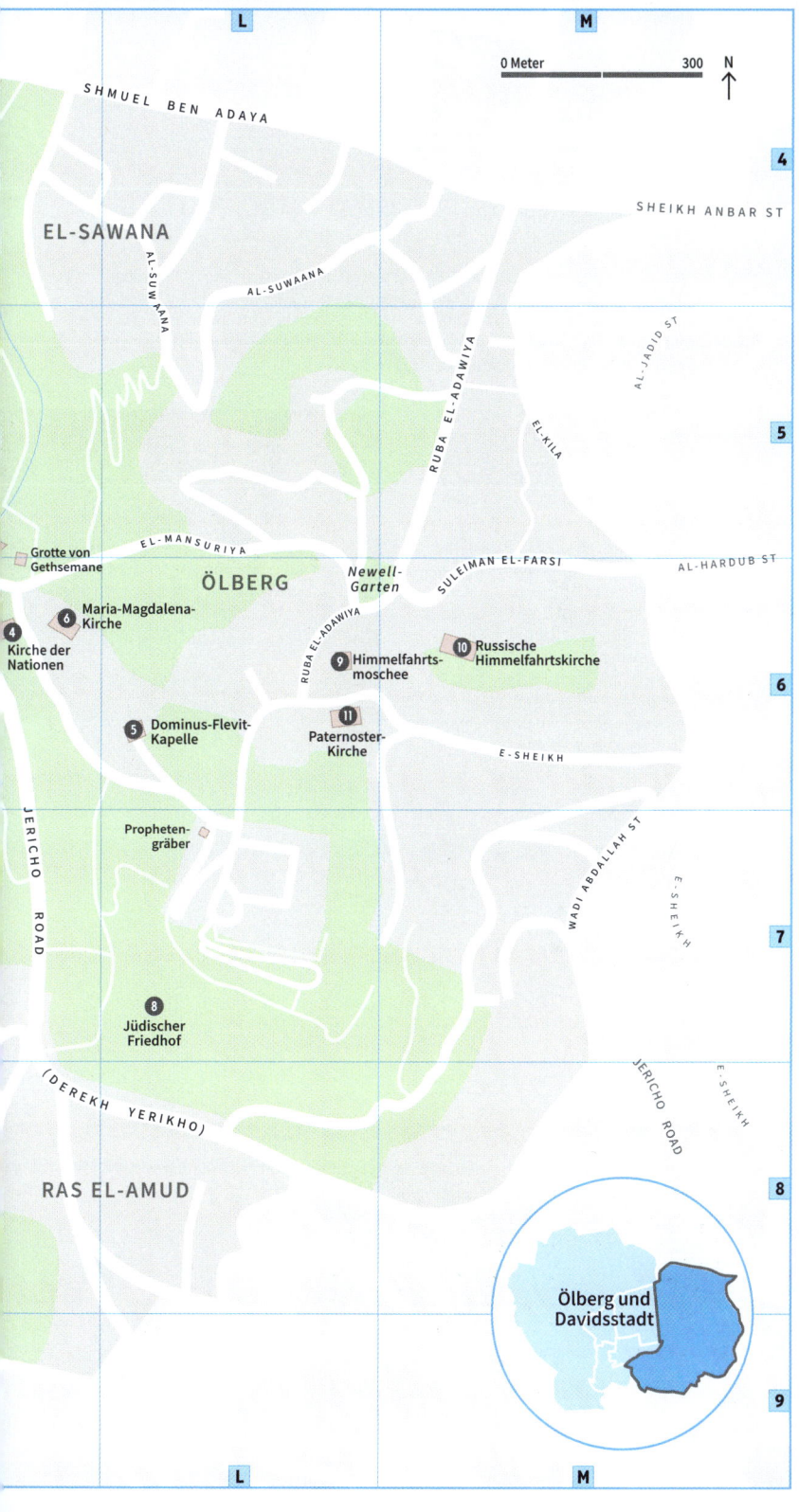

Davidsstadt

📍 J8 🏠 Maalot Ir David 📞 +972 2 77-9966-726 (Reservierungszentrum) 🕐 Sommer: So – Do 8 – 19, Fr, Tage vor Feiertagen 8 – 16; Winter: So – Do 8 – 17, Fr, Tage vor Feiertagen 8 – 14 (letzter Einlass: 2 Std. vor Schließung) 📅 Feiertage 🌐 cityofdavid.org.il

Der Bereich der Davidsstadt ist das älteste besiedelte Gebiet Jerusalems. Archäologen halten es für durchaus möglich, dass hier die Hauptstadt von König David lag. Ausgrabungen haben Häuser aus dem 10. Jahrhundert v. Chr. zutage gebracht. Unter der Stadt liegt ein faszinierendes System von Tunneln zur Wasserversorgung – eine Führung durch das hüfthohe Wasser des Hiskija-Tunnels ist ein Erlebnis.

Südlich des Tempelbergs *(siehe S. 70 – 75)* entlang dem Kidrontal verläuft ein Felskamm. Sein Gipfel wurde 2000 v. Chr. von den Jebusitern, einem kanaanitischen Volk, besiedelt. Diesen Kanaanitern nahm David die Stadt 1000 v. Chr. ab, um sie zu seiner Hauptstadt zu machen (2. Samuel 5, 6 – 17). Einige der Ruinen auf dem Areal stammen von 586 v. Chr., dem Jahr, in dem die Babylonier die Stadt eroberten. Zu sehen sind zudem eine Mauer (13. Jh. v. Chr.), die zur jebusitischen Akropolis gehörte, Fragmente eines Palasts, der David zugeschrieben wird, sowie Häuser, die beim Angriff der Babylonier abbrannten. Die Ausgrabungen haben auch ein riesiges Wasserversorgungssystem freigelegt, das unter der Stadt in den Fels gehauen wurde, damit die Einwohner Belagerungen überstanden.

↑ *Faszinierende Ausgrabungen: Besucher in der unterirdischen alten Stadt*

Südlich des Tempelbergs: der freigelegte nördliche Bereich der Davidsstadt ↑

König Davids historische Stadt

Archäologen diskutierten lange darüber, ob ein Königreich von David und Salomon, wie es in der Bibel beschrieben wird, den historischen Fakten entspricht. War das Jerusalem König Davids die glänzende befestigte Kapitale eines mächtigen Königs oder nur ein Dorf, das von einem lokalen Herrscher regiert wurde? Skeptiker argumentieren, dass es in Jerusalem keine großen Befestigungen aus dem 10. Jahrhundert v. Chr. gibt, doch 2018 belegten Ausgrabungen bei Tel 'Eton (biblisch: Eglon) in den Hebronbergen, dass hier komplexe Verwaltungssitze existierten, was die These vom Königreich stärkte.

Sehenswürdigkeiten

Highlight

Hiskija-Tunnel und Siloam-Becken

▷ Im 10. Jahrhundert v. Chr. wurde ein später Salomon zugeschriebener Tunnel gegraben, um Wasser von der Gihonquelle ins Kidrontal zu leiten. Wegen der drohenden assyrischen Invasion um 700 v. Chr. ließ König Hiskija einen neuen graben, der das Wasser direkt in die Stadt leitete und so die Quelle verschleierte. Der Hiskija-Tunnel misst 533 Meter von der Quelle bis zum (heute kleineren) Auffangbecken, dem Siloam-Becken, das 70 n. Chr. erneuert wurde. Besucher können durch den Tunnel waten (gute Schuhe und Taschenlampe mitbringen).

Warren-Schacht

▽ Der Warren-Schacht ist nach Charles Warren benannt, der ihn im 19. Jahrhundert entdeckte. An seinem Fuß befindet sich ein von der Gihonquelle gespeistes Wasserbecken. In der Nähe ist die jebusitische Stadtmauer (18. Jh. v. Chr.) mit großen unbehauenen Steinblöcken. Sie zog sich bis hierher, sodass der Schacht innerhalb der Stadtgrenzen lag.

Königsviertel

Archäologen fanden hier 51 *bullae* (tönerne Siegel) aus der Zeit des Ersten Tempels. Eine trägt den Namen Gemaryahu ben Shafan, der im Buch Jeremia als Jojakim, König von Juda, firmiert.

Zisterne

Das 1998 entdeckte, 15 Meter breite Becken aus der Zeit des Ersten Tempels konnte 250 000 Liter Wasser speichern. Sein Verputz ist wasserdicht, darauf sind die Handabdrücke der Erbauer zu sehen.

Kanaanitischer Tunnel

Der um 1800 v. Chr. von den Kanaanitern gegrabene, jetzt trocken liegende Tunnel transportierte Wasser auf die Felder. Wer das Wasser des Hiskija-Tunnels scheut, sollte diesen Tunnel besichtigen.

↑ *Antike Felsengräber im Kidrontal aus der Zeit des Zweiten Tempels*

SEHENSWÜRDIGKEITEN

❷ Kidrontal
📍 K6

Das Kidrontal liegt zwischen Altstadt und Ölberg. Nach dem Propheten Joel werden sich in seinem Mittelteil – dem Joschafattal (»Gott wird richten«) – am Tag des Jüngsten Gerichts alle Menschen versammeln (Joel 3, 2 – 3). Hier gibt es einige imposante Gräber, die zur Zeit des Zweiten Tempels aus dem Felsen gehauen wurden. Absaloms Grab, dessen Dach wie ein umgekehrter Trichter erscheint, wurde im Mittelalter Absalom zugeschrieben, dem rebellischen Sohn König Davids. Dahinter befindet sich das angebliche Grab von Joschafat (König von Juda im 9. Jh. v. Chr.) mit einem Fries. Das pyramidenförmige Grab des Zacharias gehört eigentlich zum angrenzenden Mausoleum der Priesterfamilie B'nei Hezir. Es ist auch als Jakobsgrotte bekannt, weil der hl. Jakob sich hier versteckt haben soll, als Jesus verhaftet wurde.

> **Berg Skopus**
>
> Auf dem Hügel nördlich des Ölbergs wurde 1925 die Hebrew University of Jerusalem (new.huji.ac.il) eingeweiht. Martin Buber, Sigmund Freud und Albert Einstein gehörten zum ersten Direktorium. 2515 Gräber von im Zweiten Weltkrieg gefallenen britischen, australischen und neuseeländischen Soldaten liegen auf dem Jerusalem War Cemetery (www.cwgc.org).

❸ Garten Gethsemane
📍 K6 🏛 Kirche der Nationen, Ölberg 🚌 236, 257
🕒 tägl. 8:30 – 12, 12:30 – 16
🌐 gethsemane-en.custodia.org

Der ruhige Olivenhain auf dem Gelände der Kirche der Nationen soll der Ort sein, an dem Jesus vor der Nacht seiner Verhaftung gebetet hat (Markus 14, 32 – 50). Einige der ältesten Bäume gehen auf das 12. Jahrhundert zurück, DNA-Tests haben ergeben, dass acht von ihnen von Ablegern ein und desselben Baums stammen – möglicherweise wurden sie von Christen angepflanzt, die glaubten, dass dieser ältere Baum das Leiden Christi bezeugen könne.

> **Schon gewusst?**
>
> Am Ölberg liegen über 150 000 jüdische Gräber.

❹ Kirche der Nationen
📍 K6 🏛 Jericho Rd 🚌 99
📞 +972 2 626 6444 🕒 tägl. 8 – 12, 14 – 17 (Sommer: bis 18)

Die Kirche ist auch als Todesangst-Basilika bekannt, weil sie auf dem Felsen im Garten Gethsemane steht, wo Jesus

→

Die wundervolle Decke und die Fassade (Detail) *der Kirche der Nationen*

in der Nacht vor seiner Verhaftung gebetet haben soll. Eine Vorgängerkirche aus dem 4. Jahrhundert wurde 747 bei einem Erdbeben zerstört. Die Kreuzfahrer bauten eine neue, deren dreischiffiger Grundriss drei Felsvorsprünge überdeckte – als Symbol für die drei Gebete Jesu in dieser Nacht. Sie wurde 1170 geweiht, verfiel jedoch ab 1345.

Nach Ausgrabungen im frühen 20. Jahrhundert entwarf Antonio Barluzzi die heutige Kirche, die mit Geldern aus zwölf Ländern errichtet wurde, daher der Name und die zwölf Kuppeln mit den Wappen.

Mitten im Hauptschiff steht der Felsen der byzantinischen Kirche, umgeben von einer schmiedeeisernen Dornenkrone. Die Mosaiken in der Apsis zeigen Jesu Todeskampf, die an den Seiten seine Verhaftung und den Judaskuss. Der Grundriss des Vorgängerbaus ist auf dem Boden in schwarzem Marmor nachvollzogen. Auch Stücke des byzantinischen Mosaikbelags sind noch zu sehen. Das goldene Mosaik im Giebel zeigt den Todeskampf Christi.

❺ ♿ Dominus-Flevit-Kapelle

📍 L6 🏛 Ölberg 📞 +972 2 626 6450 🕐 tägl. 8–11:45, 14:30–17

Der lateinische Name der Kapelle bedeutet »Der Herr weinte«. Mittelalterliche Pilger wollen ihren Standort als die Stelle erkannt haben, an der Jesus über das Schicksal Jerusalems geweint haben soll.

Antonio Barluzzi gestaltete die Kirche 1955 in Form einer Träne über einer Kapelle aus dem 7. Jahrhundert. Ein Teil der alten Apsis wurde in den Neubau integriert. Der Blick vom Altarfenster auf den Felsendom und die Altstadt Jerusalems ist grandios.

Der Mosaikboden außerhalb der Kirche stammt von einem Kloster aus dem 5. Jahrhundert. Die nahe gelegenen Gräber gehörten zu einem Friedhof aus der Zeit von 1600 v. Chr. bis 70 n. Chr. Sehenswert sind auch einige verzierte Steinossuare.

❻ Maria-Magdalena-Kirche

📍 K6 🏛 Ölberg 🚌 99 📞 +972 2 628 4371 🕐 Di, Do 10–12

1885 ließ Zar Alexander III. die russisch-orthodoxe Kirche mit den sieben vergoldeten Zwiebeltürmen zum Gedenken an seine Mutter, Maria Alexandrowna, bauen. Sie steht inmitten von Bäumen. Die Kuppeln und weitere Architekturdetails im Moskowiter Stil (16./17. Jh.) sind ein markanter Punkt in der Skyline Jerusalems.

Der Bau wurde 1888 von Großfürst Sergei Alexandrowitsch (Bruder des Zaren) und seiner später hier begrabenen Frau Elisabeth Fjodorowna geweiht.

Wallfahrtsstätte am Fuß des Ölbergs im Kidrontal: das Mariengrab

❼ Mariengrab

📍 K6 🏛 Jericho Rd 🚌 99 📞 +972 2 628 4054 🕐 tägl. 6–12:30, 14:30–18

Das unterirdische Heiligtum im Joschafattal, wo die Jünger Maria beigesetzt haben sollen, hat etwas Mystisches. Die Fassade, die Treppe mit den 47 Stufen und die christlichen Königsgräber in den Nischen stammen aus dem 12. Jahrhundert. Das rechte Grab wird als das von Anna und Joachim, den Eltern Marias, verehrt.

Das erste Grab wurde im 1. Jahrhundert in den Felsen gehauen. Die kreuzförmige Krypta, die zum Großteil aus dem Stein geschlagen wurde, ist byzantinisch. Das Mariengrab befindet sich im Ostflügel der ikonengeschmückten Krypta. Heute halten hier griechische, armenische, koptische und syrische Christen Gottesdienste ab.

Auch den Muslimen ist der Ort heilig, weil Mohammed hier – nach dem Islamgelehrten Mujir al-Din (15. Jh.) – auf seiner Nachtreise über dem Grab seiner »Schwester Maria« ein Licht gesehen haben soll.

Draußen, rechts von der Fassade, findet sich die Grotte von Gethsemane oder Grotte des Verrats, wo laut Bibel Judas Jesus verraten haben soll.

> Einige Juden glauben, dass – wenn der Messias am Ende der Tage erscheint – die Toten zuerst am Ölberg auferstehen werden.

❽ Jüdischer Friedhof

📍 L7 🏛 52 Jericho Rd, Ölberg 🚌 236 📞 +972 2 627 5050 🌐 mountofolives.co.il

Der älteste und größte jüdische Friedhof der Welt liegt an den Westhängen des Ölbergs. Erste Bestattungen fanden hier vor 3000 Jahren zur Zeit des Ersten Tempels in Höhlengräbern statt. Einige Juden glauben, dass – wenn der Messias am Ende der Tage erscheint – die Toten zuerst am Ölberg auferstehen werden. Daher ist es von Vorteil, hier begraben zu sein. Hier liegen berühmte Israelis: Eliezer Ben-Yehuda, der »Vater des modernen Hebräisch«, S. J. Agnon, der den Nobelpreis für Literatur erhielt, und der israelische Premier Menachem Begin.

❾ Himmelfahrtsmoschee

📍 L6 🏛 Nahe Ruba el-Adawiya St, Ölberg 🕐 tägl. 8–17 (Winter: bis 14:30); falls geschlossen, bitte klingeln

Eine christliche Adelige ließ 380 die erste Kapelle zum Gedenken an Christi Auferstehung errichten. Sie bestand aus drei Portiken um einen dachlosen Raum, in dem sich auf eigenartige Weise aus Staub Fußabdrücke Jesu gebildet hatten.

Schöne Aussicht Altstadt

Der über 800 Meter hohe Ölberg ist für seine wunderbare Aussicht auf Jerusalems Altstadt bekannt. Als markante Punkte heben sich Grabeskirche, Felsendom und Hurva-Synagoge ab.

⑩ Russische Himmelfahrtskirche

📍 M6 🏠 Nahe Ruba el-Adawiya St, Ölberg 📞 +972 2 628 4373 🕐 Sommer: Di–Do 9–12; Winter: Di–Do 10–13

Die Kirche gehört zu einem russisch-orthodoxen Kloster, das 1870–87 errichtet wurde. Der Glockenturm, ein Wahrzeichen des Ölbergs, wurde so hoch gebaut, damit ihn Pilger auf ihrem Weg von Weitem sehen konnten. Die acht Tonnen schwere Glocke schleppten russische Pilger aus Jaffa herbei.

Bei Bauarbeiten entdeckte man armenische Mosaiken (5. Jh.). Über einem wurde ein kleines Museum errichtet. Ein zweites Mosaik befindet sich in der Kirche, in der Kapelle des Schädels von Johannes dem Täufer. Ein Eisengitter markiert die Fundstelle des Schädels.

⑪ Paternoster-Kirche

📍 L6 🏠 Ölberg 📞 +972 2 626 4904 🕐 Mo–Sa 8:30–12, 14:30–17

Der Bau steht neben den Überresten einer Kirche, die von Kaiser Konstantin 326 in Auftrag gegeben wurde. Konstantins Mutter Helena überwachte die Arbeiten. Die Kirche befand sich über einer Grotte, in der die Auferstehung gefeiert wurde. Zu Kreuzfahrerzeiten war sie als Grotte bekannt, in der Jesus die Jünger das Vaterunser (Paternoster) gelehrt haben soll (Matthäus 6, 9).

Die heutige Kirche und das nahe Karmeliterkloster ließ die französische Fürstin de la Tour d'Auvergne zwischen 1868 und 1872 errichten. Heute sind die Kirche und der Kreuzgang berühmt für die Keramiktafeln, auf denen das Vaterunser in über 100 Sprachen zu lesen ist.

Russen in Jerusalem

Im 19. Jahrhundert wollte Europa Anteile am Heiligen Land, das zum Osmanischen Reich gehörte. Die russisch-orthodoxe Kirche, die sich als Nachfolger von Byzanz sah, kaufte Land in Jerusalem auf. Gut 200 000 russische Pilger besuchten jedes Jahr die Stadt. Im Ersten Weltkrieg wurden die Russen von Türken vertrieben, die sich ihren Besitz aneigneten.

Die Kreuzfahrer errichteten die Kapelle als Achteck neu. Die Säulenfüße des Portikus sind noch teilweise erhalten.

Nach Saladins Siegeszug und der Vertreibung der Kreuzfahrer wurde die Kapelle 1187 ein islamischer Schrein. Das Minarett und die Moschee stammen aus dem 17. Jahrhundert.

→ *Der meditative Kreuzgang der Paternoster-Kirche*

Bunte Schirme über einer Straße in Nakhalat Shiva (siehe S. 142f)

Modernes Jerusalem

In den 1860er Jahren platzte die Jerusalemer Altstadt aus allen Nähten. Es folgte eine Phase reger Bautätigkeit außerhalb der Stadtmauern, um der Überbelegung und den unhygienischen Zuständen innerhalb zu entgehen. Es entstanden Vororte wie Mishkenot Shaananim, Yemin Moshe, Nakhalat Shiva und Mea Shearim. Etwa zur selben Zeit gründeten die verschiedenen europäischen Kirchen Einrichtungen außerhalb der Stadtmauern, um ihre Pilger zu beherbergen. Sie brachten zudem ihre jeweiligen Architekturstile mit: Das Russische Viertel ist ein anschauliches Beispiel für den Moskowiter Stil.

Zunächst erschien das Leben außerhalb der Altstadt – deren Tore jede Nacht verschlossen wurden – durchaus noch gefährlich, doch aufgrund des Bevölkerungswachstums begann die »Neustadt« zu wachsen. Zur Zeit des britischen Mandats nahm die Erschließung neuer Areale, darunter das Stadtzentrum um die Ben Yehuda Street, rasch zu. Heute leben über 95 Prozent der Einwohner Jerusalems außerhalb der Altstadt. Der Handel konzentriert sich in der und um die Jaffa Street, zwischen Mamilla und dem quirligen Mahane-Yehuda-Markt.

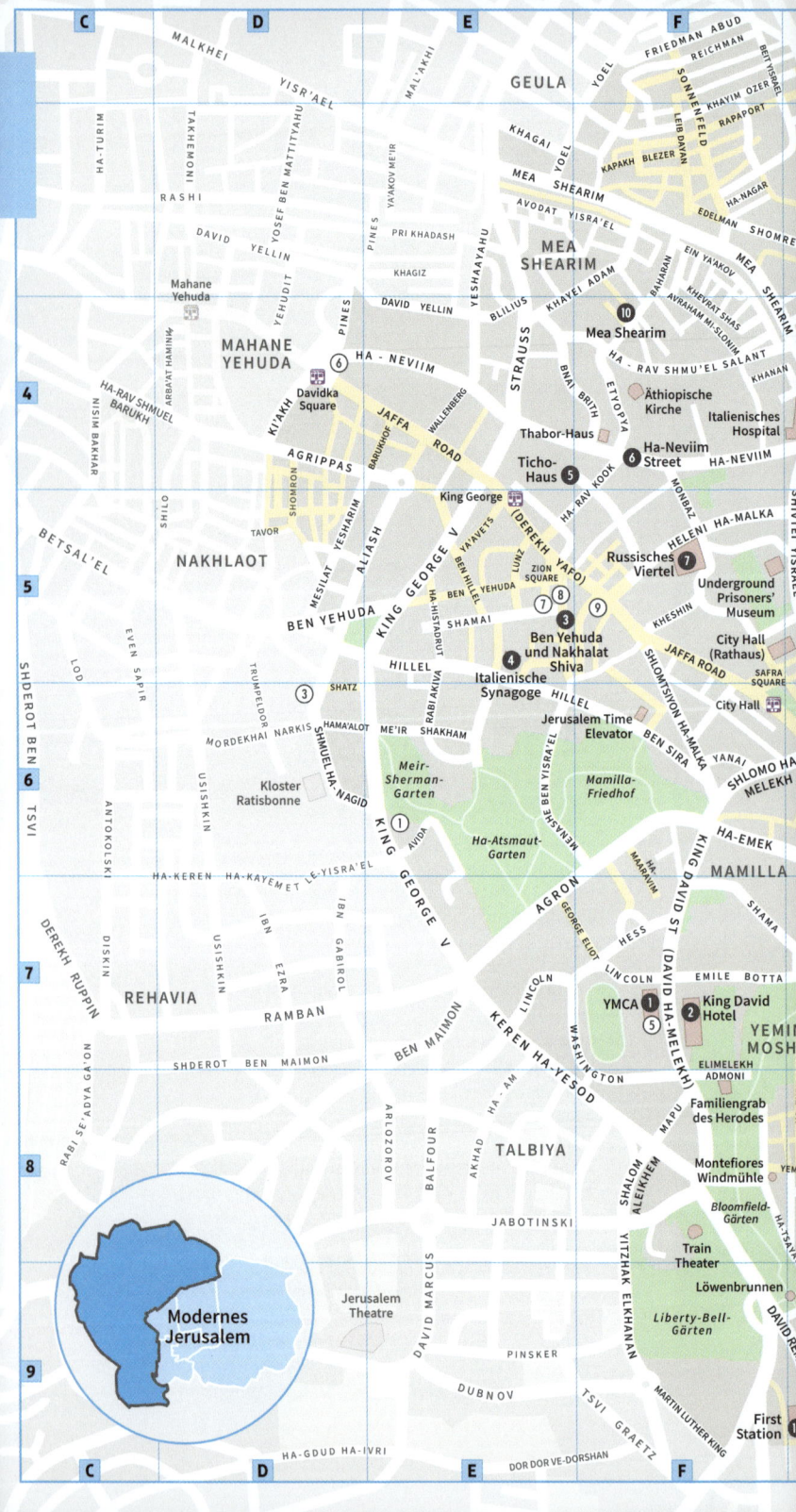

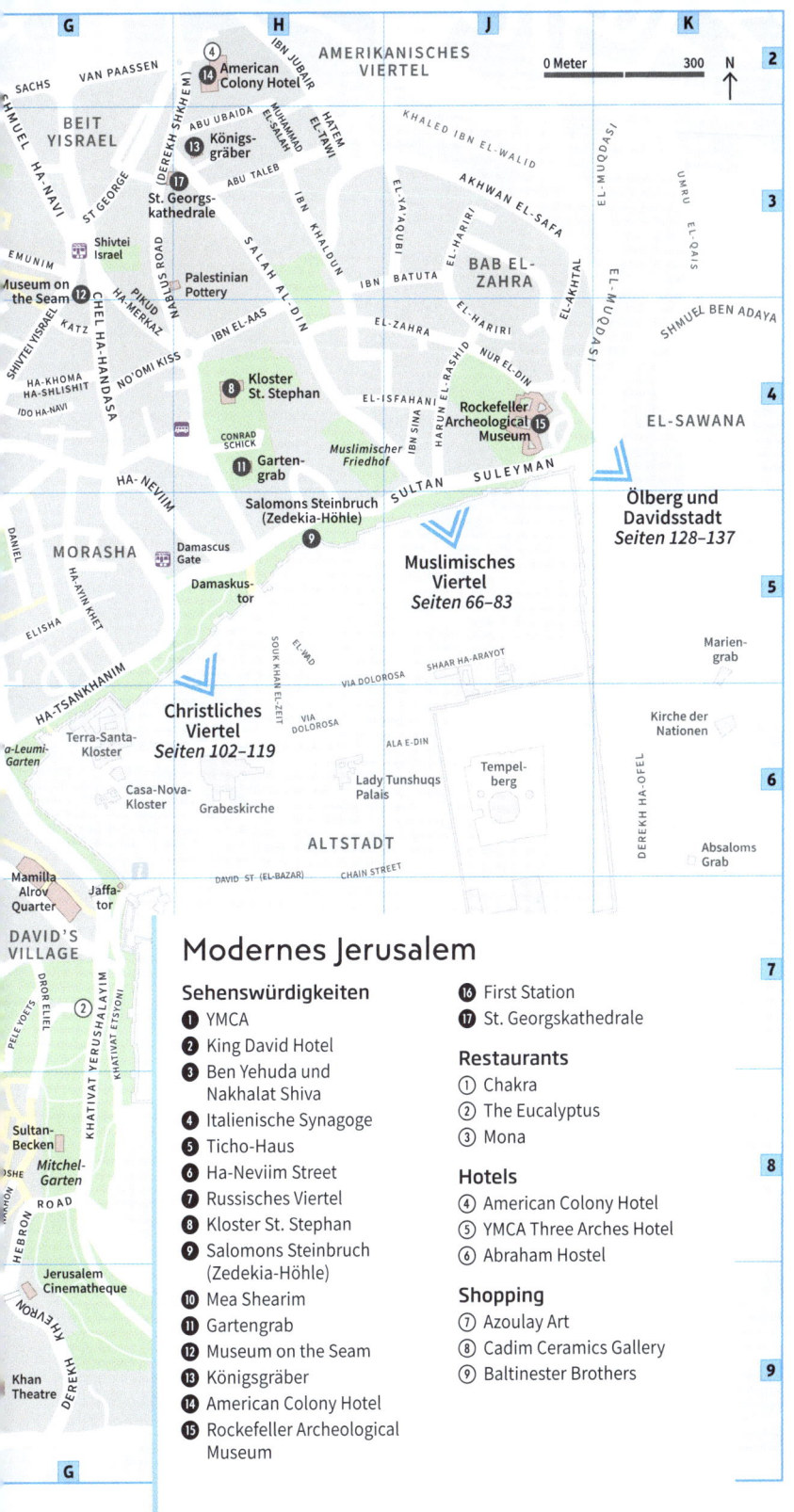

SEHENSWÜRDIGKEITEN

❶
YMCA
📍 F7 🏠 26 King David St 🚌 7, 30, 38 🕐 Turm: tägl. 8–20 🌐 ymca.org.il

Das 1926–33 von Arthur Loomis Harmon, dem Erbauer des New Yorker Empire State Building, errichtete Gebäude des YMCA (deutsch: CVJM) ist ein Wahrzeichen Jerusalems. Es besteht aus drei Teilen, dem Hauptgebäude, dessen Glockenturm einen tollen Ausblick bietet, und zwei Seitenflügeln. Die Dekorelemente an der Fassade, darunter das fünf Meter hohe Relief eines alttestamentarischen Seraphs (Jesaia 6, 2–3), sind in stilisiertem byzantinischem Stil gehalten, in dem sich auch Elemente romanischer und islamischer Baukunst zeigen.

Noch großartiger als die Fassade ist die überaus prächtige Innenausstattung. Hier mischen sich Elemente aus drei verschiedenen Kulturen mit Symbolen der drei monotheistischen Religionen. Im Konzertsaal stellen die zwölf Fenster der Kuppel die zwölf Stämme Israels und die zwölf Anhänger Mohammeds dar.

Auf dem Lüster sind Kreuz, Halbmond und Davidstern abgebildet. Das Gebäude im Art-déco-Glanz strahlt ein Alte-Welt-Flair aus. Das eklektizistische Design wirbt für Toleranz zwischen Religionen und Kulturen.

❷
King David Hotel
📍 F7 🏠 23 King David St 🚌 13, 18 🌐 danhotels.com

Das legendäre Hotel, das Minister, Präsidenten und Könige beherbergt hat, wurde von einem Konsortium ägyptisch-jüdischer Geschäftsleute erbaut. Es öffnete seine Pforten 1930, die Vorräte kamen täglich per Zug aus Kairo.

Das Juwel im Kolonialstil besitzt geräumige Lobbys und luxuriöse öffentliche Bereiche, die an die Paläste von König David und König Salomon erinnern sollten – der Stilmix umfasst ägyptische, phönizische, assyrische und griechische Elemente.

1946 bombardierte die zionistische paramilitärische Gruppe Irgun unter Menachem Begin den

> **Schon gewusst?**
> Mark Twain war 1867 in Jerusalem. Er schrieb darüber im Bestseller *Die Arglosen im Ausland*.

Südflügel des Baus mit dem Hauptquartier der britischen Mandatsverwaltung. 91 Menschen starben. Die Schäden wurden erst 1961 repariert. 1969 wurde das Hotel aufgestockt.

Berühmte Gäste waren u. a. Winston Churchill, Eleanor Roosevelt, Kaiser Haile Selassie, der ägyptische Präsident Anwar Sadat (bei seinem Besuch 1977 in Israel), der jordanische König Hussein, Prince Charles und sieben US-Präsidenten.

❸
Ben Yehuda und Nakhalat Shiva
📍 E5 🚌 20, 23, 27 🚈 Jaffa Center

Das Herz Westjerusalems bildet das von Jaffa Road, King George V Street und der verkehrsfreien Ben Yehuda Street geformte Dreieck. Das Areal war lange eine Hochburg der säkularen jüdischen Kultur und des unbeschwerten Nachtlebens – in deutlichem Kontrast zu seiner ultraorthodoxen Nachbarschaft im Norden. Das ändert sich nun allmählich, die Stadt wird religiöser.

Die Ben Yehuda Street aus den 1920er Jahren, die auch als Midrachov (Fußgängerzo-

Das Gebäude des YMCA, der zentrale Glockenturm bietet eine tolle Aussicht

Ben Yehuda Street: Fußgängerzone mit Läden und Straßenverkauf

ne) bekannt ist, wird von Lokalen, Cafés und Souvenirläden gesäumt und von Straßenmusikern bevölkert, hier ist bis spätabends etwas los.

An ihrem Ende liegt der Zion Square, von dem aus sich die Steinhäuser von Nakhalat Shiva, die durch versteckte Innenhöfe verbunden sind, nach Süden hin erstrecken. Der Name – »Reich der Sieben« – bezieht sich auf die sieben Familien, die das Viertel in den 1860er Jahren gebaut haben. Heute findet man hier Läden mit Judaica, Schmuck und Kunst in Top-Qualität.

④

Italienische Synagoge
📍 E5 🏠 25 Hillel St 🚌 18, 21, 22, 30 📞 +972 2 580 1144 🕐 Museum: So – Mi 10:30 – 16:30, Do 12 – 19 🚫 jüdische Feiertage 🌐 ijamuseum.org

Der Bau (spätes 19. Jh.) beherbergte zunächst ein deutsches Kolleg, bis er die Heimstatt für eine Synagoge (18. Jh.) aus Conegliano Veneto nahe Venedig wurde. Sie war verfallen, da dort keine Juden mehr lebten. Die Ausstattung wurde deshalb 1952 nach Jerusalem gebracht.

An Samstagen und jüdischen Feiertagen kommt die italienisch-jüdische Gemeinde in dieser wohl schönsten Synagoge Israels zusammen.

Das Museum of Italian Jewish Art besitzt einige faszinierende Stücke, etwa mittelalterliche Ritualgegenstände. Der untere Stock birgt das Zentrum für Studien zum italienischen Judaismus sowie eine gute Bibliothek.

→ *Exponat im Museum of Italian Jewish Art in der Italienischen Synagoge*

Hotels

American Colony Hotel
Das elegante Luxushotel mit historischem Flair ist bei Auslandskorrespondenten beliebt.

📍 H2 🏠 1 Louis Vincent St, Sheikh Jarrah 🌐 americancolony.com

YMCA Three Arches Hotel
Das ikonische Haus und interreligiöse Zentrum ist als »Yimca« bekannt.

📍 F7 🏠 26 King David St 🌐 ymca3arches.com

Abraham Hostel
Die bescheidene Herberge bietet Schlafsäle, Einzelzimmer sowie Stadttouren.

📍 D4 🏠 67 Ha-Neviim St 🌐 abrahamhostels.com

Eingang zum Ticho-Haus mit einer von Anna Ticho zusammengetragenen Sammlung

❺ Ticho-Haus
📍 E4 🏠 9 Ha-Rav Agan St 🚌 13, 18, 20 📞 +972 2 645 3746 🚌 13, 18, 20 🕐 So–Do 12–20 ⓘ jüdische Feiertage

Die luxuriöse Residenz einer reichen Jerusalemer Familie gehört heute zu den schönsten arabischen Häusern der Stadt. Der große Salon war sowohl architektonischer als auch gesellschaftlicher Mittelpunkt des Hauses. Im frühen 20. Jahrhundert kaufte Dr. Abraham Ticho, ein berühmter jüdischer Augenarzt, der Arme ungeachtet ihrer Volks- oder Religionszugehörigkeit kostenlos behandelte, das Gebäude. Dr. Tichos Gattin Anna, die in Wien studiert hatte, war Künstlerin. Tagsüber war das Haus eine Klinik, nachts ein Zentrum des gesellschaftlichen und intellektuellen Lebens der Stadt.

Heute wird das Haus vom Israel Museum *(siehe S. 156–159)* verwaltet, dem Anna Ticho eine Sammlung mit über 2000 Aquarellen und Zeichnungen hinterließ. Zudem finden in den Räumen im Erdgeschoss Sonderausstellungen zeitgenössischer Kunst statt. Im Café-Restaurant im ersten Stock mit herrlichem Deckengemälde blickt man auf den Garten.

❻ Ha-Neviim Street
📍 F4 🚌 1

Als eine der ältesten Straßen außerhalb der Altstadt verläuft die »Straße der Propheten« ungefähr entlang der Trennlinie zwischen religiöser und weltlicher Hälfte der Stadt – das ultraorthodoxe Mea Shearim liegt im Norden, im Süden locken die kulinarischen Genüsse des Russischen Viertels.

Die großen Häuser zeigen, dass hier einst eine noble Wohngegend war. Nr. 58 ist das Thabor-Haus, das Conrad Schick entwarf und bewohnte. Der Deutsche kam im 19. Jahrhundert als protestantischer Missionar ins Heilige Land und wurde einer der bekanntesten Architekten der Stadt. Heute gehört das Gebäude dem schwedischen theologischen Institut. Man kann nur das festungsartige Tor bewundern. Im Allgemeinen wird

Schon gewusst?
Der präraffaelitische Maler William Holman Hunt lebte in der Ha-Neviim Street Nr. 64.

man eingelassen, wenn man läutet, und kann dann vom Innenhof aus einen Blick auf die Fassade werfen, in die archäologische Funde integriert sind.

Ein paar Minuten weiter in nördlicher Richtung, in der engen, baumbestandenen Etyopya Street, erinnert das Ben-Yehuda-Haus an den Mann, der dem Hebräischen wieder zu neuer Popularität verhalf. Eliezer Ben-Yehuda wohnte hier zu Anfang des 20. Jahrhunderts.

Etwas entfernter fällt der Rundbau der Äthiopischen Kirche (Kidane-Mihiret-Kirche) ins Auge, die in einer gepflegten Gartenanlage steht. Sie wurde von 1873 bis 1911 nach dem Vorbild äthiopischer Kirchen errichtet, bei denen das Allerheiligste streng vom Hauptbau getrennt ist.

Fünf Minuten von der Kirche entfernt stößt man in der Ha-Neviim Street auf das Äthiopische Konsulat mit seinem blau-goldenen Fassadenmosaik, das den Löwen von Juda, das Wappentier des äthiopischen Kaisers, zeigt.

❼ Russisches Viertel
📍 F5 🏠 1 Mishol Hagevura St 🚌 13, 18, 20

Die Russen gehörten zu den ersten Volksgruppen, die sich im 19. Jahrhundert außerhalb der Stadtmauern niederließen *(siehe S. 137)*. Das Russische Viertel nahm mit dem Erwerb von einigen Morgen Land unweit der Stadtbefestigung seinen Anfang.

Die Russen errichteten einen autarken Komplex, der die immer zahlreicher herbeiströmenden russischen

Unverkennbar moskowitisch sind die acht grünen Kuppelkränze der Dreifaltigkeitskathedrale im Russischen Viertel.

Pilger aufnehmen konnte, sowie die 1864 geweihte **Dreifaltigkeitskathedrale**. Unverkennbar moskowitisch sind ihre acht grünen Kuppelkränze.

Auf der anderen Seite des Platzes liegt unter einem Gitter die zwölf Meter hohe Herodessäule, die vermutlich für den Zweiten Tempel bestimmt war, dann aber nicht verwendet wurde, weil sie Risse bekam.

Heute gehört Russland nur noch die Kathedrale, da die damalige UdSSR 1964 viele der anderen Gebäude gegen Schiffsladungen mit israelischen Orangen eingetauscht hatte.

Das Gebäude mit dem Zinnenturm – das größte der einstigen Pilgerhospize – beherbergt nun das Landwirtschaftsministerium. Die Heleni ha-Malka Street, in der es steht, gehört mit ihren Bars und Cafés zu den wichtigen Zentren des Jerusalemer Nachtlebens.

In der ehemaligen Frauenherberge befindet sich mittlerweile das den jüdischen Widerstandskämpfern gewidmete **Underground Prisoners' Museum 1917–48**. Einige von ihnen waren während des Britischen Mandats hier inhaftiert *(siehe S. 52f)*.

Dreifaltigkeitskathedrale
🕐 Di – Fr 9 –13, Sa, So 9 –12

Underground Prisoners' Museum 1917–48
📞 +972 2 623 3166 🕐 So – Do 9 –17 🚫 jüd. Feiertage

Restaurants

Chakra
Die kreative israelische Küche umfasst vegetarisches Essen aus besten Zutaten. Stilvolles Dekor und ein fantastischer Innenhof.

📍 E6 🏠 41 King George V St 🕐 So – Fr 18 –1, Sa 12:30 –1
🌐 chakra-rest.com

₪ ₪ ₪

The Eucalyptus
In dem schönen steinernen Innenhof werden Gerichte serviert, die von der Bibel inspiriert sind.

📍 G7 🏠 14 Khativat Yerushalayim St, Hutzot HaYotzer 🕐 So – Do 17– 23, Sa 20:15 – 23
🌐 the-eucalyptus.com

₪ ₪ ₪

Mona
Mona serviert hervorragendes Essen mit französischem Touch, schön präsentiert. Ideal für einen romantischen Abend.

📍 D6 🏠 Artists' House, 12 Shmuel ha-Nagid St 🕐 So – Do 18:30 –1, Fr 12:30 – 16:30, 18 –1, Sa 12:30 –1
📞 +972 2 622 2283

₪ ₪ ₪

↑ Messe in der Dreifaltigkeitskathedrale im Russischen Viertel

↑ *Atmosphärisch: Besucher in Salomons Steinbruch (Zedekia-Höhle)*

⑧
Kloster St. Stephan
📍 H4 🏠 Nablus Rd 8 🚌 17
📞 +972 2 626 446 🕐 Mo – Sa 8 – 12, 12:30 – 18

Der Name des Klosters, Monastère St-Etienne oder Kloster St. Stephan, rührt daher, dass 439 Cyril von Alexandria die sterbliche Hülle des hl. Stephan, des ersten christlichen Märtyrers, in einer hier stehenden Basilika beigesetzt haben soll. Diese wurde 614 von den Persern zerstört, die Nachfolgekapelle (7. Jh.) von den Kreuzfahrern bei der Verteidigung Jerusalems. Sie fürchteten, Saladin würde sie als Basis für einen Angriff auf die Stadt nutzen.

Das heutige Kloster wurde von französischen Dominikanern 1891–1901 errichtet – mit orientalischem Turm, romanischen Mauern und neogotischen Strebebogen. Im Inneren gibt es Reste des Mosaikbodens der byzantinischen Kirche. Die Bibelschule war die erste Schule für biblische Archäologie im Heiligen Land.

⑨
Salomons Steinbruch (Zedekia-Höhle)
📍 H5 🏠 Sultan Suleyman St 🚌 1 📞 +972 2 627 7550
🕐 Sa – Do 9 –17 (Winter: bis 16) 🚫 jüdische Feiertage

Die riesige Höhle unterhalb der Altstadt betritt man am Fuß der Mauer zwischen Damaskus- und Herodestor. Sie wurde über Tausende von Jahren von Menschen geschaffen und 1854 vom amerikanischen Missionar James Turner Barclay entdeckt. Trotz des Namens sind Historiker nicht davon überzeugt, dass die Höhle etwas mit Salomon zu tun hat. Wahrscheinlicher ist, dass Herodes hier Steine für seine zahlreichen Bauprojekte, darunter den Umbau des Zweiten Tempels, schlagen ließ. Der Steinbruch heißt auch Zedekia-Höhle – nach dem letzten König von Juda, der sich der Sage nach während der babylonischen Eroberung Jerusalems 586 v. Chr. hier versteckte.

⑩
Mea Shearim
📍 F4 🚌 1, 9, 13, 34

Mea Shearim ist das Viertel der Ultraorthodoxen *(haredim)* Jerusalems. Es wurde 1874 gegründet und beherbergt die konservativste und am meisten abgeschottete jüdische Gemeinde der Welt. Die engen Pflastergassen, Hinterhöfe sowie die dichten und niedrigen Bauten bilden ein Refugium für chassidische und litauische *(misnagedim)* Traditionalisten, die den Kontakt mit der Außenwelt und Moderne auf ein Minimum beschränken wollen.

Die Kleidung der Bewohner ist ebenfalls extrem traditionell. Verheiratete Frauen bedecken ihr Haar (oder ihre kahl rasierten Köpfe) mit einer netzartigen Kappe (die üblichen Perücken gelten hier als unsittlich). Besucher sollten sehr dezente Klei-

Das beeindruckende Innere der Basilika (19. Jh.) des Klosters St. Stephan

dung tragen – Frauen Röcke, die bis unters Knie reichen, Männer lange Hosen und Hemden mit langen Ärmeln. Da die Einwohner nicht angestarrt werden wollen, sollte man respektvollerweise keine Fotos machen.

Gartengrab
📍 H4 🏠 Conrad Schick St
🚌 1, 3   📞 +972 2 539 8100
🕐 Mo – Fr 8 –19, Sa 8 –18
🌐 gardentomb.com

Gegen Ende des 19. Jahrhunderts besuchte der britische General Charles Gordon Jerusalem und löste einen Streit unter Archäologen aus. Er behauptete, der Hügel, der die Form eines Schädels hat, sei der Berg Golgatha aus dem Neuen Testament (Markus 15, 22), Jesus sei hier und nicht unter der Grabeskirche *(siehe S. 106 –109)* bestattet worden. 1883 brachten Ausgrabungen tatsächlich einige alte Gräber zutage, die allerdings aus dem 9. bis 7. Jahrhundert v. Chr. stammen und ganz anders aussehen als die Gräber zur Zeit Jesu. Ein Besuch lohnt sich schon allein wegen der schönen Pflanzen im Park. Heute wird das Areal von einer NGO verwaltet, es ist bei Protestanten, vor allem Anglikanern, beliebt.

Museum on the Seam
📍 G3 🏠 4 Chel Ha-Handasa St 🚆 Shivtei Israel 📞 +972 2 628 1278 🕐 Mo, Mi, Do 10 –17, Di 14 – 20, Fr 10 –14
📅 jüdische Feiertage
🌐 mots.org.il

Das Museum liegt direkt auf Jerusalems *seam* (»Naht«) – auf der Grenze zwischen West- und Ostjerusalem (wo von 1948 bis 1967 die Grenze zwischen Israel und Jordanien verlief). Die Einrichtung versteht sich selbst als »soziopolitisches Museum für zeitgenössische Kunst« mit dem expliziten Ziel, »soziale Streitpunkte zur öffentlichen Diskussion zu stellen«.

Das Museum kuratiert Wechselausstellungen von Künstlern aus der ganzen Welt, die lokale oder allgemeine Implikationen nationaler, ethnischer und ökonomischer Konflikte ansprechen. Das Museumsgebäude gehörte vor dem Krieg von 1948 *(siehe S. 53)* einer israelisch-arabischen Familie. Während des Kriegs war es ein Militärposten und wurde stark beschädigt – diese Schäden sind immer noch sichtbar.

TOP 3 Jerusalem für Kinder

Israel Museum
Ein Flügel des Museums ist vollgepackt mit interaktiven Exponaten für kindliche Kreativität *(siehe S. 156 –159)*.

Bloomfield Science Museum
🌐 mada.org.il
Kindgerechte Ausstellungen und Vorführungen bringen Kindern Wissenschaft und Technik nahe.

Train Theater
🌐 traintheater.co.il
Das Puppentheater führt seit 1981 überaus beliebte Produktionen für Kinder auf.

Museum on the Seam – eine einzigartige Kunstgalerie mit soziopolitischem Anspruch

Shopping

Azoulay Art
Der Laden ist auf hübsche farbenfrohe *ketubahs* (Eheverträge) in Scherenschnitttechnik spezialisiert. Es gibt auch allerlei sonstige Judaica.

📍 E5 🏠 5 Yoel Moshe Salomon St 🌐 ketubah azoulayart.com

Cadim Ceramics Gallery
Das Atelier einer Kooperative stellt die Werke von etwa einem Dutzend virtuoser Keramikkünstler aus. Sie weisen verschiedene Techniken und Stile auf.

📍 E5 🏠 4 Yoel Moshe Salomon St 📞 +972 2 623 4869

Baltinester Brothers
Hier gibt es Gold- und Silberschmuck mit Gravur des eigenen Namens auf Hebräisch sowie schöne Kiddusch-Becher.

📍 F5 🏠 31 Jaffa St 🌐 baltinester jewelry.com

⑬
Königsgräber
📍 H3 🏠 Salah al-Din St 🚌 23

Trotz des Namens ist dies ein Einzelgrab, in dem die Königin Helena von Adiabene ruhen soll. Im 1. Jahrhundert konvertierte sie zum Judentum und verließ ihr Reich in Mesopotamien, um in Jerusalem zu leben. Frühere Forscher glaubten, dass hier Mitglieder aus dem Haus Davids lägen – deshalb der Name »Königsgräber«. Ein schmaler Eingang und eine leicht zu übersehende Tür in der Wand führen in ein Labyrinth mit Kammer und Steintüren. Das Grab ist derzeit für Besucher geschlossen.

⑭
American Colony Hotel
📍 H2 🏠 1 Louis Vincent St 🚌 17 📞 +972 2 627 9777

Das 1865–76 erbaute elegante Hotel war lange Zeit der bevorzugte Aufenthaltsort von Diplomaten und Journa-

> Trotz des Namens handelt es sich bei den Königsgräbern um ein Einzelgrab, in dem die Königin Helena von Adiabene ruhen soll.

listen. Zunächst gehörte das Gebäude einem reichen türkischen Kaufmann. Seinen Namen erhielt es im späten 19. Jahrhundert, als Anna und Horatio Spafford aus Chicago das Haus erwarben und es zum Zentrum einer religiösen Gemeinschaft aus Amerika machten, die in Jerusalem gute Werke verrichtete.

Im frühen 20. Jahrhundert schlug ein Baron Ustinov, ein Verwandter des Schauspielers Sir Peter Ustinov, vor, hier ein Haus für Pilger im Heiligen Land einzurichten. Erst danach wurde das Gebäude zum Hotel umgebaut.

Auch wenn Sie hier kein Hausgast sind, sollten Sie einmal im schattigen Hof zu Mittag essen.

Idyllischer Innenhof des American Colony Hotel

Teil der faszinierenden Sammlung des Rockefeller Archaeological Museum

⓯ Rockefeller Archaeological Museum

📍 J4 🏠 27 Sultan Suleyman St 🚌 1, 3, 51 📞 +972 2 628 2251 🕒 Mo, Mi, Do, Sa 10–15 🚫 jüdische Feiertage 🌐 imj.org.il/en/wings/archaeology/rockefeller-archaeological-museum

Das Museum wurde 1927 mit finanzieller Unterstützung von John D. Rockefeller errichtet. Der britische Architekt Austin Harrison gestaltete den Bau aus hellen Bruchsteinen im neogotischen Stil mit byzantinischen und islamischen Schmuckelementen.

Das Museum gehörte früher zu den bedeutendsten Institutionen im Nahen Osten und sammelte die Funde des Heiligen Landes als erstes systematisch. Heute ist es eine Dependance des Israel Museum *(siehe S. 156–159)*.

Sehenswert sind das Stuckwerk des Hisham-Palasts von Jericho, Balken aus der Grabeskirche und Holzpaneele aus der Al-Aqsa-Moschee. Faszinierend sind die Gesichtsrekonstruktion eines 8000 Jahre alten Schädels aus Jericho, ein Stierkopf aus der Bronzezeit, eine kanaanitische Vase in Form eines Menschenkopfs, Skulpturen aus der Kreuzfahrerzeit sowie die Funde aus judäischen Wüstenhöhlen.

⓰ First Station

📍 G9 🏠 David Remez St 🚌 7, 38, 74, 75 🕒 tägl. 🌐 firststation.co.il

Die 1892 eingeweihte Bahnlinie von Jaffa zur Heiligen Stadt Jerusalem endete in diesem Bahnhof aus osmanischer Zeit, etwa einen Kilometer südlich des Jaffators. 1998 wurden Bahnhof und Linie stillgelegt, doch der Komplex verwandelte sich in ein atmosphärisches Zentrum für Kultur, Shopping, Unterhaltung und Gastro-Bereiche. Ein gutes Dutzend Restaurants servieren Hummus, Sandwiches, Crêpes, Pasta, Fleisch, Fisch und Eis. Es gibt sowohl Mahlzeiten als auch Snacks für jeden Geldbeutel. Die Events reichen von Schachwettbewerben über Salsa-Nächte bis zu Qi Gong. Für Kinder gibt es ebenfalls jede Menge an Aktivitäten.

⓱ St. Georgskathedrale

📍 H3 🏠 30 Nablus Rd 🚌 17 📞 +972 2 627 1670

Die Kirche im englischen Stil mit Kreuzgang und hübsch begrüntem Innenhof bildet einen reizvollen Kontrast zum chaotischen Straßengewirr des umliegenden arabischen Ostjerusalem. Der 1910 errichtete Bau trägt den Namen des Schutzpatrons von England, eines Soldaten aus Palästina, der 303 hingerichtet wurde, weil er Diokletians Verbot des Christentums nicht befolgte. Der hl. Georg ist vermutlich in Lod (dem alten Lydda) begraben, wo sich nun der Ben-Gurion-Flughafen befindet.

Im Ersten Weltkrieg war die Kirche Hauptquartier der türkischen Armee. In der Wohnung des Bischofs wurde 1917 der Waffenstillstand unterzeichnet, der auch die britische Präsenz in Palästina bewilligte.

Da die Kathedrale nicht generell für Besucher geöffnet ist, sollte man vorher anrufen.

→ *Die anglikanische St. Georgskathedrale, Sitz des Bischofs von Jerusalem*

Spaziergang durch Westjerusalem

Länge 4 km **Dauer** 60 Min.
Schwierigkeit meist eben **Light Rail** City Hall

Das Herz Westjerusalems schlägt um die Jaffa Road. Der Stadtteil wurde hauptsächlich während der britischen Mandatszeit (1917–48) entwickelt. Hier ist natürlich nichts so alt wie in der Altstadt, doch die Verbindung zur Staatsgründung Israel ist überall vorhanden. Abgesehen von einigen historischen Gebäuden und Denkmälern ist dies eine moderne Stadt mit Fußgängerzonen voller Cafés, Restaurants, Läden, Kulturzentren und farbigen Märkten. Die Stände um den Mahane-Yehuda-Markt sind ideal für eine Pause, Gleiches gilt für die Cafés an der Kreuzung von Heleni ha-Malka und Jaffa Road sowie für die vielen Etablissements von Nakhalat Shiva. Es lohnt sich, dieses Areal zu erkunden, doch bitte beachten Sie: Am Freitagnachmittag und Samstag hat alles geschlossen.

Das kleine Denkmal zeigt eine **Davidka**. Der hausgemachte Granatwerfer war eine wichtige Waffe im Krieg von 1948.

Der **Mahane-Yehuda-Markt** *(siehe S. 163)* ist die zentrale Versorgungsstelle der Stadt mit frischen Produkten.

Agrippas Street war früher eine arme Gegend, die wegen der günstigen Mieten viele Immigranten anzog – daher die zahlreichen Schilder in kyrillischer Schrift.

↑ *Stand mit frischem Gemüse und Obst auf dem Mahane-Yehuda-Markt*

Modernes Jerusalem

Zur Orientierung
Siehe Stadtteilkarte S. 140

Yehuda Street, eine populäre Shopping-Meile

Die historische **Ha-Neviim Street** *(siehe S. 144)* war im 19. Jahrhundert eine der Hauptstraßen Jerusalems.

Das **Thabor-House** (58 Ha-Neviim St) wurde von dem Deutschen Conrad Schick entworfen, einem der ersten Architekten der Stadt.

Die **Äthiopische Kirche**, eine in Blau- und Pinktönen bemalte Basilika, ist voller goldener Ikonen.

Das **Ticho-Haus** *(siehe S. 144)*, eine historische arabische Residenz, ist heute eine Kunstgalerie.

Der Spaziergang endet an der **Dreifaltigkeitskathedrale** *(siehe S. 145)* mit ihren moskowitischen Kuppeln. Die Kirche entstand 1872 für russische Pilger.

Der palmenbestandene **Safra Square** ist der Vorhof zum Rathauskomplex mit dem Haupttourismusbüro.

Die **Ben Yehuda Street** *(siehe S. 142f)* ist eine der Shopping-Meilen der Stadt.

Nakhalat Shiva *(siehe S. 142f)* gehört zu den ältesten Arealen, es wurde 1869 angelegt.

Das **Feingold-Haus** von 1895 beherbergt in seinen Arkaden Geschäfte.

Der Spaziergang startet an der **Ehemaligen Barclays Bank**, sie stand von 1948 bis 1967 auf der Grenze zwischen Arabern und Juden.

Spaziergang durch Ostjerusalem

Länge 2,5 km **Dauer** 45 Min. **Schwierigkeit** meist eben **Light Rail** Damascus Gate

Ostjerusalem ist der palästinensisch-arabische Teil der Stadt. Er liegt nördlich der Altstadt und östlich der Nord-Süd-Achse der Derekh ha-Shalom Road, verläuft über den Ölberg und auf der anderen Seite wieder hinunter. Salah al-Din ist die Hauptstraße und Teil dieses Spaziergangs. Es gibt wenige Wahrzeichen, doch die vibrierende Gegend bietet viel Sehenswertes, darunter christliche Pilgerstätten. Hier steht auch das bekannteste Hotel des Heiligen Landes, das American Colony Hotel, dessen schönes Innenhofcafé und Kellerbar zu einer Erfrischungspause einladen.

Das **Orient-Haus**, eine elegante Villa von 1897, war Hauptquartier der PLO in Jerusalem, bis es 2001 von den Israelis geschlossen wurde.

Das **American Colony Hotel** *(siehe S. 148)* wurde im 19. Jahrhundert für einen wohlhabenden arabischen Händler erbaut, in der Folge aber an Pilger aus Chicago verkauft.

Das Innere der **St. Georgskathedrale** *(siehe S. 149)* enthält das britische Wappen, das sich zur Mandatszeit im britischen Gouverneurshaus befand.

Die **Palestinian Pottery** wurde 1922 von der Familie Balian gegründet, einer von drei armenischen Familien, die in der Mandatszeit aus der Türkei kamen, um die Fliesen des Felsendoms *(siehe S. 74)* zu restaurieren.

Das **Gartengrab** *(siehe S. 147)* ist laut Archäologen nicht die Begräbnisstätte Jesu, doch es zieht viele Pilger an.

Schmidt's Girls College im deutschen Architekturstil stammt vom Architekten der Dormitio-Kirche *(siehe S. 126)* auf dem Berg Zion.

Start des Spaziergangs ist am **Damaskustor** *(siehe S. 80)*, dem größten der Altstadttore.

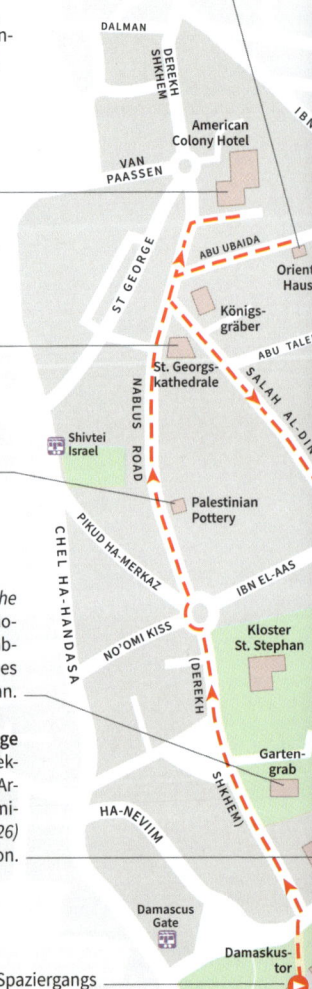

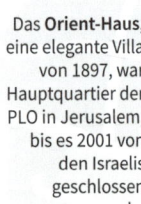

↑ Das Mosaik in der St. Georgskathedrale zeigt die Auferstehung Jesu

Zur Orientierung
Siehe Stadtteilkarte S. 141

↑ *Innenhof des Rockefeller Archeological Museum*

Südlich der Kathedrale wird die **Salah al-Din** zur belebten Straße mit vielen preisgünstigen Läden, Wechselstuben, Apotheken und Snackbars.

Schon gewusst?

1917 diente den Osmanen ein Laken des American Colony Hotel als Weiße Flagge für die Briten.

Der Spaziergang endet am **Rockefeller Archeological Museum** *(siehe S. 149)*, dessen faszinierende Funde den Besuch lohnen.

Das **Herodestor** kennen Araber unter dem poetischen Namen Bab el-Zahra (»Blumentor«).

Mahane-Yehuda-Markt (siehe S. 150)

Highlight
1. Israel Museum

Sehenswürdigkeiten
2. L.A. Mayer Museum for Islamic Art
3. Kreuzkloster
4. Bible Lands Museum
5. Knesset
6. Yad Vashem
7. Biblical Zoo
8. Oberster Gerichtshof
9. Mahane Yehuda und Nakhlaot
10. Herzl-Berg und Herzl Museum
11. Ein Kerem
12. Chagall-Fenster im Hadassah Hospital
13. Abu Ghosh

Abstecher

Seit der Gründung des Staates Israel 1948 haben sich Jerusalems Grenzen in alle Richtungen ausgedehnt, ehemals isolierte Dörfer wurden zu Vorstädten. Gleichwohl konnten sie ihren ursprünglichen Charakter bewahren. Orte wie Ein Kerem im Tal unterhalb des Herzl-Bergs und Abu Ghosh, das etwas weiter nordwestlich liegt, besitzen noch ländlichen Charme. Außerdem findet man dort einige schöne sakrale Gebäude, die mit biblischen Ereignissen in Zusammenhang stehen. In der Stadt entstanden aber auch herausragende moderne Gebäude, darunter das Israel Museum und die Knesset, die beide in den 1960er Jahren errichtet wurden.

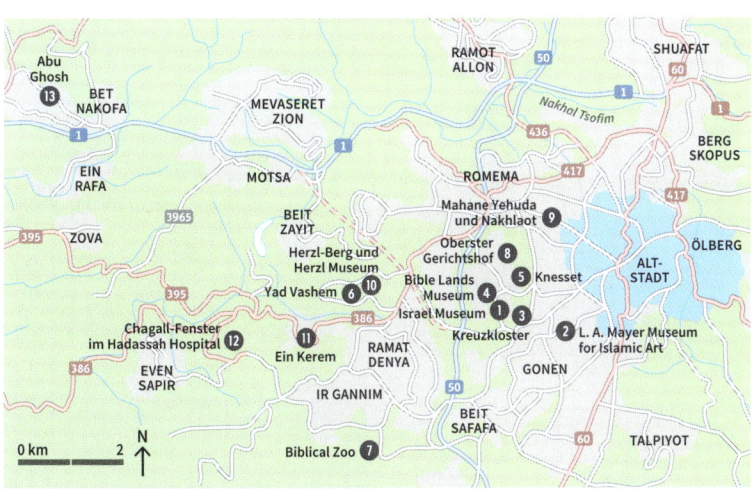

Israel Museum

🏠 11 Derech Ruppin Rd, Givat Ram 🚌 7, 9, 14, 35 📞 +972 2 670 8811
🕐 Mo, Mi, Do, Sa, So 10–17, Di 16–21, Fr, Tage vor Feiertagen 10–14
🚫 Jom Kippur 🌐 imj.org.il

Das Israel Museum gehört zu den weltweit führenden Kunst- und Archäologiemuseen. Die Sammlungen reichen von Funden aus der Frühgeschichte bis zu Kunstwerken des 21. Jahrhunderts. Glanzlichter des Museums sind die Schriftrollen vom Toten Meer, Artefakte aus Masada, jahrhundertealte Synagogeninterieurs und exquisite europäische Malerei.

Das 1965 auf einem Bergkamm oberhalb von Westjerusalem errichtete Israel Museum der israelischen Architekten A. Mansfeld und D. Gad orientiert sich am Stil arabischer Bergdörfer. Dank der zahlreichen Quellen sind die Sammlungen äußerst vielfältig. Der Kernbestand stammt aus dem Nachlass der Bezalel-Schule und -Museum (Israels führender Kunstakademie) und von der Israel Antiquities Authority (Altertumsbehörde). Er wurde durch Objekte aus aller Welt ergänzt.

Der Jewish Art and Life Wing präsentiert Kultur und Kunst der jüdischen Diaspora, im Archaeology Wing unternimmt man eine historische Reise durch das Heilige Land, und im Fine Arts Wing stößt man auf Meisterwerke weltberühmter Künstler. Der größte Anziehungspunkt für Besucher ist der Schrein des Buches (Shrine of the Book), wo einige der Schriftrollen vom Toten Meer *(siehe S. 159)* ausgestellt sind. Der Ruth Youth Wing for Art Education widmet sich der interaktiven Kunst(-erziehung), der Billy Rose Art Garden kontrastiert westliche Skulpturen mit Elementen japanischer Zen-Gärten.

↑ *Ausgestellte Kunstwerke im Fine Arts Wing*

→ *Anish Kapoors* Turning the World Upside Down *(2010) im Billy Rose Art Garden*

Highlight

500 000 Objekte umfassen die verschiedenen Sammlungen des Israel Museum.

↑ *Schrein des Buches – die weiße Kuppel kontrastiert mit der schwarzen Basaltmauer*

Der größte Anziehungspunkt für Besucher ist der Schrein des Buches, wo einige der Schriftrollen vom Toten Meer ausgestellt sind.

Schrein des Buches

Das Design-Wahrzeichen ist von den Deckeln der Gefäße inspiriert, in denen die Schriftrollen gefunden wurden. Die weiße Kuppel und die schwarze Basaltmauer symbolisieren den Kampf zwischen den Söhnen der Dunkelheit und denen des Lichts, wie in der »Kriegs-Rolle« beschrieben. Das Wasser steht für die Reinheit derjenigen, die die Manuskripte abschreiben.

Judaica aus der ganzen Welt im Jewish Art and Life Wing

Jewish Art and Life Wing

Die Sammlung von Judaica und jüdischer Ethnografie zeichnet ein Bild jüdischer Kulturgeschichte vom Mittelalter bis heute und präsentiert in fünf Unterabteilungen geistliche und weltliche Objekte aus zahlreichen Ländern – von Spanien bis China. Zu den wertvollsten zählen mittelalterliche Handschriften, darunter eine deutsche Haggada (Büchlein mit der Geschichte vom Auszug der Israeliten aus Ägypten, die am Abend vor Pessach verlesen wird) aus dem 14. Jahrhundert und Exponate der Rothschild-Sammlung mit biblischen und Gesetzestexten (15. Jh.). Zu den edlen Silberarbeiten gehören *hadassim* (Gewürzdosen, die bei der Zeremonie zwischen Sabbatende und Wochenanfang benutzt werden) und *rimonim* (Granatäpfel, die die Thorarollen in der Synagoge schmücken).

Ein weiteres Highlight ist die Sammlung von *hanukkiot*, Öllampen für Chanukka. Hinzu kommen vier schöne Synagogenausstattungen.

Auch Kultur und Alltagsleben der jüdischen Gemeinden in aller Welt werden anhand von Kleidungsstücken, Stoffen, Schmuck, Inneneinrichtungen und Ritualobjekten, die mit wichtigen Ereignissen wie Geburt und Hochzeit verbunden sind, präsentiert.

> Entdeckertipp
> **Nürnberger Mahzor**
> Das große illuminierte Gebetbuch enthält die Jahresgebete des aschkenasischen Judentums, mit Kommentaren und – seltenen – liturgischen Gedichten.

Fine Arts Wing

Die Kunstsammlungen des Museums decken zahlreiche Epochen und Strömungen ab. Die Abteilung moderner Kunst zeigt internationale Werke von den 1890er bis zu den 1960er Jahren, darunter Gemälde von Gauguin, Chagall und Modigliani. Weitere Räume widmen sich Design, Architektur und zeitgenössischer Kunst.

Die große Sammlung israelischer Kunst beginnt mit Gemälden und Zeichnungen aus dem 19. Jahrhundert, als sich Juden wieder vermehrt in Jerusalem niederließen. Die 1920er und 1930er Jahre sind u. a. durch Skulpturen von Reuven Rubin und Yitzhak Danziger vertreten.

Weitere Räume zeigen Drucke, Zeichnungen und Gemälde Alter Meister. Hinzu kommen islamische Kunst sowie Kunst aus Asien, Afrika, Ozeanien und Amerika. Dazwischen finden sich Fotografien der Levine-Fotosammlung, die auf die lange Tradition des Museums verweisen, Fotografien und Fotokunst zu sammeln.

Jeanne Hebuterne, sitzend (1918) von Amedeo Modigliani

Archaeology Wing

Die archäologische Abteilung ist die größte des Museums. Die meisten Stücke sind Leihgaben der Israel Antiquities Authority und stammen von Ausgrabungsstätten im ganzen Land. Es wurden Artefakte der verschiedensten Kulturen zutage gefördert. Sie decken eine riesige Zeitspanne ab – die ältesten Funde sind 1,5 Millionen Jahre alt. Man sollte etwa zwei Stunden Besuchszeit einplanen.

Die Artefakte sind chronologisch angeordnet. Sehenswerte Stücke aus der Frühgeschichte sind Schmuck und Skulpturen der Natufien-Kultur und die Kupferstücke des sogenannten Judäischen Wüstenschatzes. Highlights der kanaanitischen Periode sind der feine Goldschmuck und vor allem die anthropoiden Sarkophage, die in Deir el-Balah im Gazastreifen gefunden wurden.

Die israelitische Periode (1200–586 v. Chr.) umfasst den Aufstieg der Israeliten bis zur Zerstörung von Salomons Tempel. Sehenswert sind die Granatäpfel aus Elfenbein mit althebräischen Inschriften und die Segnungsinschrift auf einem kleinen Silberamulett, das älteste bekannte Fragment eines biblischen Textes.

Funde aus den folgenden 300 Jahren sind rar, doch aus der hellenistischen, römischen und byzantinischen Zeit (332 v. Chr. – 636 n. Chr.) gibt es faszinierende Exponate wie Sarkophage und Ossuare aus jüdischen Katakomben sowie schöne Mosaiken.

Im letzten Raum liegt der Fokus auf »Muslime und Kreuzfahrer« sowie »Benachbarte Kulturen« (Ägypten, Assyrien, Babylonien, Griechenland und Rom). Auch zu sehen: Glas, frühe hebräische Schriften und Münzen.

↑ *Antike Artefakte in der archäologischen Abteilung des Israel Museum*

Schrein des Buches

Schriftrollen vom Toten Meer

1947 entdeckte ein Beduinenhirte Gefäße, die sieben alte Schriftrollen enthielten. In der Folge wurden in elf Höhlen in der Nähe von Qumran *(siehe S. 218)* Fragmente weiterer 800 Rollen entdeckt. Sie stammen vom 3. Jahrhundert v. Chr. bis 68 n. Chr. Einige enthielten die ältesten bekannten Versionen biblischer Texte.

Der Schrein des Buches wurde errichtet, um die Schriftrollen vom Toten Meer aufzunehmen. Seine faszinierende Form gilt heute als Wahrzeichen des gesamten Museums. Im Inneren wird in einem langen Gang, der die Atmosphäre der Fundstätte der Rollen wiedergeben soll, eine Dauerausstellung über das Leben in Qumran zu jener Zeit gezeigt, als die Rollen verfasst wurden. Der Gang führt zur Hauptkammer unter der Kuppel, die ein Faksimile der Großen Jesaja-Rolle, des einzigen biblischen Buchs, das vollständig erhalten blieb, enthält. Seine 66 Kapitel wurden auf Pergamentstreifen geschrieben, die zusammengenäht über sieben Meter lang sind. In einer der umstehenden Vitrinen liegen Teile des Originals.

Auf der unteren Ebene finden sich Objekte aus dem 2. Jahrhundert n. Chr., etwa Schlüssel und Körbe. Auch zu sehen: der Aleppo-Kodex (10. Jh.), der nicht zu den Schriftrollen gehört, sondern eine der ältesten hebräischen Abschriften der Bibel ist.

Neben dem Schrein gibt es ein Modell von Jerusalem aus der Zeit des Zweiten Tempels. Das recht große Modell zeigt in dreidimensionaler Darstellung die Topografie und Architektur der Heiligen Stadt im 1. Jahrhundert.

←

Faksimile der Jesaja-Rolle in der als Thorarolle gestalteten Säule im Schrein des Buches

SEHENSWÜRDIGKEITEN

❷
L. A. Mayer Museum for Islamic Art
🏠 2 Ha-Palmakh St 🚌 13
📞 +972 2 566 1291 🕐 Mo – Mi 10 – 15, Do 10 – 19, Fr, Sa 10 – 14 🗓 jüdische Feiertage 🌐 islamicart.co.il

Das Museum zeigt die Brillanz islamischer Kultur mit illuminierten Manuskripten, Keramiken, Metallarbeiten und Schmuck aus arabischen Ländern, dem maurischen Spanien, der Türkei, Iran und Indien. Ein weiteres Highlight, wenn auch ein etwas unpassendes, ist die Uhrensammlung, mit einer Taschenuhr, die Abraham-Louis Breguet für einen Bewunderer Marie Antoinettes fertigte. Das als Queen bekannte Objekt wurde bei einem mysteriösen Einbruch 1983 gestohlen und 2006 zurückerstattet.

> Ein weiteres Highlight des L. A. Mayer Museum for Islamic Art, wenn auch ein etwas unpassendes, ist die Sammlung an Uhren jeder Machart.

❸
Kreuzkloster
🏠 Hayim Hazaz Avenue
🚌 32 🕐 Mo – Sa 10 – 16 (Sommer: bis 18) 🌐 jerusalempatriarchate.info

Das von hohen Stützmauern umgebene befestigte Kloster lag in den ersten Jahrhunderten seiner Existenz gefährlich weit außerhalb der Stadtmauern Jerusalems (heute steht es nur Steinwurf von der Knesset entfernt). Es heißt, der Bau befinde sich an der Stelle, wo der Baum wuchs, aus dem die Römer das Kreuz für Jesus fertigten. Eine frühere byzantinische Kirche (6. Jh.) war 614 von den Persern zerstört worden, doch Teile des Mosaikbodens sind seitlich des Hauptaltars noch zu sehen.

Die heutige Anlage wurde im 11. Jahrhundert von georgischen Mönchen errichtet, später wurde sie mehrfach geplündert, doch nicht zerstört.

Zur Zeit der Kreuzfahrer blühte das Kloster, der georgische Nationaldichter Shota Rustaveli hielt sich hier auf. Doch 1685, als das Vermögen erschöpft war, wurde das Kloster an das griechisch-orthodoxe Patriarchat verkauft.

Die heute zu sehenden Fresken des Kreuzklosters zeigen eine ungewöhnliche Kombination von christlichen, polytheistischen und weltlichen Bildern. Das Refektorium im Obergeschoss und die Küche rufen noch Assoziationen an das einstige Klosterleben hervor.

> **Schon gewusst?**
> Das Einkammerparlament der Knesset hat 120 Abgeordnete (nach Verhältniswahlrecht).

↑ *Die Bibel im kulturellen Kontext: Exponate im Bible Lands Museum*

4

Bible Lands Museum

21 Shmuel Stefan Wise Street, Givat Ram 7, 9, 14, 35, 66 +972 2 561 1066 So–Di, Do 10–17, Mi 10–21, Fr, Sa, Tage vor Feiertagen 10–14 jüdische Feiertage blmj.org

Die Exponate des Museums gegenüber dem Israel Museum *(siehe S. 156–159)* werden so präsentiert, dass sich Besucher ein Bild vom kulturellen Kontext machen können, in dem die Bibeltexte entstanden. Die Objekte sind sowohl chronologisch als auch regional angeordnet. Man kann gut nachvollziehen, wie sich Kulturen gegenseitig beeinflussten und daraus neue Gesellschaften entstanden.

Die Sammlung archäologischer Funde ist ein Spiegel der Kulturen des Heiligen Landes zu biblischer Zeit. Das Museum wurde 1992 mit der Privatsammlung von Elie Borowski eingeweiht, einem Kenner der alten Kulturen des Nahen Ostens. Die Objekte stammen aus dem alten Ägypten, aus Syrien, Anatolien, Mesopotamien und Persien. Darunter befinden sich Artefakte, die das Leben im Zweistromland in den Jahrtausenden vor Christi Geburt veranschaulichen. Unter den faszinierenden Exponaten gibt es alte Inschriften, Mosaiken, Siegel, Schmuck, Elfenbeinschnitzereien und Skarabäen.

5

Knesset

1 Kaplan, Givat Ram 14, 35, 66 +972 2 675 3337 So, Do 8:30–14

Die Knesset ist Sitz des israelischen Parlaments. Der Name kommt von Knesset ha-Gedola (»Große Versammlung«), dem Gremium aus 120 Männern, das zur Zeit des Zweiten Tempels das politische und öffentliche Leben der Juden lenkte. Der Bau von Joseph Klarwin wurde 1966 eröffnet. Er erinnert an den Parthenon in Athen und Rekonstruktionen des Tempels.

Dem Eingang gegenüber steht eine große Menora als Symbol des Staates Israel. Sie ist das Werk des britischen Bildhauers Benno Elkan und ein Geschenk des britischen Parlaments. Die Reliefs sind Bibelzitate zu wichtigen Ereignissen der jüdischen Geschichte. Unweit davon steht ein Ewiges Licht zum Gedenken an die Toten des Holocaust und der Nahostkriege.

Der russisch-jüdische Künstler Marc Chagall gestaltete das Foyer mit Mosaiken und einem dreiteiligen Gobelin, auf dem die Erschaffung der Welt, der Exodus und Jerusalem dargestellt sind. Die Hauptkammer endet in einer Steinmauer, die für die Klagemauer *(siehe S. 88f)* steht.

Touren sind obligatorisch (Pass mitbringen), man kann per Telefon oder E-Mail buchen (tours@knesset.gov.il). Bitte kleiden Sie sich dezent.

Grobe Steinwände und Sakralkunst: das Innere des Kreuzklosters

↑ *Die große Menora vor der Knesset im Park of Roses*

Bewegende Stätte zur Erinnerung an den Holocaust: Yad Vashem

❻
Yad Vashem
🏠 Herzl-Berg 🚌 10, 16, 20, 23, 27 ☎ +972 2 644 3400
🕐 So–Do 8:30–17, Fr, Tage vor Feiertagen 8:30–14
🚫 jüdische Feiertage
🌐 yadvashem.org

Yad Vashem (»ein Denkmal und ein Name«, nach Jesaja 56, 5) ist Archiv, Forschungsstätte und Museum zugleich – vor allem aber eine erschütternde Gedenkstätte an die über sechs Millionen jüdischen Opfer des Holocaust. Mehr als 20 Mahnmale sind auf dem hügligen Gelände verteilt.

Der Eingang zu Yad Vashem liegt an der Avenue of the Righteous Among Nations (Allee der Gerechten unter den Völkern). Sie ist gesäumt von Gedenktafeln mit den Namen derer, die Juden halfen und dadurch ihr Leben riskierten. 23 000 Namen sind verzeichnet, darunter etwa Oskar Schindler *(siehe S. 126)*. Die Straße führt zum historischen Museum des Architekten Moshe Safdie. Es ist ein langer, in den Fels gegrabener Gang mit zehn Ausstellungssälen. Die Exponate umfassen rund 2500 persönliche Dinge, gestiftet von Überlebenden – was dem Massenmord eine erschütternde individuelle Dimension verleiht.

Die Hall of Remembrance (Halle der Erinnerung) neben dem Museum ist ein nüchterner, grabartiger Raum, in dem die Namen der 21 größten Konzentrationslager auf schwarzen Basaltplatten eingraviert sind. Im Zentrum brennt das Ewige Licht in Form eines zerbrochenen Kelchs. Davor ist eine Steinplatte, unter der Asche aus den KZs begraben ist.

In der nahen Hall of Names (Halle der Namen) werden Namen und persönliche Daten der jüdischen Opfer gesammelt.

Von Besuchern wird dezente Kleidung (keine Miniröcke oder Shorts) erwartet.

❼
Biblical Zoo
🏠 Manahat 🚌 26A, 33, 99
🕐 So–Do 9–18, Fr, Tage vor Feiertagen 9–16, Sa, Feiertage 9–17
🌐 jerusalemzoo.org

Der Jerusalemer Biblical Zoo (auch Tisch Family Zoological Gardens) präsentiert Wildtiere, die in der Bibel erwähnt sind, viele kommen mittlerweile im Heiligen Land nicht mehr natürlich vor. Es gibt Bären, Löwen, Arabische Oryxantilopen und Nil-Krokodile sowie andere gefährdete Arten aus aller Welt. Der Zoo liegt in einer attraktiven Gegend im Südwesten der Stadt.

Giraffen und ihre Kälber im Biblical Zoo von Jerusalem

Oberster Gerichtshof

📍 Shaarei Mishpat St, Givat Ram 🚌 14, 66 📞 +972 2 675 9612 🕐 So–Do 8:30–14:30

Da Israel keine formale Verfassung besitzt, spielt der Oberste Gerichtshof eine zentrale Rolle. Seine große Bedeutung spiegelt sich in der Architektur des Gebäudes wider, welches dieses Rechtsverständnis umsetzt. Die beiden Kupferpyramiden auf dem Dach symbolisieren die Unverrückbarkeit der Gesetze. Die lange geschwungene Treppe scheint zu bekräftigen, dass das Gesetz auch dem Normalbürger zugänglich ist. Nicht zuletzt bietet sie einen herrlichen Blick über die Stadt.

Motive wie die islamischen Elemente im Innenhof und die byzantinischen Mosaiken am Eingang erinnern an die kulturellen und historischen Einflüsse, die das moderne Israel geprägt haben.

❾ Mahane Yehuda und Nakhlaot

📍 Zwischen Jaffa Rd und Bezalel St 🚌 6, 7, 8, 13, 14, 18, 21, 74, 75 🚆 Mahane Yehuda 🌐 machne.co.il

Mahane Yehuda oder der »Shuk« (Marktplatz) liegt nordwestlich des Zentrums. Hier erstreckt sich Jerusalems Hauptmarkt. Mahane Yehuda ist ein Labyrinth an überdachten Gassen und Durchgängen mit Tischen voller frischer Produkte, scharf riechender Gewürze und lokaler Spezialitäten. Die Standbetreiber locken die Vorbeigehenden mit singenden Rufen. Abends verwandelt sich der Markt in das Herz des Nachtlebens der Stadt mit Bars, Musiklokalen, Cafés und Restaurants.

Jenseits der Agrippas Street im Süden liegt Nakhlaot, mit zweistöckigen Steinhäusern um Innenhöfe und mit schmalen Gassen. Das in den 1800er Jahren (etwa zur selben Zeit wie Mahane Yehuda) entstandene Viertel war lange Zeit von Juden aus Nordafrika und dem Nahen Osten bewohnt.

Nakhlaot ist für seine vielen kleinen Synagogen bekannt, von denen jede ihre eigenen liturgischen und musikalischen Traditionen aus der alten Heimat weiterführt, etwa von der griechischen Ioannina-Insel, aus der spanischen Exklave Melilla, aus Aleppo (Syrien) und Shiraz (Iran).

> **5000** zerstörte jüdische Gemeinden sind im Valley of the Communities in Yad Vashem gelistet.

Restaurants

Mamlechet HaHalva
Im »Königreich der halva« hat man die Qual der Wahl zwischen 100 Sorten dieser süßen Sesampaste.

📍 A12 Etz Chaim St

Shimshon Pickles Center
Shimshon ist spezialisiert auf Oliven, Essiggurken, marinierte scharfe Paprika, Salate und Ziegenkäse.

📍 19 Mahane Yehuda St

> **Schon gewusst?**
>
> Aus Ein Kerems Quelle der Heiligen Jungfrau soll Maria getrunken haben.

❿ Herzl-Berg und Herzl Museum

🏠 Herzl-Berg 🚌 10, 16, 20, 23, 27 📞 +972 2 632 1515 🕐 So – Do 8:30 –16, Fr 8:30 – 12:20 (Voranmeldung obligatorisch) 🌐 herzl.org.il

Der Herzl-Berg (hebräisch *Har Herzl*) liegt nördlich des Zentrums. Er ist nach Theodor Herzl, dem Begründer des Zionismus *(siehe S. 51)*, benannt. An den Hängen befinden sich Friedhöfe. Herzls Grab liegt auf dem Gipfel. Hier sind auch die Gräber der israelischen Präsidenten und dreier Premiers. Zudem findet man den größten Soldatenfriedhof Israels.

Das Herzl Museum am Eingang der Stätte bietet einen Schnellkurs in zionistischer Geschichte mit audiovisuellen Präsentationen und einer Nachbildung des Arbeitszimmers des Gründers.

⓫ Ein Kerem

🏠 7 km westl. des Jerusalemer Zentrums 🚌 28, 184

In Ein Kerem (»Weinbergquelle«) soll Johannes der Täufer geboren worden sein und auch gelebt haben. Das malerische Dorf besitzt einige schöne Kirchen und Klöster, die sich auf seine Person beziehen.

Die Franziskanerkirche Johannes' des Täufers (19. Jh.) ist wegen ihres hohen, schlanken Turms nicht zu verfehlen. Sie wurde auf den Ruinen von byzantinischen Gebäuden und Kreuzfahrerbauten errichtet. Stufen führen in eine natürliche Höhle hinab, in die Grotte der Geburt des Johannes.

Der zweite sehenswerte Sakralbau ist die zweistöckige Kirche der Heimsuchung, die 1955 von Antonio Barluzzi, dem Architekten der Dominus-Flevit-Kapelle *(siehe S. 135)* und der Geißelungskapelle *(siehe S. 76)*, vollendet wurde. Sie gedenkt des Besuchs von Maria bei Elisabeth, als Letztere mit Johannes schwanger war. Die Episode wird auf der Mosaikenfassade dargestellt. Im Inneren liegt eine Grotte, vor der die Reste eines Hauses aus der Römerzeit stehen. Hier soll Elisabeth ihren Sohn versteckt haben, um ihn vor der von Herodes befohlenen Tötung der Erstgeborenen (Bethlehemitischer Kindermord) zu retten. Auf den Fliesen der Hofmauern ist in 42 Sprachen das Magnificat (Lukas 1, 46 – 55), Marias Lobgesang, zu lesen.

Am Fuß des Bergs unterhalb der Kirche steht eine kleine, verlassene Moschee. Daneben entspringt jene Quelle – sie ist allgemein als Quelle der Heiligen Jungfrau bekannt –, die dem Ort seinen Namen gab.

Besonders schön an Ein Kerem ist seine ruhige Lage in einem bewaldeten Tal. Am besten lernt man den Ort bei einem Spaziergang kennen. Start ist an der Skulptur am Beginn der Zufahrtsstraße nach Yad Vashem.

> **Das malerische Dorf Ein Kerem besitzt einige schöne Kirchen und Klöster, die sich auf das Leben von Johannes dem Täufer beziehen.**

↑ Leuchtende Farben: Marc Chagalls Bleiglasfenster im Hadassah Hospital

12
Chagall-Fenster im Hadassah Hospital
🏠 Ein Kerem 🚌 19, 27
📞 +972 2 677 627 ⏰ So–Do 8:30–15.30 (bitte tel. anmelden)

Blickfang der Synagoge des eher unscheinbaren Hadassah Hospitals sind die zwölf Bleiglasfenster, die der russisch-jüdische Künstler Marc Chagall 1960/61 schuf. Sie wurden bei der Einweihung 1963 eingebaut.

Jedes Fenster steht für einen der zwölf Stämme Israels. Jedem Stamm wird traditionellerweise ein Symbol, ein Edelstein und eine gesellschaftliche Rolle zugeschrieben. All diese Elemente finden sich in Chagalls Bildkomposition und seiner Farbgebung wieder.

←

Skulptur von Maria und Elisabeth vor der Kirche der Heimsuchung, Ein Kerem

13
Abu Ghosh
🏠 13 km westl. des Jerusalemer Zentrums
🚌 185, 195

Der arabische Ort in den Judäischen Bergen nördlich der Hauptroute Jerusalem–Tel Aviv pflegt seit Langem gute Beziehungen zu seinen jüdischen Nachbarn. Der Name des Orts stammt von einer kaukasischen Familie, die sich im 16. Jahrhundert hier ansiedelte. Abu Gosh ist berühmt für seine Hummus-Lokale und das Gesangsfestival.

Die Kreuzfahrer hielten den Ort für Emmaus, wo Jesus sich nach der Auferstehung zwei Jüngern zu erkennen gab. Aus diesem Grund bauten die Johanniter hier die Auferstehungskirche (12. Jh.), eines der schönsten romanischen Bauwerke des Heiligen Landes, das fast vollständig erhalten blieb.

Auf einem Hügel oberhalb steht die Kirche Notre Dame de l'Arche d'Alliance von 1924 auf den Ruinen eines Vorgängerbaus (5. Jh.). Einige der alten Mosaiken sind noch zu sehen. Hier soll das Haus von Abinadab gestanden haben, in dem sich die Bundeslade befand (1. Samuel 7, 1–2), bis David sie nach Jerusalem holte.

Die riesige Moschee im kaukasischen Stil, die 2014 eingeweiht wurde, entstand mit Finanzmitteln aus Tschetschenien.

Restaurants

Machneyuda
Ein Magnet für Foodies aus ganz Israel, die von den grandiosen Gerichten und der rauen Marktatmosphäre angezogen werden.
🏠 10 Beit Ya'akov St
⏰ tägl. 12:30–16, 18:30–24
🌐 machneyuda.co.il

Nagy (Naji)
Nagy ist wegen seiner Kebabs bekannt, doch es gibt auch exzellenten Hummus, Salate und *labneh*. Viele Angebote für Vegetarier.
🏠 4 Mahmou Rashid St 📞 +972 2 533 6520 ⏰ tägl. 8–24

Sultan Sweets and Café
Der kleine Coffeeshop serviert erstklassiges *kunafeh* (Süßspeise aus Käse), Baklava, selbst gemachte *halva* und starken arabischen Kaffee.
🏠 29 Ha-Shalom St
📞 +972 2 579 7044
⏰ Mo–Sa 9–20

ISRAEL, WESTJORDANLAND UND WESTJORDANIEN
ERLEBEN

Salzkristalle auf dem Toten Meer

Tel Aviv **168**

Mittelmeerküste
und Galiläa **186**

Totes Meer
und Wüste Negev **212**

Westjordanland **226**

Petra und
Westjordanien **240**

Surfer genießen die Wellen bei Sonnenuntergang in Jaffa, Tel Aviv

Tel Aviv

Tel Aviv entstand erst 1909 in den Dünen nördlich der antiken Hafenstadt Jaffa (Yafo), die bereits 1500 v. Chr. in ägyptischen Papyri erwähnt wurde. Nach dem Alten Testament wurden die Libanonzedern für den Ersten Tempel hier angeschifft. Auch der biblische Jonas soll von Jaffa losgesegelt sein, kurz bevor er vom Wal verschlungen wurde.

Laut Neuem Testament hielt sich der Apostel Petrus in der Stadt auf. Jaffa wurde später von den Römern zerstört, da es während des Jüdischen Kriegs (66–70 n. Chr.) ein Zentrum des Widerstands war. 1099 eroberten die Kreuzfahrer die Stadt, mit einer kurzen Unterbrechung regierten sie die nächsten 169 Jahre.

Anschließend stand Jaffa unter muslimischer Herrschaft, nur Napoléon gab 1799 ein kurzes Zwischenspiel, als seine Soldaten die Stadt zerstörten und die osmanische Garnison massakrierten.

1865 gründeten amerikanische Christen eine kurzlebige amerikanische Kolonie. Ihnen folgte die Tempelgesellschaft, deutsche Christen in der Nachfolge der Templer, die u. a. die Siedlungen Walhalla (1869) und Sarona (1871) errichteten.

Tel Avivs Einwohner waren Juden, die sowohl aus Europa als auch aus Palästina geflohen waren. Die Stadt wuchs schnell. 1950 wurde sie mit Jaffa vereinigt. Das moderne Tel Aviv ist eine kosmopolitische Metropole mit heute über 450 000 Einwohnern (Großraum: über 3,8 Mio.) – ein vibrierender Hotspot für junge Leute, in dem das Leben 24 Stunden lang pulsiert.

Tel Aviv

Highlights
1. Tel Aviv Museum of Art
2. Rothschild Boulevard

Sehenswürdigkeiten
3. Rabin Square
4. Dizengoff Street
5. Dubnov-Garten
6. Tel Aviv Performing Arts Center
7. Ben-Gurion Boulevard
8. Tel Aviv Port
9. Charles-Clore-Park
10. Strandpromenade
11. Tel Aviv Marina
12. Metzitzim Beach
13. Neve Tzedek
14. Sheinkin Street
15. Bialik Street
16. Carmel Market
17. ANU – Museum of the Jewish People
18. Meir-Garten
19. Eretz Israel Museum
20. Nachalat Binyamin

Restaurants
① Pastel
② Alena
③ Kitchen Market
④ 416
⑤ HaBasta

Hotels
⑥ Hotel Montefiore
⑦ Arbel Suites Hotel
⑧ Tal by the Beach
⑨ Abraham Hostel

Shopping
⑩ Nachalat Binyamin Arts and Crafts Fair

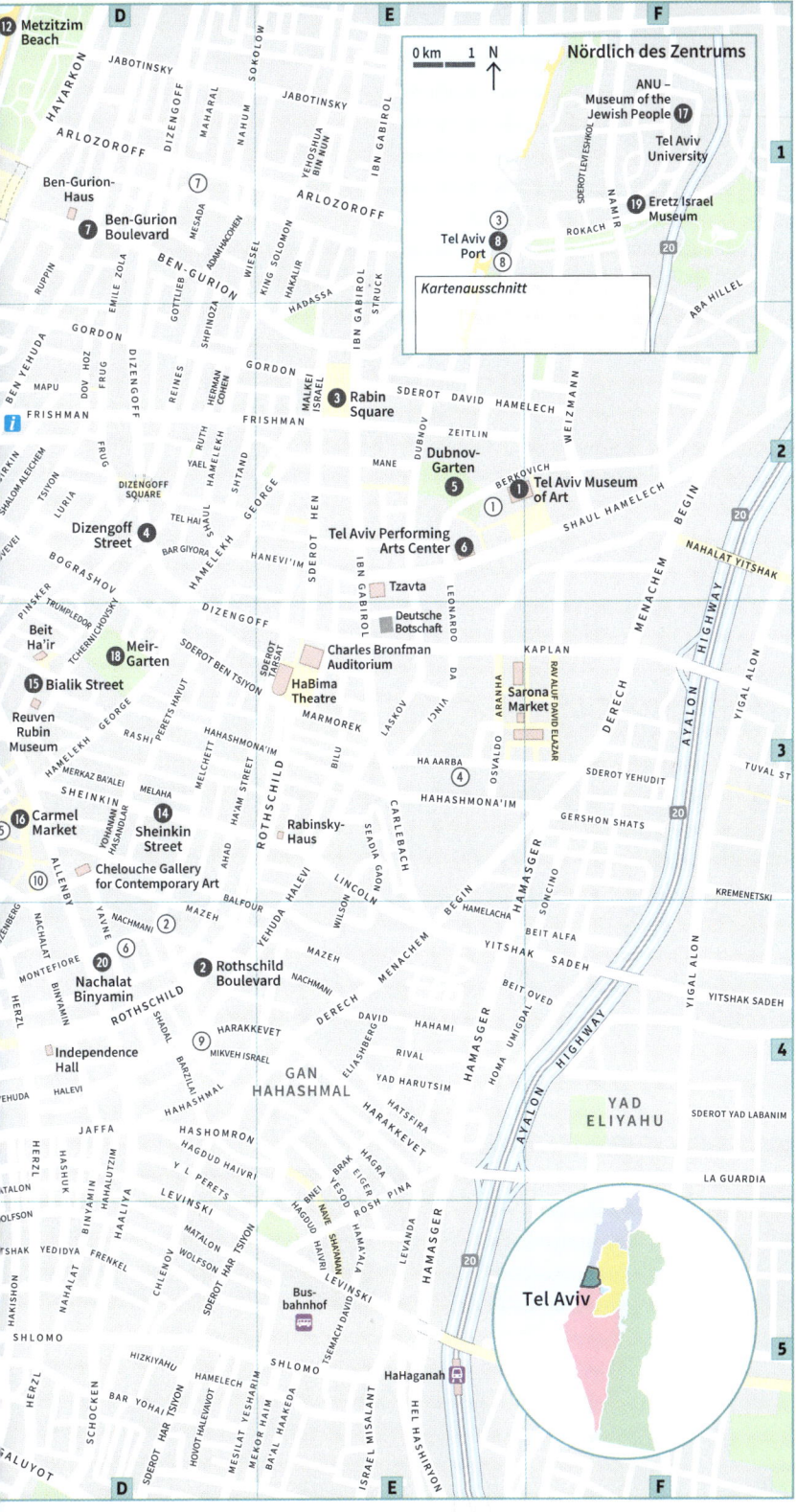

Tel Aviv Museum of Art

E2 27 Shaul Hamelech Blvd +972 3 607 7000 Mo, Mi, Sa 10–18, Di, Do 10–21, Fr 10–14 jüdische Feiertage tamuseum.org.il

Israels wichtigstes Museum für moderne und zeitgenössische Kunst präsentiert Werke berühmter Künstler wie van Gogh und Picasso. Herausragende Ausstellungen machen mit – oft provokativer – israelischer Kunst bekannt. In nächster Zeit werden Lobby und Westflügel renoviert (derzeitiger Eingang via Herta and Paul Amir Building).

Das Museum wurde 1932 von Tel Avivs erstem Bürgermeister Meir Dizengoff gegründet. Den Kern der Kollektion bildeten nur ein paar Dutzend Werke, mittlerweile hat sie sich zur wichtigsten Kunstsammlung des Landes weiterentwickelt. Die Werke reichen vom 17. Jahrhundert bis heute und decken die wichtigsten Kunstströmungen des späten 19. und des 20. Jahrhunderts ab – von Impressionismus und Kubismus bis zu Abstraktem Expressionismus und Pop-Art. Hier hängen Gemälde weltberühmter Künstler, darunter Monet, Degas, Rothko und Pollock.

Die Sammlungen verteilen sich auf das brutalistische Hauptgebäude (1971) und das neuere Herta and Paul Amir Building, ein imposanter spitzwinkliger Bau von 2011. Es gibt auch einen hübschen Skulpturengarten sowie Vortragsräume. Sonderausstellungen finden im Helena Rubenstein Pavilion statt, einem 1959 eröffneten Pavillon, der etwa einen Kilometer südwestlich des Hauptgebäudes liegt.

Wandbild von Roy Lichtenstein in der Lobby des Museums

Highlight

1 Das auffällige Herta and Paul Amir Building wurde 2011 eröffnet und beherbergt fünf Etagen mit Ausstellungsräumen.

2 Vögel und Menschen – die Skulpturen des israelischen Künstlers Zadok Ben-David sind vor dem Museum zu sehen.

3 Die Schäferin *(1889)* von Vincent van Gogh entstand während seines Hospizaufenthalts.

Israelische Kunst

Das Tel Aviv Museum of Art ist für seine wegweisenden Sonderausstellungen israelischer Künstler bekannt. Moderne israelische Kunst beschäftigt sich oft mit Fragen zu Identität und Konflikt, zur komplizierten Beziehung zwischen lokal und universell, zwischen Peripherie und Zentrum sowie zwischen Ost und West.

Schon gewusst?

Wegen seiner Bauhaus-Gebäude trägt Tel Aviv den Beinamen »Weiße Stadt«.

Kaffeepause an einem der Kioske, die den Mittelstreifen des Boulevards säumen

Highlight

❷
Rothschild Boulevard

📍 D4

Fußgänger und Radfahrer bevölkern die elegante Durchgangsstraße, die im Herzen des Bauhaus-Viertels von Tel Aviv liegt. 2003 wurde dieses einzigartige Bauhaus-Vermächtnis von der UNESCO als Welterbe anerkannt. Auf dem von Feigen beschatteten Mittelstreifen des Boulevards joggen die Tel Aviver. Er beherbergt auch eine Anzahl reizvoller Kioske mit Essen und Trinken, umweltfreundliche Skulpturen sowie jede Menge Bänke zum Ausruhen und Leutebeobachten. Nachts verändert die Straße ihr Gesicht: Sie wird zu einer der Feiermeilen der Stadt.

Der palmenbestandene Rothschild Boulevard mit den umliegenden Bauhaus-Gebäuden aus den 1920er und 1930er Jahren, aber auch den modernen Hochhäusern des Finanzviertels erstreckt sich über anderthalb Kilometer vom blumenreichen HaBima Square – hier befinden sich das erstklassige HaBima Theatre und das Charles Bronfman Auditorium – nach Südwesten bis zum Trendviertel Neve Tzedek. Das Haganah Museum (Nr. 23) erzählt die Geschichte der paramilitärischen Untergrundorganisation, aus der später die israelische Armee hervorging. Auf der anderen Straßenseite steht die Independence Hall (Nr. 16) – hier wurde am 14. Mai 1948 die Staatsgründung Israels proklamiert. Die umliegenden Gebäude – sie gehören zu den teuersten der Stadt – beherbergen Top-Restaurants und edle Boutique-Hotels.

↑ *Gäste vor einem der vielen Restaurants des Boulevards*

> Die umliegenden Gebäude – sie gehören zu den teuersten der Stadt – beherbergen Top-Lokale und edle Boutique-Hotels.

Tel Avivs Bauhaus-Architektur

Tel Aviv besitzt den größten Bestand an Bauhaus-Architektur weltweit – etwa 4000 Gebäude. Die meisten wurden in den 1930er und 1940er Jahren errichtet, entworfen von Architekten, die aus Europa, meist aus Deutschland, eingewandert waren und am Bauhaus studiert hatten. Die Klarheit und Funktionalität der Bauweise strebte eine Verbindung von Kunst und Technik an. Bauhaus-Architektur galt als besonders gelungene Verkörperung der sozialistischen Ideale des Zionismus, auf denen auch die Gründung der neuen Stadt fußte.

SEHENSWÜRDIGKEITEN

❸ Rabin Square
📍 E2 🚌 10, 12, 24, 25

Tel Avivs größter Platz ist oft Ort für politische, kulturelle oder sportliche Events.

Als Premierminister Yitzhak Rabin am 4. November 1995 an einer großen Friedenskundgebung teilnahm, wurde er von einem rechtsextremen Juden erschossen. Ein Denkmal in der Ibn Gabirol Street, zwischen Rathaus und Gan Ha'Ir Shopping Mall, markiert den Ort.

Die massive Rostskulptur von Yigal Tumarkin, die von oben wie ein Davidstern aussieht, ist ein Denkmal für die Opfer des Holocaust. In der Nähe befindet sich ein kleiner Teich mit Seerosenblättern, Kois und ein oder zwei – oft hungrigen – Reihern.

❹ Dizengoff Street
📍 D2 🚌 5, 22, 72

In den 1960er Jahren war sie Tel Avivs edelste Shopping-Meile. Die Dizengoff Street verläuft von Norden nach Süden und verbindet das Dizengoff Center, Israels erstes (und noch wirtschaftliches) Shopping-Center, mit dem drei Kilometer entfernten Tel Aviv Port.

Zwei Blocks nördlich des Dizengoff Center liegt der Dizengoff Square. Er ist nicht nach dem ersten Bürgermeister Meir Dizengoff benannt, sondern nach seiner Frau Zina. Er wurde vor Kurzem in den Originalzustand (Mitte der 1930er Jahre) zurückversetzt, d. h. abgesenkt.

Der Platz wird von schön renovierten Bauhaus-Gebäuden flankiert, wovon eines das Hotel Cinema beherbergt. Das Haus mit Reihen horizontaler Fenster, überstehenden Simsen und geschwungenen Balkonen wurde 1939 als Kino errichtet. Nehmen Sie den Fahrstuhl zur Dachterrasse, die einen schönen Ausblick bietet.

Das Bauhaus-Erbe der Stadt wird im **Bauhaus Center** gefeiert. Es kuratiert Ausstellungen, bietet Architektur-Touren und verkauft Bücher und Souvenirs zum Thema Bauhaus.

Bauhaus Center
🏠 77 Dizengoff St
📞 +972 3 522 0249
🕐 So – Do 9:30 – 20, Fr 9:30 –15 📅 Feiertage
🌐 bauhaus-center.com

TOP 4 Tel Aviv für Kinder

Tel Aviv Port
Im alten Hafen gibt es heute Spielplätze, Eisdielen und eine weitläufige Strandpromenade *(siehe S. 178)*.

Sarona
Der Spielplatz und der überdachte Lebensmittelmarkt des Einkaufszentrums sind bei Kindern sehr beliebt.

Israel Children's Museum
🌐 childrensmuseum.org.il
Das Museum bietet interaktive »Reisen« an.

Yarkon Park
🌐 parks.org.il
Der Park bietet Spielplätze, Kletterwand, Boote, Mini-Zoo und Wasserpark.

---

❺ Dubnov-Garten
📍 E2 🏠 Dubnov St
🚌 9, 18

Die grüne Insel liegt hinter dem Tel Aviv Peforming Arts Center, einen Block östlich der Ibn Gabirol Street. Sie ist einer von Dutzenden kleinen Parks, die in den Wohngebie-

ten der Stadt verteilt sind. Es gibt zwei Spielplätze, einen davon mit Schatten, zudem viel Grün, Bänke sowie einen Brunnen für Menschen und Hunde.

Tel Aviv Performing Arts Center

E2 19 Shaul Hamelech Blvd 9, 14 bei Veranstaltungen Israeli Opera: israel-opera.co.il; Cameri Theater: cameri.co.il

Das Tel Aviv Performing Arts Center gehört mit dem Tel Aviv Museum of Art und Beit Ariela (die zentrale Bibliothek der Stadt) zu einem Kulturkomplex. Das Center selbst beherbergt verschiedene Kunstorganisationen und Bühnen. Die Israeli Opera ist hier zu Hause. Auf ihren Bühnen agieren auch internationale Tanzensembles.

Gleiches gilt für das Cameri Theater, Tel Avivs Theaterensemble, das sich mit Werken israelischer Dramatiker beschäftigt. Beide Institutionen teilen sich eine lange gläserne Lobby.

Der 1994 eröffnete Complex ist auch architektonisch interessant. Der postmodern inspirierte Bau kombiniert gebogene und eckige Elemente, die eine assymetrische Fassade und Skyline ergeben. Besucher, die zu Fuß kommen, gelangen vom Shaul Hamelech Boulevard durch einen hohen modernen Bogen ins Center.

Ben-Gurion Boulevard

D1 4, 10, 13

Der Boulevard (1,3 km) mit einer baumbestandenen Fußgängerzone und einem

Das Holocaust-Denkmal von Yigal Tumarkin auf dem Rabin Square

↑ *Stand für frisch gepresste Säfte am Ben-Gurion Boulevard*

Fahrradweg in der Mitte verbindet den Rabin Square mit dem Strand.

Einheimische bummeln hier mit Kinderwagen oder Hund (oder beiden) und genehmigen sich Obstsäfte oder Kaffee, die an den kleinen Kiosken verkauft werden. Der Boulevard ist nach David Ben-Gurion (1886–1973) benannt, Israels erstem Premierminister, der von 1931 bis 1973 im Haus Nr. 17 lebte. Heute ist das **Ben-Gurion-Haus** ein Museum mit nahezu unveränderter Einrichtung, das Einblicke in das Leben Ben-Gurions und seiner Zeit gibt.

Ben-Gurion-Haus
17 Ben-Gurion Blvd
+972 3 522 1010 So, Di–Do 8–15, Mo 8–17, Fr 8–13, Sa 11–14 Feiertage
bg-house.org

Schon gewusst?

David Ben-Gurion vermachte sein Haus dem Staat – für Lese- und Forschungszwecke.

Hotels

Hotel Montefiore
Das Hotel aus den 1920er Jahren hat hohe Standards.
D4 36 Montefiore St
hotelmontefiore.co.il

Arbel Suites Hotel
Moderne untadelige Suiten mit Küche, einige davon mit Balkon.
D1 11 Hulda St
+972 3 522 5450

Tal by the Beach
Stilvolles Boutique-Hotel in der Nähe des Metzitzim Beach.
E1 287 HaYarkon St atlas.co.il

Abraham Hostel
Schlafsäle sowie Einzelzimmer – plus Dachterrasse.
D4 21 Levontin St abraham hostels.com

Yachten und Ruderboote im Wassersportzentrum der Tel Aviv Marina

Tel Aviv Port
📍 E1 🚌 4, 6, 9, 11, 72
🌐 namal.co.il

Tel Avivs Frachthafen, der von 1936 bis 1965 bestand, wurde ab dem Jahr 2002 in das beliebteste Freizeit- und Unterhaltungsareal der Stadt umgewandelt. Hier kann man heute bummeln, shoppen, essen, trinken und Clubs besuchen. Alte Lager wurden zu kommerziellen Orten mit Industrie-Chic, zu Lokalen, Bars und Cafés. Am Ufer windet sich ein Bohlenweg entlang – auf den gegebenenfalls die Brandung schwappt. Die romantische Wauchope Bridge aus der Mandatszeit über die Yarkon-Mündung wurde neu errichtet. Hinzu kamen intelligente Spielplätze, statt Frachtschiffen liegen nun Yachten und Sportboote auf dem Wasser.

Dies ist der einzige Ort der Stadt, wo man auch am Sabbat einkaufen kann.

Charles-Clore-Park
📍 C4 🏠 Kaufmann St

Einige Hundert Meter nördlich von Alt-Jaffa stößt man am Strand auf den Charles-Clore-Park – er ist nach einem britischen Geschäftsmann und Philanthropen benannt. Im Park steht ein schwarzer Glaskubus in den Ruinen des einzigen Gebäudes von vor 1948, als Manshiye mehrheitlich von Arabern bewohnt war. Er beherbergt das Etzel 1948 Museum, das sich aus rechtskonservativer israelischer Sicht mit der Schlacht beschäftigt, die im April 1948 hier stattfand.

Auf der Straße gegenüber dem Park steht die Hassan-Bek-Moschee, die Zwangsarbeiter 1916 für den gleichnamigen osmanischen Militärgouverneur von Jaffa bauten. Während des Kriegs von 1948 nutzten arabische Soldaten das Minarett als Feuerstellung. Manshiye wurde während der Kämpfe schwer beschädigt und in den 1960er Jahren abgerissen – ein Schicksal, das auch für Neve Tzedek *(siehe S. 180)* vorgesehen war. Der Charles-Clore-Park steht auf dem Schutt, der mit Bulldozern ins Meer geschoben wurde.

Der Park ist Ort diverser Events, etwa der Gay Pride (die Parade endet hier) und des Festivals Tel Aviv EAT. Die Hülle des alten Delfinarium-Komplexes, der 2001 Schauplatz eines schrecklichen Selbstmordattentats war, wurde 2018 abgetragen, um eine durchgängige Strandpromenade zu schaffen.

Strandpromenade
📍 C3 🏠 HaYarkon St 🚌 11

Tel Avivs Strand erstreckt sich über 13,5 Kilometer von Herzliya bis Bat Yam. Die offiziellen 13 Badestrände bie-

A Woman Against the Wind (1972) von Ilana Goor, Charles-Clore-Park

TOP 5 Strände in Tel Aviv

Metzitzim
Seichtes Wasser und die nahen Eisverkäufer locken Familien an.

Hilton Beach
Teils inoffizieller Schwulenstrand, teils Surferstrand – teils für Hunde.

Gordon Beach
Bei europäischen Touristen beliebt.

Frishman Beach
Familienstrand mit einer Statue von David Ben-Gurion im Kopfstand (er praktizierte hier Yoga).

Jerusalem Beach
Hier wird kräftezehrendes *matkot* (Strandtennis mit Holzschlägern) gespielt.

ten alle Annehmlichkeiten des Mittelmeers: neben warmem Wasser (31 °C im August) und (meist) sanften Wellen auch Pergolen, Open-Air-Duschen, Liegestühle, Sonnenschirme zum Mieten, Fitnessgeräte, Cafés, Toiletten, Umkleidekabinen – und Rettungsschwimmer (Mitte April bis Anfang Oktober).

Eine Strandpromenade für Fußgänger und Radfahrer verbindet den Reading Park – nördlich des Flusses Yarkon nahe dem Elektrizitätswerk Reading und dem Flughafen Sde Dov – via Tel Aviv Port mit dem alten Hafen von Jaffa. Sie verläuft parallel zu Kilometern an herrlich feinkörnigem Sand vom Nil, der durch Strömungen hier angeschwemmt wurde.

Auch im Winter kann man oft noch sonnenbaden. Da alle Strandabschnitte nach Westen zeigen, ist dies der ideale Ort für romantische Sonnenuntergänge.

⓫ Tel Aviv Marina
📍 C1 🏠 Shlomo Lahat Promenade 🚌 4, 10, 13, 100
🌐 telaviv-marina.com

Die malerische Tel Aviv Marina ist Hafen für 320 Yachten (bis zu 20 m). Sie wird von einem auch für Fußgänger zugänglichen Damm geschützt. Der Weg vom Ben-Gurion Boulevard hierher wird allerdings vom Atarim Square gestört, einem brutalistischen Monsterbau, der die Sicht auf den Strand verdeckt. Die Stadt will den Komplex schon seit Jahrzehnten ersetzen, doch die Rechtslage ist wegen privaten Grundstücken kompliziert.

Zwischen Platz und Marina befindet sich der Gordon Pool (1956) mit olympischen Ausmaßen. Bei ansässigen Schwimmern ist er beliebt, da er mit kristallklarem, mineralreichem und salzhaltigem Grundwasser gefüllt ist. Es kommt aus einer Tiefe von fast 150 Metern und wird täglich ausgetauscht. Für Kinder und Kleinkinder gibt es extra Becken, zudem Sonnenliegen und -schirme, wo man zwischen den Runden faulenzen kann.

⓬ Metzitzim Beach
📍 D1 🏠 Havakuk HaNavi St
🚌 11, 55, 100

Der israelische Kultfilm *Metzitzim* wurde 1972 hier gedreht und gab dem familienfreundlichen Strand seinen Namen. Man findet Umkleidekabinen, Pergolen, einen trockenen Weg zum Damm sowie schnellen Zugang zu den Snacks und Drinks im Tel Aviv Port.

Außer an Sabbat ist der angrenzende Nordau Beach nach Geschlechtern getrennt (So, Di und Do für Frauen, Mo, Mi und Fr für Männer).

1909
In diesem Jahr wurde Tel Aviv in den Sanddünen nördlich von Jaffa gegründet.

Café mit Tischen im Freien im Shopping-Abschnitt der Sheinkin Street

⓫ Neve Tzedek
📍 C4

Jaffas erster jüdischer Vorort Neve Tzedek (»Gerechter Wohnsitz«) wurde Ende der 1880er Jahre von jüdischen Familien, die dem überfüllten Jaffa entkommen wollten, gegründet. Er befand sich 1948 auf der Frontlinie. In der Folge wurde er zum Slum, wo jüdische Einwanderer und Flüchtlinge aus Nordafrika wohnten. Die niedrigen Häuser und schmalen Gassen wurden in den 1980er Jahren Opfer der Gentrifizierung, heute ist dies eines der teuersten Viertel der Stadt mit zahllosen hochpreisgen Boutiquen.

Mittendrin liegt das **Suzanne Dellal Centre**, eine der wichtigsten Einrichtungen für modernen Tanz. Der Innenhof mit Orangenbäumen ist ein beliebter Ort zum Entspannen.

Das kleine **Rokach House Museum** liegt im ehemaligen Haus von Shimon Rokach, einem der Gründer von Neve Tzedek. Fotos und Dokumente illustrieren den Alltag Ende des 19. Jahrhunderts.

Ein paar Türen weiter stößt man auf das **Nahum Gutman Museum**, das Israels berühmtestem Künstler gewidmet ist. Der 1898 in Russland geborene Gutman ist neben seinen Gemälden auch für seine Zeichnungen und Kinderbücher bekannt.

Ein kurzer Spaziergang führt zum einstigen Bahnhof Jaffa, Endbahnhof der 1892 eröffneten Linie von Jaffa nach Jerusalem. Die umstehenden Gebäude wurden in **HaTachana** integriert. Entstanden ist ein beliebter Komplex mit Restaurants, Boutiquen und Kulturevents.

Suzanne Dellal Centre
🏠 6 Yehieli St 🌐 suzannedellal.org.il

Rokach House Museum
🏠 36 Shimon Rokach St
📞 +972 3 516 0842 🕐 Do–Sa 10–14 ❌ Feiertage
🌐 rokach-house.co.il

Nahum Gutman Museum
🏠 21 Shimon Rokach St
📞 +972 3 516 1970
🕐 Mo, Mi 10–16, Di, Fr 10–14, Do 10–18, Sa 10–15 ❌ Feiertage
🌐 gutmanmuseum.co.il

HaTachana
🏠 HaMered St, Ecke Kaufmann St 🕐 So–Do 10–21, Fr 10–15, Sa 10–22
🌐 hatachana.co.il

⓮ Sheinkin Street
📍 D3

Früher war die Straße ein Synonym für Tel Avivs Gegenkultur, mit günstigen Wohnungen, unabhängigen Boutiquen und Läden sowie hippen Cafés. Doch die chicschäbige Sheinkin Street hat sich preislich nach oben bewegt. Obwohl es mittlerweile ein Vermögen kostet, hier zu wohnen, und die meisten Läden teuer sind, zieht das Areal die Jugend Tel Avivs magisch an, die hier shoppt

→ *Buntes Dekor im Suzanne Dellal Centre in Neve Tzedek*

oder die Cafés bevölkert, vor allem freitagnachmittags.

Die Straße ist nach Menahem Sheinkin (1871–1924) benannt, einem der Gründer Tel Avivs. Er starb in Chicago, als die Tram, in der er saß, von einem Zug gerammt wurde.

⓯ Bialik Street
📍 D3

Die Bialik Street ist von historischem Interesse. Im Haus Nr. 14 lebte Reuven Rubin (1893–1974), einer von Israels berühmtesten Malern, der 1948 auch als israelischer Diplomat in Rumänien wirkte. In seinem Wohnhaus ist heute das **Rubin Museum** mit einer Sammlung seiner Werke, darunter Landschaftsgemälde, biblische und historische Bilder sowie Porträts. Im dritten Stock liegt das Atelier mit einem Archiv, zu sehen ist auch ein Dokumentarfilm. Sonderausstellungen zeigen Werke anderer israelischer Künstler.

Ein Stück weiter steht das **Bialik-Haus** (Beit Bialik), das Heim des israelischen Nationaldichters Chaim Nachman Bialik (1873–1934). Es sieht noch aus wie zu Bialiks Zeiten und enthält eine Bibliothek sowie Gemälde israelischer Künstler.

Südlich der Bialik Street gibt es in der Bezalel Street einen farbigen Straßenmarkt mit Mode zu Schleuderpreisen. An vielen Ständen kann man typische Gerichte der Region probieren.

Rubin Museum
🏠 14 Bialik St 📞 +972 3 525 5961 🕐 Mo – Fr 10 – 15 (Di bis 20), Sa, Feiertage 11 – 14
🌐 rubinmuseum.org.il

Bialik-Haus
🏠 22 Bialik St 📞 +972 3 724 0311 🕐 Mo – Do 9 – 17, Fr, Sa 10 – 14 (vorab anmelden) 🚫 Feiertage

> Südlich der Bialik Street gibt es in der Bezalel Street einen farbigen Straßenmarkt mit Mode zu Schleuderpreisen. Hier kann man typische Gerichte der Region probieren.

Restaurants

Pastel
Die moderne Brasserie befindet sich im Tel Aviv Museum of Art.
📍 E2 🏠 A27 Shaul Hamelech Blvd
🕐 tägl. 12 – 24
🌐 pastel-tlv.com

Alena
In dem eleganten Lokal sind die Gerichte griechisch und levantinisch inspiriert.
📍 D4 🏠 Norman Hotel, 23 – 25 Nachmani St
🕐 tägl. 7 – 11, 12:30 – 14:30 / 15, 18 – 22
🌐 thenorman.com

Kitchen Market
Hier isst man zeitgenössische mediterrane Gourmetküche – bei Meerblick.
📍 E1 🏠 1. Stock, Hangar 12, Tel Aviv Port
🕐 Mo – Sa 12 – 16, 18:30 – 23, So 18 – 23:30
🌐 kitchen-market.co.il

416
Das vegane Restaurant wurde bereits vielfach prämiert.
📍 E3 🏠 16 Ha'arba'a St 📞 +972 3 775 5066 🕐 tägl. 11 – 23

HaBasta
Das kleine Bistro liegt im bunten Carmel Market.
📍 D3 🏠 4 HaShomer St 📞 +972 3 516 9234
🕐 Sa – Do 12 – 23:30, Fr 8:30 – 24

Schon gewusst?

Als Tel Aviv 1909 gegründet wurde, hieß die Stadt noch Ahuzat Bayit.

16 Carmel Market

📍 D3 🏠 HaCarmel St
🕐 So – Do 9 –18, Fr 9 –15

Shuk HaCarmel, wie er hier heißt, ist der größte Markt der Stadt, ein belebter Ort mit den Ansichten und Geräuschen des Alltags und den Aromen frischen Essens.

Den Markt gibt es seit 1920, er beginnt an der Kreuzung Allenby Street mit Ständen, die Kleidung, Haushaltswaren und Elektronik verkaufen, bevor die Auslagen von frischem Fisch, Fleisch, Gemüse, Gewürzen, Brot und Gebäck, Nüssen und Saaten überquellen. Die Produkte kann man kurz vor Schluss oft herunterhandeln.

In den Seitenstraßen des Markts werden verschiedene Delikatessen angeboten.

17 ANU - Museum of the Jewish People

📍 F1 🏠 University Campus, Tor 2, Klausner St, Ramat Aviv 📞 +972 3 745 7808
🕐 So – Mi 10 –17, Do 10 – 22, Fr 9 –14, Sa 10 –17
🚫 jüdische Feiertage
🌐 anumuseum.org.il

Das Museum wurde 2021 mit neuem Namen und drei neuen Stockwerken wiedereröffnet. Ebene 3 beleuchtet die zeitgenössische jüdische Identität und Kultur. Ebene 2 widmet sich der jüdischen Geschichte. Ebene 1 behandelt universelle Botschaften des Judentums und der Bibel. 1978 betrat das Museum Neuland, als es mit kreativen Exponaten und technischen Mitteln eine Geschichte erzählte, anstatt nur Artefakte auszustellen. Das neu gestaltete Museum hat dieses Konzept mit der Technologie des 21. Jahrhunderts weiterentwickelt, um jüdische Kultur und Geschichte für Menschen aller Glaubensrichtungen erlebbar zu machen. Eine Kindergalerie, eine Genealogie-Datenbank sowie Film- und Musikarchive ergänzen das Angebot.

↑ *Einheimische und Besucher bummeln oder relaxen im Meir-Garten*

18 Meir-Garten

📍 D3 🏠 King George V St
🚌 14, 18, 24, 25

Tel Avivs erster öffentlich zugänglicher Park wurde in den 1930er Jahren zu Ehren des ersten Bürgermeisters der Stadt, Meir Dizengoff (1861–1936), angelegt. Der hübsche schattige Park ist ideal, um zu entspannen oder ein Picknick einzulegen. Er ist relativ klein, doch es gibt viele Bänke, einen Spielplatz und einen attraktiven großen Koi-Teich mit Seerosenblättern. In der westlichen Ecke des

Parks steht ein LGBTQ+ Zentrum mit Serviceangeboten sowie Veranstaltungen.

Gegenüber in der King George V St steht das 16-stöckige **Metzudat Ze'ev**, benannt nach Ze'ev Jabotinsky (1880–1940), dem russischen Gründer des rechtskonservativen revisionistischen Zionismus. Hier ist das Hauptquartier der Likud-Partei. Es gibt auch ein kleines Jabotinsky Museum. Es präsentiert Leben und Weltbild des Zionisten, dessen Ideologie Freihandel, liberale Demokratie und extremen Nationalismus verband.

Metzudat Ze'ev
38 King George V Street
jabotinsky.org

→
Kunstinstallation mit Keramikblumen auf dem Areal des Eretz Israel Museum

19

Eretz Israel Museum
F1 2 Haim Levanon, Ramat Aviv +972 3 641 5244 Mo, Mi, Sa 10–16, Di, Do 10–20, Fr 10–14
jüdische Feiertage
eretzmuseum.org.il

Das Museum wurde an der Ausgrabungsstätte Tel Qasile errichtet, wo man Spuren menschlicher Behausungen von 1200 v. Chr. fand. Gezeigt werden Geschichte und Kultur Israels.

Das Museum umfasst einige Themenpavillons mit Dauerausstellungen. In einem davon gibt es eine Glassammlung aus der islamischen Ära. Andere präsentieren Münzen, antike Keramik, Judaica, Kupferabbau und Postwesen oder bieten Vorführungen antiker Handwerkskünste.

Im Oktober 2014 wurde eine Kunstinstallation mit dem Titel »Blossoming with Age« eröffnet. Sie besteht aus ungefähr 10 000 Keramikblumen, die von Hunderten israelischer Senioren im ganzen Land angefertigt wurden. Sie bilden unter den Bäumen und Büschen auf dem Gelände des Museums einen farbenfrohen Blumengarten.

Auf einem Platz kann man alte Mosaikböden aus Synagogen, Kirchen und Moscheen bestaunen. Es gibt zudem eine alte Ölpresse, eine rekonstruierte Mühle und ein Feuerwehrauto (1925), ein Geschenk der Stadt New York von 1947 an die Freiwillige Feuerwehr Tel Aviv.

20
Nachalat Binyamin
D4

Nachalat Binyamin, das zweite alte Viertel Tel Avivs (das erste lag um die nahe Herzl Street) entstand Ende 1909. Heute bildet es eine Fußgängerzone mit Gebäuden aus den 1920er Jahren, die klassische, maurische und Jugendstil-Elemente aufweisen. Hier stößt man auf viele unterschiedliche Restaurants, Bars und Läden, zweimal pro Woche, dienstags und freitags, findet ein farbiger (Kunst-)Handwerksmarkt statt.

In der Nähe von Nachalat Binyamin liegt das Jemenitische Viertel (Kerem HaTeymanim) mit dem Carmel Market. Sein Gassenlabyrinth entstand – wie das von Nachalat Binyamin – vor Tel Avivs Bauleitplan, der 1925 vom schottischen Planer Sir Patrick Geddes unter Bürgermeister Meir Dizengoff angefertigt wurde.

Shopping

Nachalat Binyamin Arts and Crafts Fair
Der (Kunst-)Handwerksmarkt findet zweimal die Woche statt – mit Ständen der Künstler selbst. Hier findet man interessante Geschenke, besondere Souvenirs, aber auch jüdische Zeremonialobjekte.

D3 Nachalat Binyamin St Di, Fr 10–16:30 / 17 (Sommer: bis 17 / 18)
nachlat-binyamin.com

Exponate zur jüdischen Geschichte im ANU – Museum of the Jewish People

Spaziergang durch Alt-Jaffa

Länge 1,5 km **Dauer** 25 Min. **Bus** Flea Market / Yefet

Laut Bibel wurde Jaffa (damals Joppa, heute: Yafo) nach der Sintflut von Noahs Sohn Japheth gegründet. Archäologen fanden Stücke, die bis ins 20. Jahrhundert v. Chr. zurückgehen und darauf hindeuten, dass Jaffa zu den ältesten Häfen der Welt gehört. Mit zunehmender Bedeutung von Tel Aviv geriet Jaffa, das unter den Osmanen seine Blütezeit erlebte, in Vergessenheit. Nach dem israelischen Sieg im Krieg von 1948 wurde es der neuen Stadt im Norden zugeschlagen. Die Altstadt erlebt inzwischen eine Blüte mit vielen Restaurants und Läden.

Der **Ha-Pisga-Garten** liegt auf der Spitze des alten »Tel« (Hügel) von Jaffa.

Im **Ha-Pisga-Amphitheater** finden im Sommer Konzerte statt.

START

ZIEL

Die **Mahmoudiya-Moschee** von 1812 wird noch genutzt.

Sabil (Trinkbrunnen, 19. Jh.)

MIFRAZ SHLOMO

HA-ALIYAH HA-SHNIYA

Napoleonische Kanonen

Die **Meeresmoschee** war das Gotteshaus einheimischer Fischer.

← *Dekorative Fassade der Mahmoudiya-Moschee aus dem 19. Jahrhundert*

→ Das Künstlerviertel mit Ateliers, Galerien und Wohnhäusern

Zur Orientierung
Siehe Karte S. 170f

Der Stadtteil mit den dicht gedrängten arabischen Häusern und engen Kopfsteinpflastergassen wurde in ein **Künstlerviertel** umgewandelt.

Ha-Simta Theatre

Ilana Goor Museum of Ethnic and Applied Art

Synagoge

Schon gewusst?

Für die Mahmoudiya-Moschee wurden römische Säulen aus Caesarea *(siehe S. 190f)* verbaut.

Im **Haus von Simon dem Gerber** soll der Apostel Petrus gelebt haben (Apostelgeschichte 9, 43).

Unterhalb des malerischen Kedumim Square liegt das **Besucherzentrum** mit Exponaten aus der Römerzeit.

Die kleine griechisch-orthodoxe **St. Michaelskirche** stammt aus dem 19. Jahrhundert.

Das **Kloster St. Peter** wurde im Barockstil Lateinamerikas errichtet.

Das **Kloster St. Nikolaus** (um 1667) wird noch immer von der armenischen Gemeinde Jaffas genutzt.

Die **Wishing Bridge** soll jeden Wunsch erfüllen, wenn man sie überquert und dabei die Statue seines Tierkreiszeichens berührt.

0 Meter 50

→ Ein überwölbtes Gässchen führt zur St. Michaelskirche

Haifas Baha'i-Park an den Ausläufern des Bergs Karmel (siehe S. 192)

Mittelmeerküste und Galiläa

Schon seit über 500 000 Jahren gibt es in dieser Region menschliches Leben. Auf den westlichen Hängen des Bergs Karmel wurden zahlreiche prähistorische Artefakte entdeckt. Zur Zeit der Pharaonen und Phönizier war die Gegend Teil eines Handelsnetzwerks: Die Häfen an der Mittelmeerküste verbanden das Heilige Land mit Imperien jenseits des Meers, Karawanen zogen auf der Via Maris Richtung Süden nach Ägypten und Richtung Nordosten nach Damaskus. Um 720 v. Chr. wurde das Nordreich Israel von den Assyrern zerstört, doch danach erblühte in Galiläa wieder jüdisches Leben während der Zeit des Zweiten Tempels (538 v. Chr. – 70 n. Chr.).

Jesus von Nazareth wuchs im 1. Jahrhundert n. Chr. in dieser Gegend auf, später predigte er in den Dörfern um den See Genezareth. Nach der Zerstörung des Zweiten Tempels durch die Römer (70 n. Chr.) wurde Galiläa zum Zufluchtsort von Juden, die aus dem einstigen Südreich Juda vertrieben wurden.

In der byzantinischen Ära waren die Einwohner mehrheitlich Christen, im Mittelalter war die Region ein Fürstentum der Kreuzfahrer mit der Hauptstadt Akko. Dann fiel sie unter arabisch-muslimische Herrschaft. Die fruchtbaren Küstenebenen und das Hügelland Galiläas zogen im 19. Jahrhundert jüdische Einwanderer aus Europa an. Heute leben hier Juden, Muslime, christliche Araber und Drusen.

Mittelmeerküste und Galiläa

Highlights
1. Caesarea
2. Haifa und Berg Karmel
3. Akko
4. Nazareth
5. See Genezareth
6. Bet She'an

Sehenswürdigkeiten
7. Megiddo
8. Safed
9. Golanhöhen
10. Tiberias
11. Hula Nature Reserve
12. Burg Belvoir
13. Bet Alpha
14. Zichron Ja'akov
15. Berg Tabor
16. Dan Nature Reserve
17. Hamat Gader
18. Bet She'arim
19. Sepphoris
20. Rosh HaNikra
21. Upper Galilee Museum of Prehistory

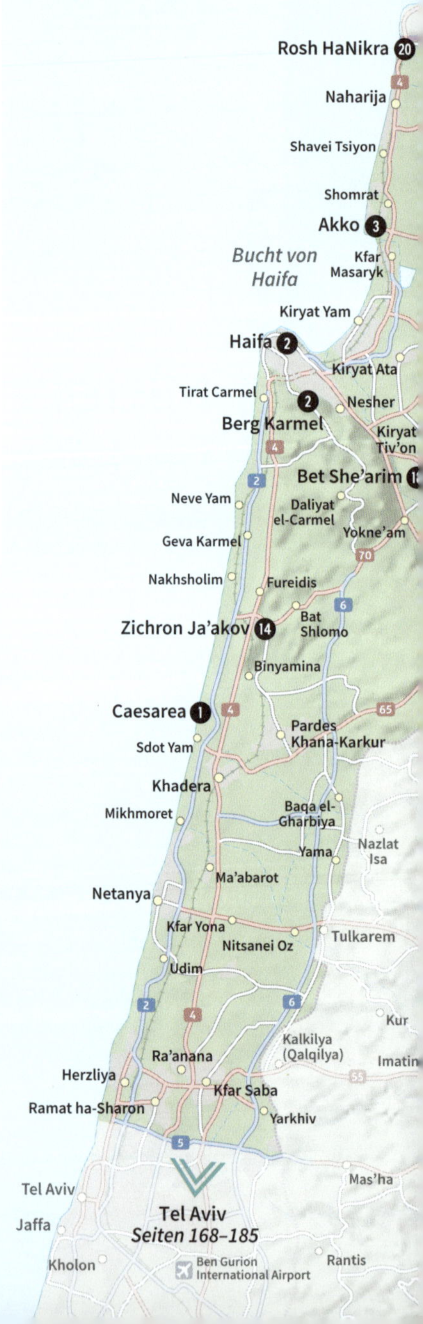

Schon gewusst?
Pontius Pilatus (der Jesus kreuzigen ließ) war im 1. Jahrhundert n. Chr. Präfekt von Caesarea.

Caesarea

B2 Nahe Road 2, 55 km nördl. von Tel Aviv 76 und 77 von Khadera
+972 4 626 7080 Sommer: Sa – Do 8 –17 (Fr bis 16); Winter: Sa – Do 8 –16 (Fr bis 15); vor Feiertagen: bis 13 parks.org.il

Caesarea Maritima gehört zu den bedeutendsten archäologischen Stätten Israels. Herodes der Große ließ die prächtige Hafenstadt bauen und weihte sie Kaiser Augustus. Die faszinierenden Ruinen aus der Römerzeit umfassen ein spektakuläres Theater, ein Hippodrom und den antiken Hafen.

29 – 22 v. Chr., auf dem Zenit seiner Macht, ließ Herodes der Große eine prächtige Stadt oberhalb von einem alten phönizischen Hafen bauen. Die Blütezeit von Caesarea dauerte bis 614, danach wurde die politische Situation instabil. Während der Kreuzzüge (frühes 12. Jh.) gewann Caesarea erneut an Bedeutung als Hafen. Im späten 13. Jahrhundert wurde es von den Mamluken zerstört. Die meisten Gebäude verfielen und wurden vom Sand überdeckt. Übrig blieb ein kleines arabisches Dorf. Erst in den 1940er Jahren erkannte man die Bedeutung der verborgenen Ruinen.

Viele Fundorte liegen im Caesarea National Park. Vom Eingang aus sieht man das renovierte Theater mit 4000 Plätzen. Etwas weiter westlich auf einem kleinen Küstenvorgebirge weist eine Gruppe halb verdeckter Mauern darauf hin, dass hier einst Herodes' Palast stand. Im Landesinneren finden sich die Ruinen eines der größten römischen Hippodrome. An der Küste unweit des inneren Hafens steht die Kreuzfahrerzitadelle (um 1250). Der Bereich wird von den Überresten der wesentlich längeren Kreuzfahrermauer umschlossen. Innerhalb dieser Ruinen liegt der Underwater Archaeological Park. In den vier Arealen können Taucher sehen, wie der alte Hafen gebaut wurde. Zudem gibt es Schiffswracks.

Nördlich der antiken Stadt steht ein römischer Aquädukt aus herodianischer Zeit. Über die mehr als 17 Kilometer lange Leitung transportierte man Wasser von den Ausläufern des Bergs Karmel nach Caesarea. Südlich davon befindet sich das Caesarea Museum mit interessanten Artefakten der Stätte.

Highlight

> **Expertentipp**
> **Konzerte**
>
> Zur Römerzeit strömten Einheimische und Seeleute in Caesareas halbrundes Theater, um Tragödien und Komödien zu sehen. Heute dient die antike Bühne (die oft fälschlich als Amphitheater bezeichnet wird) als Ort für Pop- und Rockkonzerte von israelischen und internationalen Künstlern. Hier findet auch jährlich das Caesarea Jazz Festival mit internationalen Acts statt.

←

Malerische Ruinen: der römische Aquädukt am Caesarea Beach

1 *Ideal für den Sonnenuntergang: der alte Hafen mit seinen Cafés und Restaurants*

2 *Im Underwater Archaeological Park gibt es Schiffswracks mit Fracht und antike Anker.*

3 *Das gotische östliche Torhaus der Kreuzfahrerstadt besitzt ein Kreuzrippengewölbe.*

Die terrassierte Baha'i-Gartenanlage mit Blick über Haifa und die Bucht

Haifa und Berg Karmel

B2 95 km nördl. von Tel Aviv 48 Ben Gurion Avenue +972 4 853 5606 visit-haifa.org

Haifa ist Israels drittgrößte Stadt (281 000 Einwohner, Großraum: 600 000). Sie wurde um den Berg Karmel errichtet. Der einst kleine verschlafene Handelshafen erwachte, als 1868 deutsche Christen, Angehörige der Tempelgesellschaft, einwanderten und moderne europäische Technologie mitbrachten. Heute ist Haifa ein wichtiger Industriestandort und stolz auf die friedliche arabisch-jüdische Koexistenz. Die Stadt ist Standort einer renommierten Universität mit Fokus auf Technologie und Forschung.

①   Baha'i-Park und Schrein des Bab

Ha-Ziyonut St +972 4 831 3131 tägl. (Schrein: nur vormittags) 1 Monat im Sommer (siehe Website) ganbahai.org.il

Haifa ist seit 1909 für die Anhänger des Baha'i-Glaubens ein heiliger Ort. Damals wurde ihr Religionsgründer Bab (der 1850 im Iran exekutiert worden war) hier beigesetzt. Sein Grab, ein Schrein mit vergoldeter Kuppel (1953), steht inmitten terrassierter (»hängender«) Gärten mit verblüffenden Ausblicken auf die Bucht von Haifa – die Anlage ist seit 2008 UNESCO-Welterbe.

Touren durch die blühenden Terrassengärten beginnen einen Kilometer nördlich des Carmel Center, entlang der Yefe Nof Street, und dauern 45 Minuten. Reservierungen sind nicht erforderlich, doch es ist sinnvoll, etwa eine halbe Stunde vor Beginn der Führung da zu sein. Bitte kleiden Sie sich dezent (Schultern und Knie sollten bedeckt sein).

> **Schöne Aussicht**
> **Bucht von Haifa**
> Für exzellente Ausblicke über die Bucht gehen Sie die Yefe Nof Street vom Gan-Ha'Em-Park im Carmel Center nach Norden zur Aussichtsplattform des Baha'i-Parks (Nr. 61).

② Carmel Center

Die Gegend um die obere Station von Haifas nur sechs Stationen langer Karmelit Metro (de facto eine Standseilbahn) ist als Carmel Center bekannt. Hier findet man viele Cafés und Restaurants, von der nahen Yefe Nof Street genießt man fantastische Ausblicke aufs Mittelmeer. Weitere Attraktionen sind der Gan-Ha'Em-Park, der angrenzende Zoo und zwei exzellente Museen: das **Tikotin Museum of Japanese Art** mit einer Sammlung japanischer Artefakte und das **Mané-Katz Museum** mit Werken von Emmanuel Mané-Katz, einem in Russland geborenen Maler, der mit der École de Paris verbunden war.

Tikotin Museum of Japanese Art
- 89 HaNasi Avenue
- +972 4 838 3554
- Di–So 10–16, Fr 10–14
- Feiertage
- tmja.org.il

Mané-Katz Museum
- 89 Yefe Nof St
- +972 4 911 9372
- So–Mi 10–16, Do 14–19, Fr 10–13, Sa 10–15
- Feiertage
- mkm.org.il

③
Stella Maris
- Stella Maris St
- tägl. 8–12:30, 15–18
- carmelholylanddco.org

In Kreuzfahrerzeiten wurde am Berg Karmel der katholische Karmeliterorden gegründet. Sein spiritueller Vater war der Prophet Elias. Das Karmeliterkloster Stella Maris am Nordhang des Bergs erreicht man nach einem steilen Aufstieg von der Elias-Grotte *(siehe S. 195)*. Von Bat Galim fährt auch die Karmelit-Standseilbahn zum Kloster, das eine schöne Kirche (1836) besitzt.

④
Wadi Nisnas

Seit der britischen Mandatszeit hat sich Haifa stark verändert, doch das christlich-arabische Viertel Wadi Nisnas sieht noch aus wie vor 1948, mit niedrigen Häusern, schmalen Gassen, kleinen Läden und Markt. In der HaWadi Street konkurrieren zwei Falafel-Lokale – HaZ'kenim (Nr. 18) und Michelle (Nr. 21) – miteinander, beide verkaufen mit die besten Pita-Füllungen der Stadt. Westlich liegt das arabisch-jüdische Kulturzentrum **Beit HaGefen**, das den interreligiösen Dialog fördert und arabische Kunstausstellungen und Kindertheater auf Arabisch veranstaltet. Auch im Angebot: Stadtführungen.

Beit HaGefen
- 2 HaGefen St
- tägl. 10–15 (Fr, Sa bis 13)
- Feiertage
- beit-hagefen.com

> *Highlight*
>
> ### Bauhaus in Haifa
>
> Die britische Mandatsverwaltung stellte sich vor, dass Haifas Hafen die Levante versorgen sollte. Das umliegende Areal wurde daher in den 1930er Jahren entwickelt. Heute ist vieles heruntergekommen, doch der Modernismus ist noch sichtbar. Bauhaus-Gebäude findet man um die Herzl Street in Hadar HaCarmel und um Carmel Center.

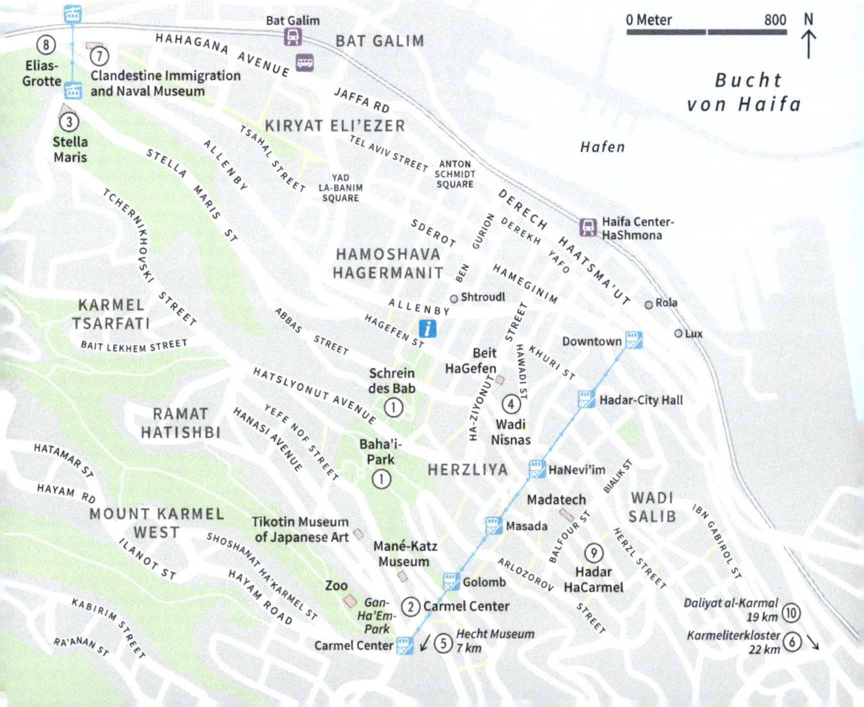

⑤ Hecht Museum

🏠 199 Abba Hushi Avenue, Haifa University ☎ +972 4 825 7777 🕘 So–Do 10–16 (Di bis 19), Fr 10–13, Sa 10–14 jüdische Feiertage 🌐 mushecht.haifa.ac.il

In dem Archäologiemuseum ist der Rumpf eines Handelsschiffs ausgestellt, das vor 2400 Jahren nahe dem Kibbuz Ma'agan Micha'el sank. Sehenswert sind die Siegel und jüdischen Münzen aus biblischer Zeit. Die Dauerausstellung bietet eine gute Einführung in die Seefahrergeschichte der Phönizier. Die Ghez Collection zeigt Werke von 18 Pariser Künstlern, die beim Holocaust starben.

⑥ Karmeliterkloster

🏠 22 km südöstl. von Haifa 🕘 tägl. 9–17 🌐 muhraqa.org

Das Kloster heißt auf Arabisch Al-Mukhraka (»Ort des Feuers«). Es steht an dem Ort, wo die Auseinandersetzung zwischen dem Propheten Elias und den Priestern des Baals (1. Könige 18) stattgefunden haben soll. Wie das Kloster Stella Maris *(siehe S. 193)* wird es von den Karmelitern geführt. Besucher können eine kleine Kapelle aus dem Jahr 1883 besichtigen. Den Panoramablick sollte man sich nicht entgehen lassen.

⑦ Clandestine Immigration and Naval Museum

🏠 204 Allenby Rd ☎ +972 4 853 6249 🕘 So–Do 10–14 🚫 jüdische Feiertage

Highlight der Ausstellung ist *Af Al Pi Chen* (»nichtsdestotrotz«), ein umgebautes Landungsboot der kanadischen Marine, das für heimliche Einwanderungsoperationen während der britischen Mandatszeit *(siehe S. 52f)* genutzt wurde. Es wurde 1947 von der Royal Navy gestoppt, als es versuchte, 435 jüdische Flüchtlinge aus Europa ins britische Palästina zu schmuggeln.

Das Museum erläutert auch die ereignisreiche Geschichte der israelischen Marine mit Exponaten wie dem ägyptischen Zerstörer *Ibrahim Al-Awal*, der 1956 beschlagnahmt wurde, dem Kommandoturm der INS *Dakar*, einem israelischen U-Boot, das sich 1968 der Verfolgung durch die englische Marine entzog, und dem U-Boot INS *Gal*, ein Bautyp von 1976.

Konzept der Koexistenz

Haifa ist stolz auf seine vielfältigen Einwohner – jüdische Flüchtlinge und deren Nachkommen, christliche und muslimische Palästinenser, Juden aus der früheren UdSSR, Ahmadi-Muslime, ultraorthodoxe Juden, Drusen und Baha'i-Anhänger. Sie alle kommen seit Langem friedlich miteinander aus. Der jährliche »Feiertag der Feiertage« im Dezember wird von allen Religionen gefeiert.

↑ *Blick vom Karmeliterkloster auf dem Rücken des Bergs Karmel über die Jezreel-Ebene*

Highlight

Restaurants

Rola
Das Rola in der rauen Hafengegend ist für raffinierte Versionen von klassischen Gerichten aus Syrien und dem Libanon bekannt. Einige davon werden im traditionellen *tabun* (Brotbackofen aus Lehm) zubereitet.

🏠 33 HaNamal St
📞 +972 4 838 3866
🕐 Mo – Sa 2 – 24

Shtroudl
Trotz des Wienerisch klingenden Namens ist das Shtroudl im Herzen der Restaurantmeile des deutschen Viertels auf leichte, aber schmackhafte Versionen traditioneller arabischer Gerichte sowie auf italienische Klassiker wie Focaccia und Pasta spezialisiert. Es gibt auch gute Frühstücksangebote.

🏠 39 Ben Gurion Ave
🕐 tägl. 9 – 23:30
🌐 shtroudl.rest.co.il

Lux
Küchenchefin Allaa Moussa nutzt europäische Techniken, die sie in ihrer Zeit in schwedischen Sterne-Restaurants kennenlernte, um lokale Produkte von Top-Qualität (darunter frisches Seafood aus Akko) in moderne arabische Gerichte zu verwandeln.

🏠 13 HaNamal St
🕐 So – Do 17– 24, Fr, Sa 12:30 – 24
🌐 lux13.rest.co.il

⑧ Elias-Grotte
🏠 227 Allenby St 📞 +972 4 852 7430 🕐 Sommer: So – Fr 8 –18 (Fr bis 13); Winter: So – Fr 8 –17 (Fr bis 13)
🚫 Feiertage

In der Grotte auf dem Berg Karmel – sie ist Christen, Muslimen und Drusen heilig – soll sich der Prophet Elias vor dem israelischen König Ahab (9 Jh. v. Chr.) versteckt haben. Die 14 Meter lange Grotte ist in der Mitte nach Frauen und Männern unterteilt. Vor allem (sephardische) Juden stecken Gebete in die Wände und beten für Kranke (insbesondere geistig Kranke).

⑨ Hadar HaCarmel
Das Viertel heißt bei den Einheimischen einfach Hadar. Es wurde von Juden der Mittelklasse in den 1920er Jahren errichtet und war von den 1930er bis zu den 1960er Jahren Haifas Hauptgeschäftsviertel. Heute kann man hier günstig einkaufen. Die Einwohner sind multikulturell, darunter Einwanderer aus der früheren Sowjetunion (36 %), Araber (24 %), chassidische Juden und philippinische Altenpfleger. Der Bauboom der 1930er Jahre segnete Hadar mit vielen Bauhaus-Gebäuden. Der alte Campus des Technion (Technische Universität) von 1925 beherbergt nun das Madatech, Israels Nationalmuseum für Wissenschaft, Technologie und Raumfahrt.

↑ *Stilles Gebet in der Elias-Grotte auf dem Berg Karmel*

⑩ Daliyat al-Karmal
🏠 Route 672, 19 km südöstl. von Haifa

Auf dem Karmel liegt das größte israelische Drusendorf. Die Einwohner nennen es Daliya. Beit Oliphant (19. Jh.) wurde als Sommerresidenz für Sir Lawrence Oliphant (einen frühen christlichen Zionisten) errichtet, heute ist es ein israelisches Nationaldenkmal, das der gefallenen drusischen Soldaten gedenkt, die in der israelischen Armee dienten. Der nahe Schrein von Abu Ibrahim ehrt den Gründer (11. Jh.) des Drusentums. In Daliyas Hauptstraße gibt es nahöstliche Lokale sowie Läden, die drusische Textilien verkaufen.

Akkos malerischer alter Hafen ist tagsüber ein beliebter Hotspot

❸
Akko

🅰 B1 👥 48 000 📍 100 km nördl. von Tel Aviv 🚆 David Remez St 🚌 Ha-Arbaa St ℹ 1 Weizmann St 📞 +972 4 995 6707 🌐 akko.org.il

Akko hat – neben Jerusalem – die vollständigste Altstadt des Heiligen Landes, sie ist UNESCO-Welterbe. Ihre Ursprünge reichen bis in griechische Zeit zurück. Kreuzfahrer und Araber prägten den Ort auch architektonisch. Die heutigen Gebäude stammen größteils aus osmanischer Zeit (18. Jh.).

①
Kreuzfahrerstadt

🏠 1 Weizmann St 🕐 Sommer: tägl. 8:30–17; Winter: tägl. 8:30–16 (Fr 15) 🌐 akko.org.il

Nach der Eroberung Akkos durch die Kreuzritter bauten die Hospitaliter (ein militärischer Mönchsorden, der Kranke betreute) 1191 diesen riesigen Komplex als Hauptquartier. Man kann sich gut das Klirren der Ritterrüstungen vorstellen und den Lärm der Pilger, wenn man durch die gut erhaltenen Säle geht. Darunter befindet sich ein Gewölbe-Refektorium mit einer von vier massiven Säulen getragenen Decke.

②
Hammam al-Pasha

🏠 Nahe El-Jazzar St 📞 +972 4 995 1088 🕐 Sommer: tägl. 8:30–17; Winter: tägl. 8:30–16 (Fr 15)

Dies ist kein normales Museum: Das ehemalige türkische Bad entstand 1780 unter dem osmanischen Gouverneur Ahmed Pasha El-Jazzar (daher der Name Hammam al-Pasha, »Badehaus des Gouverneurs«).

Das gut erhaltene Bad war bis in die 1940er Jahre in Benutzung. Böden und Wände sind mit verschiedenfarbigem Marmor ausgekleidet. Am Brunnen im »kalten Raum«, wo die Gäste nach dem Bad ruhten, blieb der größte Teil des schönen Majolika-Schmucks erhalten. Eine audiovisuelle Show präsentiert die Geschichte von Akko und das Leben eines typischen Hammam-Besuchers.

③
Templertunnel

🏠 Eingänge: Khan al-Umdan und Leuchtturm 🕐 Sommer: tägl. 8:30–17; Winter: tägl. 8:30–16 (Fr 15) 🌐 akko.org.il

Die Templer wurden beim Ersten Kreuzzug gegründet und verbanden Ritter- mit Mönchstum. Als sie 1187 von Saladin aus Jerusalem vertrieben wurden, bauten sie

> ### Akkos Baha'i-Gärten
> Bahá'u'lláh (1817–1892), Gründer der Baha'i-Religion, verbrachte seine letzten Jahre im Mansion of Bahjí (4 km nordöstl. der Altstadt). Er wurde in der Nähe begraben. Heute ist sein Haus ein Schrein, umgeben von prachtvollen Gärten (www.ganbahai.org.il).

Restaurants

Uri Buri

Küchenchef Uri Jeremias, bekannt als Uri Buri, ist wegen seines minimalistischen Kochstils berühmt, der den produkteigenen Geschmack von Seafood hervorhebt. Unbedingt probieren: Wasabi-Sorbet.

🏠 Ha-Hagannah St
📞 +972 4 955 2212
🕐 tägl. 12 – 24

El Marsa

Allaa Moussas Gerichte basieren auf arabischen Rezepten aus Galiläa, haben aber einen europäischen Touch. Vom Speisesaal blickt man auf den Hafen.

🏠 13 Nemal HaDayagim
📞 +972 4 901 9281
🕐 tägl. 12 – 24

ihr Hauptquartier in Akko wieder auf. Der 350 Meter lange Tunnel verband ihre Festung (im Westen) mit dem Hafen (im Osten).

④

El-Jazzar-Moschee

🏠 El-Jazzar St 📞 +972 4 991 3039 🕐 tägl. 🕐 bei Gebeten

Nach seiner Zerstörung 1291 war Akko 400 Jahre lang eine Ruinenstadt. Unter der Herrschaft des Emirs Dahr el-Omar und seines Nachfolgers Ahmed Pasha El-Jazzar (»Metzger«), die die Stadt in der zweiten Hälfte des 18. Jahrhunderts für die Osmanen regierten, erlebte Akko eine neue Blüte.

Vor allem El-Jazzar war ein großer Bauherr. Ihm ist die schöne, in türkischem Stil erbaute Moschee von 1781 zu verdanken, die immer noch das Bild der Altstadt prägt. Ihr Hof enthält Säulen der römischen Ruinen von Caesarea und in der Mitte einen kleinen, hübschen Brunnen für rituelle Waschungen. Im Inneren befinden sich die Sarkophage von El-Jazzar und seinem Sohn. Darunter sind Überreste einer Kreuzfahrerkirche zu sehen, die El-Jazzar zur Zisterne umfunktionieren ließ.

⑤

Zitadelle (Underground Prisoners Museum)

🏠 Nahe Ha-Hagannah St
📞 +972 4 991 1375 🕐 So – Do 8:30 – 16:30 🕐 Feiertage

Akkos Zitadelle erbauten die Osmanen auf Fundamenten der Kreuzfahrer. Später diente sie als türkisches und britisches Gefängnis. Während der Mandatszeiten saßen hier jüdische Aktivisten und Milizen ein, neun von ihnen wurden gehängt. Das vom Verteidigungsministerium geführte Underground Prisoners Museum in der Zitadelle (bitte Pass mitbringen) zeigt Objekte der Gefangenen und erläutert ihr Leben im Gefängnis sowie einen waghalsigen Ausbruch 1947.

⑥

Souk und Khans

🏠 Altstadt 🕐 Souk: tägl. 7 – 18

Im Labyrinth von Akkos altmodischem Souk (Markt) kaufen die Einheimischen Obst, Gemüse und Fisch sowie nahöstliche Gewürze und Süßigkeiten. In den Nebenstraßen sieht man einige osmanische Khans (Händlerherbergen). Der Khan al-Umdan ist leicht an seinem Glockenturm zu erkennen, der Khan al-Shawarda beherbergt heute Cafés und Restaurants.

Die katholische Verkündigungsbasilika in modernem Design und massiver Bauweise

❹ Nazareth

C2 78 000 105 km nordöstl. von Tel Aviv
Casa Nova Rd +972 4 610 6611 visitnazareth.co.il

Israels größte arabische Stadt ist als Ort der Verkündigungskirchen und der Kindheit Jesu bekannt. Heute ist sie eine beliebte Pilgerstätte. Die wichtigsten christlichen Kirchen stehen in der Altstadt – mitten in einem Gassengewirr, das auch den Souk beherbergt.

① Altes Badehaus
Mary's Well Square
Mo–Sa 9–17
nazarethbathhouse.org

Das römische Badehaus wurde in den 1990er Jahren zufällig entdeckt. Es enhält *caldarium* (Dampfbad), *hypocaustum* (Heizraum) und *praefurnarium* (Feuerstelle). Das Wasser kam wohl aus dem nahen Marienbrunnen. Es gibt Touren mit Erfrischungen. Über den Ruinen befindet sich die Cactus Gallery, ein Laden, der qualitatives palästinensisches (Kunst-)Handwerk verkauft.

② Griechisch-orthodoxe Verkündigungskirche
Church Square
Mo–Sa 7–12, 13–17

Nach griechisch-orthodoxer Tradition war die Quelle unter der Kirche der Ort, an dem der Erzengel Gabriel der Jungfrau Maria verkündete, dass sie die Mutter von Jesus Christus werden würde (Lukas 1, 27–35).

Der heutige Kirchenbau stammt aus den 1760er Jahren, doch es gab wohl schon in byzantinischer Zeit an der Stelle eine Kirche.

Café
Abu Ashraf

Das traditionelle arabische Café wird für seine *katayif* (Zimt-Walnuss- oder Käsepfannkuchen), den mit Kardamom versetzten Kaffee und die vegetarischen Salate gerühmt.

Diwan al-Saraya, Altstadt +972 4 657 8697 So

③ Verkündigungsbasilika
Al-Bishara St Basilika: tägl. 8–18; Grotte: tägl. 5:45–21 nazareth-en.custodia.org

Die katholische Kirche sieht den Ort der Verkündigung an der Stelle, an der diese riesige moderne Kirche steht. Hier soll Maria ihre Kindheit und Jugend verbracht haben. Die 1969 ge-

weihte Basilika ist mit Marienbildern dekoriert.

In der unterhalb liegenden Grotte haben Grabungen die Überreste der Vorgängerkirchen aus byzantinischer und Kreuzfahrerzeit freigelegt.

④
Weiße Moschee
🅐 Souk, Altstadt 🕒 tägl. 9–19 🚫 So vormittag

Die älteste Moschee der Stadt hat eine lange Tradition im interreligiösen Dialog. Sie wurde von 1785 bis 1812 errichtet, ihre weiße Farbe symbolisiert Reinheit, Licht und religionsübergreifende Harmonie. Außerhalb der Gebetszeiten sind Besucher willkommen. Das Büro am anderen Ende des Innenhofs hält Kopfbedeckungen für Frauen bereit.

⑤
Souk
🅐 Market Square 🕒 Mo– Sa 8–15

Der Souk in der Altstadt ist für die Einheimischen die Hauptquelle für frisches Obst und Gemüse, Gewürze und günstige Haushaltswaren. Die sich windenden Gänge sind voller Stände. Es gibt auch Handwerkerläden sowie einige Lokale – eines von ihnen verkauft preisgünstige Pita-Pizza.

Highlight

↑ *Olivenverkäufer im Souk, Nazareths buntem Zentralmarkt*

⑥
Centre International Marie de Nazareth
🅐 15 Al-Bishara St 🕒 Mo– Sa 9–12, 14:30–17 🌐 cimdn.org

Der 2012 eröffnete Komplex soll die Aussöhnung unter den christlichen Kirchen befördern. Besucher können die archäologischen Ausgrabungen besichtigen, eine Multimedia-Show zu Jesus und Maria sehen und die Ausblicke vom Dachgarten genießen.

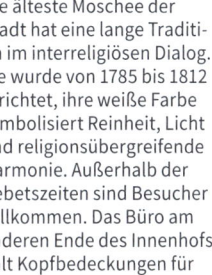

Sonnenaufgang über dem See Genezareth, dem »Galiläischen Meer«

❺
See Genezareth

📍 C1–2 📍 135 km nordöstl. von Tel Aviv 🚍 von Tel Aviv und Jerusalem 🚌 nur Gruppen von Tiberias zum Kibbuz Ein Gev (+972 4 665 8008) ⛵ Jesus Boats, Tiberias (www.jesusboats.com), Lido Kinneret Sailing Co., Tiberias (+972 4 671 0800) ℹ️ 39 HaBanim St, Tiberias 📞 +972 4 672 5666

Seit biblischer Zeit ist der See berühmt für seinen Fischreichtum. Jesus predigte an den Ufern. Heute ist die Gegend mit ihrem faszinierenden Mix aus historischen und religiösen Stätten sowie Outdoor-Angeboten ein beliebtes Reiseziel.

①
Magdala
📍 Midgal Junction, Route 90 🕘 tägl. 8–18 🌐 magdala.org

Das Fischerdorf war die Heimat Maria Magdalenas und die wichtigste Siedlung am Westufer des Sees, bevor im 1. Jahrhundert Tiberias *(siehe S. 207)* gegründet wurde. Ausgrabungen haben eine Synagoge zutage gebracht. Sie stand schon zu Jesu Zeiten hier, was man aufgrund eines Münzenfunds (29 n. Chr.) datieren konnte. In der Synagoge befand sich der Stein von Magdala (eine Kopie ist ausgestellt), möglicherweise Teil eines Altars, der mit Abbildungen aus dem Zweiten Tempel – darunter einer siebenarmigen Menora – verziert war. Er wurde offensichtlich von jemand bearbeitet, der den Tempel besucht hatte, als dieser noch nicht zerstört war.

Die Ausgrabungsstätte ist Teil eines spirituellen Zentrums, das von den mexikanischen Legionären Christi geführt wird. Im Zentrum befindet sich Duc In Altum, eine moderne Andachtshalle mit sechs reich verzierten Kapellen.

②
Tabgha
📍 Route 87

In der schönen Nordwestecke des Sees, ein wenig nördlich von Tiberias, liegt Tabgha. Dies soll der Ort der Brotvermehrung (Speisung der Fünftausend) gewesen sein, wo Jesus die Menge mit nur fünf Broten und zwei Fischen satt machte. Heute erinnern zwei katholische Kirchen an dieses Wunder. Die Brotvermehrungskirche deutscher Benediktiner ist ein strenger Sakralbau, der 1982 auf den Ruinen (und Mosaiken) einer byzantinischen Kirche entstand. Ein

Highlight

12

Holzarten wurden für die Fertigung und Reparatur des antiken galiläischen Boots verwendet.

↑ *Überreste des galiläischen Boots aus dem 1. Jahrhundert n. Chr.*

paar Hundert Meter weiter nach Südosten steht am Seeufer die Peterskirche von 1933. Das von Franziskanern geführte Gotteshaus befindet sich ebenfalls an der Stelle eines byzantinischen Vorgängerbaus.

③

Antikes galiläisches Boot

Yigal Allon Center, Kibbuz Ginosar +972 4 672 7700 tägl. 8–17 (Fr bis 16)
yigal-allon-centre.org.il

Das Boot aus der Römerzeit wurde 1986 auf dem Boden des Sees Genezareth entdeckt. Es war durch den Schlamm geschützt worden. Nach der Radiokarbondatierung stammt es aus der Zeit von 100 v. bis 100 n. Chr. Zur Zeit Jesu kann es also auf dem See unterwegs gewesen sein. Das sogenannte Jesus-Boot wurde aus unterschiedlichen Holzarten und Holzzapfen gefertigt (und später auch repariert). Es hatte keinen sehr großen Tiefgang, sodass man auch in Küstennähe fischen konnte. Displays erläutern, wie das vom Wasser aufgequollene Boot – das laut einem Beobachter die Konsistenz eines in Kaffee getauchten Biskuits hatte – sorgfältig geborgen und konserviert wurde, bevor es 2000 ausgestellt wurde.

Galiläa in der jüdischen Geschichte

Im Alten Testament wird Galiläa (arabisch: Al-Jalīl) erstmals im Buch Josua 20, 7 erwähnt. In der Zeit nach König Salomon gehörte die Region zum Nordreich Israel, das um 720 v. Chr. von den Assyrern zerstört wurde. In der Zeit des Zweiten Tempels blühte allerdings das jüdische Leben in Galiläa wieder auf. Nach der Zerstörung des Tempels durch die Römer und dem Bar-Kochba-Aufstand im 1. und 2. Jahrhundert n. Chr. entwickelte sich Galiläa zum Ort jüdischer Gelehrsamkeit und Erneuerung. In der Region wurden Dutzende von Synagogen aus byzantinischer Zeit gefunden, einige von ihnen sind mit schönen Mosaiken verziert.

④ Berg der Seligpreisungen

🏠 Nahe Route 90　📞 +972 4 671 1223　🕒 tägl. 8–11:45 14–16:45

Auf dem Berg, 3,5 Kilometer nördlich von Tabgha, soll Jesus die Bergpredigt gehalten haben, die er mit den Seligpreisungen (Matthäus 5, 3–16) einleitete: »Selig, die arm sind vor Gott, denn ihnen gehört das Himmelreich.« Hier stand einst eine byzantinische Kirche (4. Jh.), die heutige Franziskanerkapelle stammt aus den 1930er Jahren. Sie wurde mit finanzieller Hilfe von Mussolini errichtet. Von den Gärten hat man schöne Ausblicke.

> **Schöne Aussicht**
> **Seeblick**
>
> Einen grandiosen Blick auf den See Genezareth mit Blumen und einer italienisierten Kapelle im Vordergrund und dem intensiv blauen Wasser dahinter genießt man vom Berg der Seligpreisungen.

⑤ Kapernaum

🏠 Route 87　📞 +972 4672 1059　🕒 tägl. 8–16:30

Kapernaum am Nordufer des Sees Genezareth war eine bedeutende Römerstadt auf der Route von Damaskus nach Ägypten und eines der Zentren von Jesu Wirken in Galiläa. Hier wohnten viele seiner Jünger, darunter auch Simon Petrus. An der faszinierenden archäologischen Stätte sind Häuser aus jener Zeit zu sehen, außerdem eine Kirche, die auf den angeblichen Ruinen des Hauses von Simon Petrus erbaut wurde. Nicht zuletzt befinden sich hier die Überreste einer Synagoge (4. Jh.).

⑥ Korazim National Park

🏠 Route 8277　📞 +972 693 4982　🕒 tägl. 8–17 (Fr bis 16; Winter: bis 16 bzw. 15)　🌐 parks.org.il

Laut Matthäus 11, 20–24 war Jesus über die Einwohner von Korazim (und diejenigen von Bethsaida und Kapernaum), die ihre Sünden nicht bereut hatten, so ungehalten, dass er sie verfluchte. Die ausgegrabenen Überreste der einst wohlhabenden Bergsiedlung sind zu besichtigen, darunter eine schöne Synagoge (um 400) aus hiesigem Basalt. Sie ist mit hellenistisch-jüdischen Elementen verziert, darunter Pflanzen, geometrische Muster, Tiere und menschliche Formen.

⑦ Kursi National Park

🏠 Route 92　📞 +972 673 1983　🕒 tägl. 8–17 (Fr bis 16; Winter: bis 16 bzw. 15)　🌐 parks.org.il

Der Nationalpark am Ostufer des Sees Genezareth soll der Ort des Schweinewunders gewesen sein (Matthäus 8, 28–32), bei dem Jesus die Dämonen aus einem Mann austrieb und diese in eine Schweineherde fuhren. Bei Ausgrabungen fanden sich eine Kirche mit Mosaiken und ein großes byzantinisches Kloster (Mitte 500). Beide wurden von eindringenden Sassani-

←

Kirche der Seligpreisungen mit schönen Bodenmosaiken (Detail)

Highlight

Christen lassen sich in Jardenit taufen

den (zweites persisches Großreich) 614 zerstört. Das Erdbeben von 749 vollendete das Vernichtungswerk.

⑧ Taufstätte von Jardenit
🏠 Kibbuz Kinneret 🕒 Sa–Do 8–17 / 18 (Fr bis 16) 🌐 yardenit.com

Niemand weiß, wo Jesus getauft wurde, doch es könnte bei Jardenit gewesen sein, etwa 700 Meter von der Stelle, wo der Jordan den See verlässt. Die beliebte Stätte hat Einrichtungen für Taufzeremonien, darunter Umkleidekabinen, ein Restaurant und einen Laden, der christliche Souvenirs anbietet. Falls Sie kein weißes Taufgewand haben (unter dem man einen Badeanzug trägt), können Sie sich eins ausleihen. Auf armenischen Fliesen sind die Verse von Markus 1, 9–11 in über 100 Sprachen zu lesen.

Degania Alef – der erste Kibbuz

1910 gründeten osteuropäische Juden in Degania den ersten Kibbuz auf Land, das sie fünf Jahre früher erworben hatten. Sie wollten eine Agrarkooperative errichten, in der die Grundsätze von Gleichheit und Unabhängigkeit galten – wobei bestimmte Kennzeichen der Kibbuzim, etwa gemeinsame Mahlzeiten oder »Kinderhäuser«, wohl eher den pragmatischen Herausforderungen als der Ideologie geschuldet waren. Obwohl die frühen Kibbuzniks an die Geschlechtergleichstellung glaubten, endeten Frauen dennoch oft in der Küche und bei der Betreuung der Kinder.

Bet She'an

◬ C2 🏛 Bet She'an 🚌 von Tiberias 📞 +972 4 658 7189 🕐 Sa – Do 8 –17 (Fr bis 16; Winter: bis 16 bzw. 15) 🌐 parks.org.il

Faszinierende Ruinen: Bet She'an ist die am besten erhaltene Römerstadt in Israel, sie ist vor allem für ihre Kolonnadenstraßen und das halbrunde, 7000 Sitze umfassende Theater bekannt. 749 wurde sie von einem Erdbeben getroffen, einige der Steine auf dem Areal liegen noch so, wie sie damals herunterfielen.

Bet She'an war schon vor über 6000 Jahren bewohnt. Im 15. Jahrhundert v. Chr. war die Stadt ein ägyptisches Verwaltungszentrum, im 12. Jahrhundert v. Chr. wurde sie kanaanitisch, dann israelitisch. Als hellenistisch-römisches Skythopolis erreichte sie ihren Zenit. Sie war Mitglied der Dekapolis (einer Gruppe von zehn levantinischen Stadtstaaten unter Rom) und daher mit imposanten öffentlichen Gebäuden ausgestattet, darunter Tempel, Badehäuser und öffentliche Toiletten. In byzantinischer Zeit wurde das Christentum eingeführt, doch die Stadt beherbergte auch Juden und Samaritaner. Von Mitte März bis Oktober finden nach Einbruch der Dunkelheit die She'an Nights, eine spektakuläre Multimedia-Show, statt.

Besucher in den Überresten des Badehauses →

Die bemerkenswert gut erhaltenen Ruinen der Römerstadt ↓

Highlight

↑ Das halbrunde Theater, einst Austragungsort für Gladiatorenkämpfe

> **Entdeckertipp**
> **Antike Toiletten**
> Eines der eher ungewöhnlichen Details in Bet She'an sind die Toiletten mit Mehrfachsitzen. Es gibt 57 Marmorsitze, unter denen ein Kanal verlief, der mit dem Entwässerungssystem verbunden war.

↑ Säulenüberreste, die einst Läden beherbergten, säumen eine der alten Straßen der Stadt

Schon gewusst?

In Bet She'an lebten einst zwischen 30 000 und 40 000 römische Bürger.

SEHENSWÜRDIGKEITEN

❼
Megiddo

B2 Route 66, 35 km südöstl. von Haifa +972 4 659 0316 von Haifa und Tiberias Sa – Do 8 – 17 (Fr bis 16; Winter: bis 16 bzw. 15) parks.org.il

Die Stadt am Ende der Jezreel-Ebene war Schauplatz so vieler Schlachten, dass es in der Offenbarung im Neuen Testament heißt, hier werde am Ende der Welt der Kampf zwischen Gut und Böse stattfinden.

Die schon im 3. Jahrtausend v. Chr. befestigte Stadt kontrollierte die Hauptverbindungswege zwischen dem Osten und dem Mittelmeer. 1468 v. Chr. wurde die kanaanitische Festung von den Truppen des Pharaos Thutmosis zerstört und zum ägyptischen Außenlager gemacht. Megiddo wurde zurückerobert und erneut befestigt, wahrscheinlich von Salomon. Im 8. Jahrhundert v. Chr. kam der Ort unter assyrische Herrschaft, danach verfiel er langsam.

Ausgrabungen am Hügel *(tel)* förderten 20 aufeinanderfolgende, übereinander gebaute Siedlungen zutage. Zu sehen sind Verteidigungswälle, ein Festungstor, ein Tempel, ein riesiges Getreidesilo und die Fundamente zahlreicher Gebäude. Auf der Ostseite des *tel* befindet sich ein altes Wasserreservoir, von dessen Fuß ein Tunnel zu einer Quelle außerhalb der Stadtmauern führt.

Seit 2005 ist die Anlage UNESCO-Welterbe, eine Würdigung ihrer historischen Bedeutung.

> **Schon gewusst?**
>
> Der Name »Harmagedon« (Armageddon) leitet sich von »Har Megedon« (Berg von Megiddo) ab.

❽
Safed

C1 34 000 120 km nordöstl. von Tel Aviv 17 Elkabetz St safed.co.il

Safed (Tzefat) wurde ein Zentrum der Kabbala, als sephardische Juden vor der Reconquista aus Spanien hierher geflohen waren. Sie gehört zu den vier heiligen Städten im Judentum (mit Jerusalem, Tiberias und Hebron) und besitzt mehrere historische Synagogen. In der Ashkenazi-Ari-Synagoge soll der Kabbalist Isaak Luria (1534–1572) mit dem Beinamen ARI (Löwe) den Sabbat begrüßt haben. Die Karo-Synagoge ist nach Joseph Karo (1488–1575) benannt, der den Schulchan Aruch (Kanon jüdischer Gesetze) verfasste und dem ein Engel in Safed die Geheimnisse der Kabbala verraten haben soll. Viele Kabbalisten und ihre Schüler sind auf dem Friedhof unterhalb des Synagogenviertels beerdigt.

Galerien, die Ritualobjekte und jüdische Kunst verkaufen, säumen die Elkabetz Street und ihre Fortsetzung, die Beit Yosef Street. Im vor 1948 arabischen Künstlerviertel wohnen weiterhin viele Künstler, deren Ateliers Besuchern offenstehen.

Oberhalb der Stadt erheben sich die Ruinen der größten Kreuzfahrerfestung im Nahen Osten als Teil des Citadel Park, wo es an Sabbat und jüdischen Feiertagen sehr ruhig zugeht.

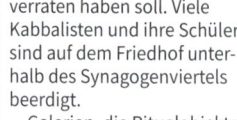

→ *Eine der Galerien in Safed, die jüdische Kunst verkauft*

↑ *Die Ruinen von Burg Nimrod in strategischer Lage auf den Golanhöhen*

❾ Golanhöhen

🅐 C1 📍 135 km nordöstl. von Tel Aviv 🚌 nach Katsrin ℹ +972 4 685 0208

Die strategisch wichtigen Golanhöhen wurden 1967 von Israel erobert, davor waren sie syrisch. Mit Ausnahme des Jom-Kippur-Kriegs 1973 *(siehe S. 54f)* war es auf dem Plateau – das 1981 von Israel annektiert wurde – bisher bemerkenswert ruhig.

Um die Flüsse, die in den Jordan münden, liegen großartige Wanderwege, einige der besten im Yehudiya Nature Reserve. Das familienfreundliche Banias Nature Reserve bietet Wasserfälle, eine reiche Vegetation und einen Römerpalast. Das Gamla Nature Reserve beherbergt die Ruinen einer jüdischen Bergsiedlung, die von den Römern belagert wurde. In Katsrin, der größten Siedlung, gibt es Hotels, Supermärkte, Restaurants, ein Brauereiwirtshaus und Weinkellereien. Hier befinden sich auch das Golan Archaeological Museum und der Ancient Katsrin Park, in dem ein jüdisches Dorf aus byzantinischer Zeit mit einer Synagoge aus Basalt ausgegraben wurde.

Weiter nördlich in den Ausläufern des Hermon liegen die drusische Stadt Majdal Shams und die massive Burg Nimrod. Die Burg wurde im 13. Jahrhundert von Muslimen errichtet, um die Straße nach Damaskus gegen die Kreuzfahrer zu sichern.

❿ Tiberias

🅐 C2 👥 43 000 📍 110 km nordöstl. von Tel Aviv 🚌 ℹ Archaeological Garden, HaBanim St ☎ +972 4 672 5666

Tiberias am Ufer des Sees Genezareth wurde 20 n. Chr. gegründet. Im 2. und 3. Jahrhundert war es ein Zentrum jüdischer Gelehrsamkeit. Jüdische Pilger kommen in die Heilige Stadt und besuchen die Gräber berühmter Gelehrter wie Maimonides, Yohanan ben Zakai, Rabbi Meir Ba'al HaNess und Rabbi Akiva. Im Hamat Tveriya National Park südlich des Zentrums gibt es eine Synagoge (4. Jh.) mit einem Tierkreiszeichen-Mosaik.

Christliche Pilger kommen zur Peterskirche und zum griechisch-orthodoxen Apostelkloster. Beide liegen am Ufer des Sees.

Restaurants

Magdalena

Das Magdalena gehört zu den angesagtesten Lokalen Israels – mit exzellenter arabisch-galiläischer Küche.

🅐 C1 📍 Migdal Junction, Route 90 🕐 tägl. 12–17, 19–23 🌐 magdalena.co.il

₪₪₪

Baladna

Auch hier wird arabisch-galiläisch gekocht. Es gibt sowohl Schweinefleisch als auch vegane Speisen. Gute Bierauswahl.

🅐 C1 📍 Jish ☎ +972 54 768 7773 🕐 Mi–Sa 15–2, Di, So 15–23

₪₪₪

Mis'edet HaArazim

Das einfache Lokal ist für gute libanesische Küche bekannt.

🅐 C1 📍 Nahe Route 89, Jish 🕐 tägl. 10–22 🌐 2eat.co.il/haarazim

₪₪₪

500 Millionen

Zugvögel überqueren zweimal jährlich Israel und die Palästinensergebiete.

⓫ Hula Nature Reserve

C1 Hulatal 541, 840
+972 4 693 7069 Sa–Do 8–17 (Fr bis 16; Winter: bis 16 bzw. 15)
parks.org.il

Die Feuchtgebiete des Hulatals wurden in den 1950er Jahren trockengelegt, um die Malaria zu bekämpfen und um Ackerland zu gewinnen – was unbeabsichtigte ökologische Folgen hatte. Diese wurden 1964 durch die Gründung des Naturreservats – des ersten in Israel – abgemildert. In den letzten Jahrzehnten wurden Sümpfe und Seen renaturiert.

Heute ist dies ein Ort, wo Zugvögel von Europa nach Afrika einen Stopp einlegen. Er zieht Vogelbeobachter aus aller Welt an. Von Pfaden, der Kettenbrücke und einem Aussichtsturm kann man Vögel, Wasserbüffel, Damhirsche und Otter beobachten. Weiter nördlich sieht man in Agamon HaHula Kraniche und Störche.

⓬ Burg Belvoir

C2 Nahe Route 90, 27 km südl. von Tiberias nach Bet She'an, dann Taxi +972 4 658 1766
Sa–Do 8–17 (Fr bis 16; Winter: bis 16 bzw. 15)

Die Ruinen der Kreuzritterfestung bieten wunderbare Ausblicke auf das Jordantal. 1168 errichteten die Hospitalsritter (Johanniter) die von hohen Mauern umschlossene Burg, die Saladin mehrfach belagerte. Erst 1189 kapitulierten die Ritter nach einjähriger Belagerung. Für ihren großen Mut verschonte der muslimische Führer Bewohner und Festung. Zerstört wurde Belvoir im 13. Jahrhundert von Truppen aus Damaskus.

⓭ Bet Alpha

C2 Nahe Route 71, 11 km westl. von Bet She'an
 +972 4 653 2004
Sa–Do 8–17 (Fr bis 16; Winter: bis 16 bzw. 15)

Die Überreste der Synagoge (6. Jh.) wurden 1928 zufällig von Siedlern aus dem nahen Hefzi-Bah-Kibbuz entdeckt. Die Mauerreste deuten an, wie der Bau einmal aussah. Am interessantesten ist der sehr gut erhaltene Mosaikboden. Er zeigt die Bundeslade mit Cherubim, Löwen und Leuchtern (Menorot). Das zentrale Muster ist ein Tierkreis. Der untere Teil nimmt Bezug auf die Bibelgeschichte von Abraham und der Opferung Isaaks.

Die reiche Vogelwelt im Hula Nature Reserve zieht Vogelbeobachter an

⑭ Zichron Ja'akov

🅰 B2 👥 23 000 🚗 30 km südl. von Haifa 🚌 202 (Haifa)

Die Stadt wurden in den 1880er Jahren mit Unterstützung von Baron Edmond James de Rothschild von rumänischen Juden gegründet. Die Carmel Winery von 1882 ist noch in Betrieb (Touren möglich). Im Zentrum erläutern das First Aliya Museum und das NILI Museum die Stadtgeschichte. Das Letztere beleuchtet auch den Spionagering im Ersten Weltkrieg. In der HaMeyasdim Street mit Häusern aus dem 19. Jahrhundert gibt es Boutiquen, Ateliers und Cafés.

⑮ Berg Tabor

🅰 C2 🚗 92 km nordöstl. von Tel Aviv

Der symmetrische Berg (588 m) erhebt sich zwischen dem See Genezareth und der Jezreel-Ebene. Er ist als mutmaßlicher Ort der Verklärung Jesu seit Langem eine christliche Pilgerstätte. Auch im Alten Testament (Richter 4 und 5) wird er als Ort erwähnt, an dem der israelitische Heerführer Barak den kanaanitischen Feldherrn Sisera besiegt haben soll.

Auf dem Gipfel, den man auf einer schmalen Straße mit 16 schwindelerregenden Kurven erreicht, stehen ein Kloster und die Verklärungsbasilika von 1924.

Hotels

Lishansky Since 1936
Das Hotel im Bauhaus-Stil wurde von der Familie eines britischen Spions gebaut.

🅰 C1 📍 42 HaRishonim St, Metula
📞 +972 4 699 7184

Villa Tehila
Das atmosphärische Boutique-Hotel verteilt sich auf vier Häuser (Ende 19. Jh.).

🅰 C1 📍 7 HaHalutzim St, Altstadt, Rosh Pina
🌐 villa-tehila.co.il

Safed Inn
Das nette Hostel auf dem Berg Kanaan bietet saubere Unterkünfte.

🅰 C1 📍 HaGdud HaShlishi St, Ecke Merom Kna'an St, Safed
🌐 safedinn.com

⑯   Dan Nature Reserve

🅰 C1 📍 Route 99 🚌 36, 58 📞 +972 4 695 1579
🕐 Sa – Do 8 –17 (Fr bis 16; Winter: bis 16 bzw. 15)
🌐 parks.org.il

Das grüne Areal, das von der sprudelnden Quelle für den Dan, einen Nebenfluss des Jordans, bewässert wird, kann man auf drei Pfaden erkunden.

Die Ruinen der antiken Stadt Dan aus dem Alten Testament liegen in der Nähe. 1979 fanden Archäologen ein kanaanitisches Tor aus Lehmziegeln (18. Jh. v. Chr.) – das älteste seiner Art – und ein Steintor aus israelitischer Zeit (9. Jh. v. Chr.). Eine 1993 entdeckte fragmentarische Basaltstele enthält die früheste nichtbiblische Erwähnung Davids als Begründer der israelitischen Dynastie. Sie steht im Israel Museum in Jerusalem *(siehe S. 156 –159)*.

↑ *Die luftige Verklärungsbasilika auf dem Berg Tabor*

Eine Gruppe junger Leute in den heißen Quellen von Hamat Gader

⑰ Hamat Gader

C2 · 105 km nordöstl. von Tel Aviv · unterschiedl. Zeiten (siehe Website) · hamat-gader.com

Schon die Römer liebten das Bad in den heißen Quellen am Nordufer des Jarmuk, der heute die Grenze zwischen Israel und Jordanien bildet. An kalten Wintertagen sieht man hier Menschen aus ganz Israel – vor allem Immigranten aus der früheren UdSSR. Man kann sich hier nicht nur erholen und Schmerzen lindern, sondern sich auch in einem Wasserpark für Kinder und Erwachsene vergnügen. Am Ende des Resorts liegt eine Krokodilfarm, die einzige im Nahen Osten. Für historisch Interessierte gibt es ein römisches Bad und ein Amphitheater.

⑱ Bet She'arim

B2 · Nahe Route 75, 6 km östl. von Kiryat Tiv'on · 301, 826 · +972 4 983 1643 · Sa–Do 8–17 (Fr bis 16; Winter: bis 16 bzw. 15) · parks.org.il

Das UNESCO-Welterbe (2015) diente in der Zeit nach dem Bar-Kochba-Aufstand gegen die Römer (132–135) als politisches Zentrum und Ort des Thorastudiums. Der jüdische Sanhedrin (Hohe Rat) tagte hier. Auch Rabbi Yehuda Ha-Nasi, der die Mischna (Religionsgesetze) herausgab, lebte hier und wollte hier begraben werden.

Im 2. und 3. Jahrhundert wollten viele Juden, für die der Ölberg in Jerusalem nicht mehr zugänglich war, hier ihre letzte Ruhe finden.

Die Katakomben, die dafür in den Sandstein geschlagen wurden, und viele der Sarkophage darin sind schön verziert. Sie tragen Inschriften auf Griechisch, Aramäisch, Hebräisch und in palmyrenischem Dialekt – ein Spiegel der Begegnung und des Austausches, der zwischen der jüdischen und der griechisch-römischen Kultur stattgefunden hat.

⑲ Sepphoris

B2 · Nahe Route 79, unteres Galiläa · +972 4 656 8272 · Sa–Do 8–17 (Fr bis 16; Winter: bis 16 bzw. 15) · parks.org.il

Das antike Sepphoris (Tzipori) war ein Zentrum des jüdischen Aufstands, der mit der Zerstörung des Zweiten Tempels (70) endete, und des Bar-Kochba-Aufstands (132–135). Das prädestinierte den Ort, um nach der Zerstörung Judäas ein Zentrum jüdischer Gelehrsamkeit und

TOP 5 Galiläa und Jesus

Nazareth
Ort der Jugend Jesu und Mariä Verkündigung *(siehe S. 198f)*.

Kafr Cana
In dem Ort bei Nazareth verwandelt Jesus Wasser in Wein.

Berg der Seligpreisungen
Ort der Bergpredigt *(siehe S. 202)*.

See Genezareth
Predigten in Kapernaum und Kursi *(siehe S. 202)*.

Berg Tabor
Assoziiert mit der Verklärung *(siehe S. 209)*.

Weiße Kalkklippen und blaues Mittelmeer bei Rosh HaNikra

Spiritualität zu werden. Heute ist die Stätte für ihre römischen und byzantinischen Mosaiken bekannt, darunter das erstaunliche Porträt einer Frau, die als »Mona Lisa von Galiläa« gilt, und für außergewöhnliche spätbyzantinische Mosaikböden einer Synagoge mit Darstellungen eines Tierkreises und der Bundeslade. Besucher können auch gut 260 Meter des Wasserversorgungssystems der Stadt besichtigen, das in den Felsen gehauen wurde.

Rosh HaNikra
🅰 B1 🏠 Nordende der Route 4, westliches Galiläa 🚌 31 🕐 tägl. 9–17 (Fr bis 16) 🌐 rosh-hanikra.com

Fast direkt an der UN-kontrollierten Grenze zwischen Israel und Libanon gelangt man per Seilbahn die Klippen hinunter zu den Grotten von Rosh HaNikra. Die vom Meer ausgespülten Grotten und Höhlen schimmern in allen Blautönen, von Türkis bis Ultramarin. Die umliegenden weißen Kalkklippen verstärken dieses Farbspiel. Ein Fußpfad führt, vorbei an der Brandung, durch die Grotten und bietet grandiose Blicke aufs Mittelmeer.

Von 1942 bis 1948 verlief hier eine Bahnlinie vom Suezkanal nach Beirut. Ein Eisenbahntunnel, der im Zweiten Weltkrieg von Soldaten der britischen Armee gegraben wurde, dient nun als Vorführort für Videos zur Geschichte.

Upper Galilee Museum of Prehistory
🅰 C1 🏠 Kibbuz Ma'ayan Baruch 🚌 36 📞 +972 4 695 4628 🕐 So–Fr 10–13:30, Sa 10–15:30 (Aug, Ostern: länger) 🌐 ugmp.co.il

Vor etwa 12 000 Jahren wurde eine Frau der Natufien-Kultur zusammen mit ihrem Hund im Hulatal begraben. Heute kann man ihre Skelette in dem exzellenten kleinen Museum bewundern – sie sind der früheste Beleg für die Existenz von Haustieren. Ebenfalls zu sehen: eine außergewöhnliche Sammlung von Faustkeilen und anderen steinzeitlichen Werkzeugen, die unsere Vorfahren schon vor 780 000 Jahren hergestellt haben.

Alle Artefakte wurden im oberen Galiläa gefunden. Das Museum präsentiert eine engagierte und fesselnde Übersicht über die Frühgeschichte der Menschheit.

Motive anderer Religionen

Der Tierkreis mit dem Sonnengott Helios in der Mitte ist sofort der römischen Götterwelt zuzuordnen – doch warum findet man ihn dann auf den Mosaiken einiger Synagogen (4.–6. Jh.), etwa in Bet Alpha und Sepphoris? Es scheint, dass sogar bei Juden, die danach strebten, ihren Glauben und ihre Kultur in schönen Gotteshäusern zu bewahren, die Begegnung mit griechisch-römischen Glaubensvorstellungen zur Übernahme bzw. Neuinterpretation bestimmter hellenistischer Symbole führte, möglicherweise durch Gruppen, die ein hellenistisch-mystisches Judentum favorisierten. Die »heidnischen« Motive stehen neben traditionell jüdischen (etwa der Menora) und sind von Inschriften auf Aramäisch und/oder Hebräisch (auch Griechisch) begleitet.

Kristallisiertes Salz an der Oberfläche des Toten Meers (siehe S. 218f)

Totes Meer und Wüste Negev

Die chemischen Besonderheiten des Toten Meers wurden schon von den Ägyptern genutzt, die den natürlichen Asphalt (Bitumen) zur Einbalsamierung von Mumien verwendeten. In der unwirtlichen Umgebung gab es nur wenige menschliche Siedlungen. Im 1. Jahrhundert vor Christus ließ Herodes der Große die Bergfestung Masada errichten. 73 n. Chr. war sie der Schauplatz des letzten verzweifelten Widerstands von jüdischen Rebellen gegen die Römer. Ungefähr zur gleichen Zeit fand auch eine jüdische Sekte, vermutlich die Essener, bei Qumran einen Rückzugsort. Sie hinterließen dort eine Sammlung hebräischer Schriften, die 1947 entdeckt wurden und seither als Schriftrollen vom Toten Meer weltberühmt sind.

Die teils felsige Wüste Negev bedeckt etwa 60 Prozent der Fläche Israels. Um 1400 v. Chr. begannen die Ägypter hier bei Timna Kupfer abzubauen. Laut Bibel hoben sowohl Abraham als auch Isaak Brunnen bei Be'er Sheva aus, im 10. Jahrhundert v. Chr. war dies eine blühende israelitische Stadt.

Im 3. Jahrhundert v. Chr. kontrollierten die Nabatäer die Karawanenroute durch die Wüste, auf der Weihrauch und Myrrhe von Südarabien zum Mittelmeer transportiert wurden. Ihre Vorherrschaft wurde im 1. Jahrhundert n. Chr. durch die Römer beendet. Danach war die Negev jahrhundertelang nahezu unbewohnt. Dies änderte sich erst im 20. Jahrhundert, als hier die ersten Kibbuzim entstanden. Heute leben rund 250 000 arabische Beduinen in der Region, einige noch in Wüstenlagern.

Totes Meer und Wüste Negev

Highlights
1. Masada
2. Totes Meer
3. Eilat (Elat)

Sehenswürdigkeiten
4. Tel Be'er Sheva
5. Avdat National Park
6. Sde Boker
7. Mitzpe Ramon
8. Makhtesh Ramon
9. Hai Bar Yotvata Wildlife Reserve
10. Kibbuz Lotan
11. Timna Park

Masada

C4 ❖ Nahe Route 90, 18 km südl. von Ein Gedi ❖ von Jerusalem oder Eilat
❖ +972 8 658 4207 ❖ Sa – Do 8 –17 (Fr bis 16; Winter: bis 16 bzw. 15); für das Museum bitte anmelden ❖ parks.org.il

Die isolierte Festung auf einem Tafelberg am Westende des Toten Meers war Schauplatz einer Tragödie. 967 jüdische Rebellen, die sich den Römern nicht ergeben wollten, beginnen hier Massenselbstmord. Der Nationalpark Masada, ein UNESCO-Welterbe, bietet faszinierende Ruinen und unvergleichliche Ausblicke bis zu den Bergen Jordaniens.

Masada wurde bereits im 1. oder 2. Jahrhundert v. Chr. errichtet. Herodes der Große erweiterte sie durch zwei luxuriöse Palastanlagen. Nach Herodes' Tod ging die Festung in römische Hände über, wurde aber 66 n. Chr. während des Ersten Aufstands von jüdischen Zeloten erobert. Nachdem die Römer die Rebellion in Jerusalem niedergeschlagen hatten, blieb Masada die letzte Hochburg der Juden. Sie hielt zwei Jahre lang der römischen Belagerung stand, doch 73 n. Chr. wurden die Mauern geschleift.

Nach Abzug der Römer war das Areal für 200 Jahre verlassen. Im 5. Jahrhundert errichteten christliche Mönche ein Kloster. Die Reste der byzantinischen Kirche sind noch zu sehen.

↑ *Das* columbarium *besaß Nischen für Urnen*

8 römische Militärlager bildeten einen Ring um die Basis der Bergfestung Masada.

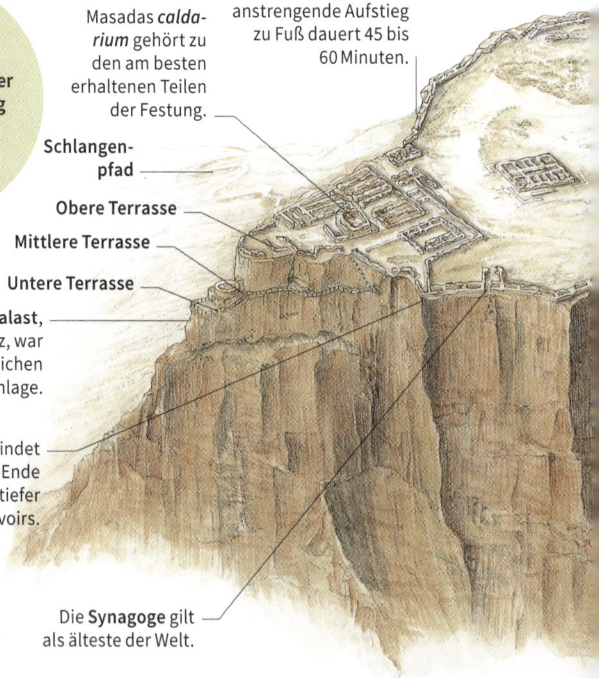

Masadas *caldarium* gehört zu den am besten erhaltenen Teilen der Festung.

Die **Drahtseilbahn** verkehrt täglich. Der anstrengende Aufstieg zu Fuß dauert 45 bis 60 Minuten.

Schlangenpfad

Obere Terrasse

Mittlere Terrasse

Untere Terrasse

Der **Hängende Palast**, Herodes' Privatresidenz, war Teil der großen nördlichen Palastanlage.

Das **Wassertor** findet sich am oberen Ende eines Wegs zu tiefer gelegenen Reservoirs.

→ *Die Ruinen der einstigen Bergfestung Masada*

Die **Synagoge** gilt als älteste der Welt.

Highlight

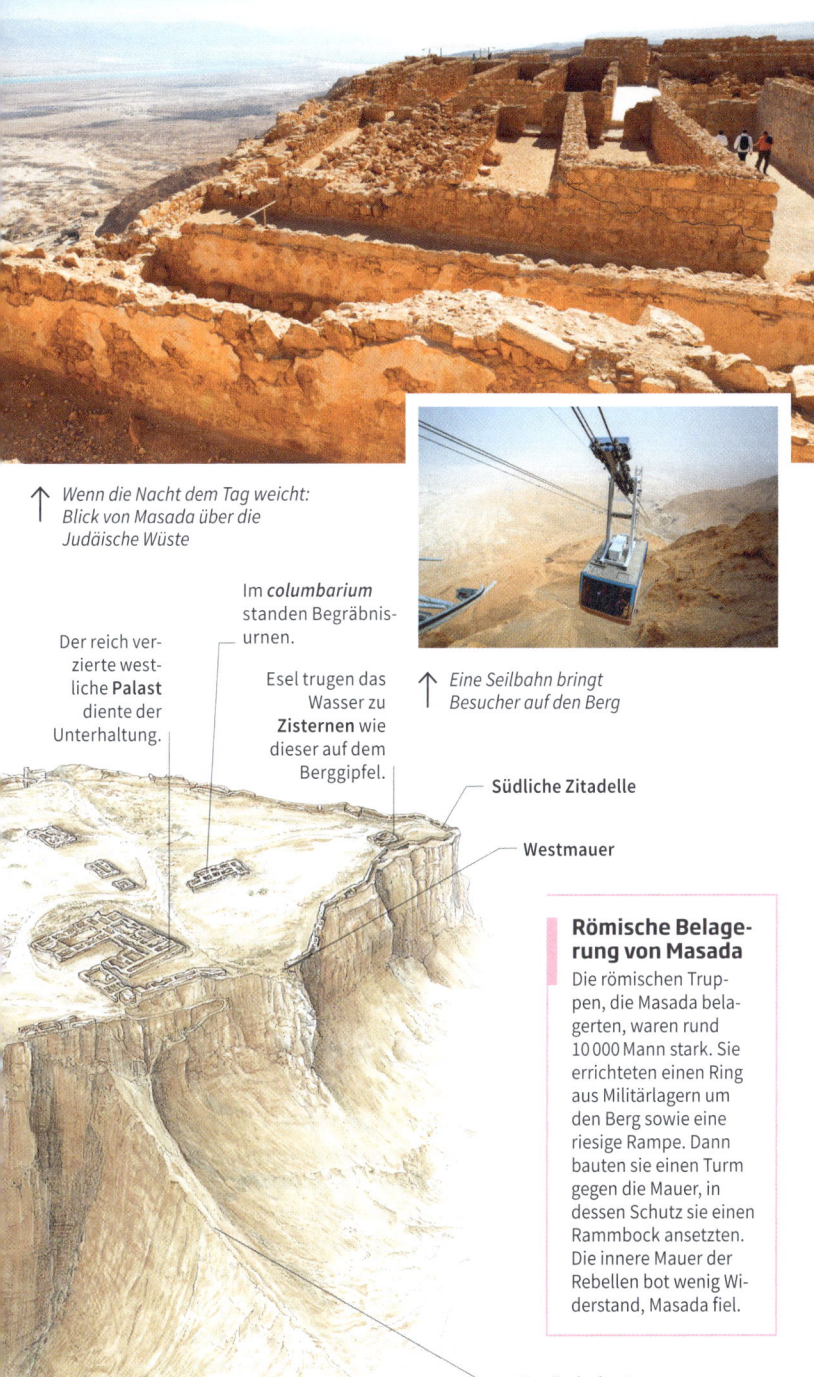

↑ Wenn die Nacht dem Tag weicht: Blick von Masada über die Judäische Wüste

Im *columbarium* standen Begräbnisurnen.

Der reich verzierte westliche **Palast** diente der Unterhaltung.

Esel trugen das Wasser zu **Zisternen** wie dieser auf dem Berggipfel.

↑ Eine Seilbahn bringt Besucher auf den Berg

Südliche Zitadelle

Westmauer

Römische Belagerung von Masada

Die römischen Truppen, die Masada belagerten, waren rund 10 000 Mann stark. Sie errichteten einen Ring aus Militärlagern um den Berg sowie eine riesige Rampe. Dann bauten sie einen Turm gegen die Mauer, in dessen Schutz sie einen Rammbock ansetzten. Die innere Mauer der Rebellen bot wenig Widerstand, Masada fiel.

Die **römische Rampe** ist heute der westliche Eingang zur Stätte.

Schon gewusst?

Der Salzgehalt des Toten Meers ist etwa zehnmal höher als der von Meerwasser.

Totes Meer

C3–5 von Jerusalem

Das Tote Meer (das kein Meer, sondern ein abflussloser See ist) liegt zur einen Hälfte in Israel, zur anderen in Jordanien. Es ist 67 Kilometer lang, aber nur 18 Kilometer breit. Mit ca. 420 Metern u. d. M. ist es der tiefste Punkt der Erde. Das Wasser ist enorm mineralhaltig – es besteht durchschnittlich zu 26 Prozent aus festen Substanzen. Die heilkräftige Wirkung von Wasser, Mineralien und Schlamm ist seit Urzeiten bekannt. An den Ufern reihen sich Kurorte aneinander.

① Qumran

Route 90, 20 km südl. von Jericho +972 2 994 2235 Sa–Do 8–17 (Fr bis 16; Winter: bis 16 bzw. 15)

Qumran ist vor allem als Fundort der Schriftrollen bekannt. Von 150 v. Chr. bis 68 n. Chr. war der abgeschiedene Ort Heimat einer radikalen Sekte, die mit den Essenern identifiziert wird. Sie glaubten, die Ankunft des jüdischen Messias stünde unmittelbar bevor, und bereiteten sich mit Fasten und rituellen Waschungen darauf vor. Die Römer verfolgten die Sekte und vernichteten sie.

Die Essener gerieten in Vergessenheit, bis 1947 ein Beduinenhirte, der eine verirrte Ziege suchte, auf eine Höhle voller Gefäße stieß. Darin befanden sich 190 kostbare, in Leinen gewickelte Schriftrollen, die dank des trockenen Wüstenklimas rund 2000 Jahre überdauert hatten. Nach vielen Untersuchungen sind einige dieser Rollen in einem speziell dafür errichteten Bau des Israel Museum *(siehe S. 156 – 159)* zu besichtigen.

Besucher sehen in Qumran zunächst einen kurzen Film über die Essener und eine kleine Ausstellung über die Gemeinschaft, bevor sie zur archäologischen Stätte am Fuß der Steilwand wandern. Der Weg ist auch für Rollstuhlfahrer und Sehbehinderte geeignet. Von der Stätte aus kann man die Fundorte der Rollen sehen.

② Ein Bokek

Route 90, 116 km südöstl. von Jerusalem

Ein Bokek ist die größte Tourismuskonglomeration auf der israelischen Seite des Toten Meers. Der glitzernde Küstenstreifen besitzt ein Dutzend Luxushotels, diverse Restaurants (die meisten Gäste buchen Halbpension), Läden sowie einen öffentlichen Sandstrand, der 2017 komplett erneuert wurde.

Da nach israelischem Gesetz alles Land am Wasser öffentlich zugänglich sein muss, sind die Strandpromenade, die Pergolen, Duschen, Umkleidekabinen und Toiletten kostenlos. Tagsüber sind Rettungsschwimmer im Einsatz.

←

Salzablagerungen im Toten Meer, im Hintergrund Ein Bokek

③
Ein Gedi Nature Reserve
🏠 Highway 90, Totes Meer
📞 +972 8 658 4285 🕒 Sa–Do 8–17 (Fr bis 16; Winter: bis 16 bzw. 15)

Der Ort am Toten Meer ist eine üppige Oase inmitten einer ausgedörrten Landschaft. Mehrere Quellen spenden Wasser im Überfluss und lassen einen Mix aus Tropen- und Wüstenflora entstehen. Ein Gedi wird in der Bibel (Hohelied 1–14) für seine Schönheit gepriesen und als Zufluchtsort Davids erwähnt, der vor König Saul floh (1. Samuel 24).

Die zum Ein Gedi Nature Reserve erklärte Oase bietet Wildtieren wie Steinböcken und Klippschliefern Schutz. Abgelegene Gegenden sind das Reich der Wüstenleoparden. Zwei von einem Netzwerk an Pfaden durchzogene Schluchten bilden das Herz des Areals. Der kürzeste Rundweg dauert eine Stunde und endet an den Shulamit-Fällen. Nahe dem Eingang stehen die Ruinen einer Synagoge (5. Jh. v. Chr.) mit Mosaiken und Inschriften auf Aramäisch und Hebräisch.

④
Sodom
🏠 Route 90, 130 km südöstl. von Jerusalem

Nach der Bibel lag Sodom am Südufer des Toten Meers (Genesis 19). Seine sündigen Bewohner erzürnten Gott, sodass er Sodom und Gomorrha mit »Schwefel und Feuer« zerstörte. Archäologen halten Bab ed-Dhra in Jordanien für Sodom, doch der Name bleibt mit dieser Stelle auf der israelischen Seite des Toten Meers verbunden. Zu besichtigen ist hier nichts, allerdings gibt es in der Nähe die beiden Heilbäder Ein Bokek und Neve Zohar, die für ihre Therapiezentren berühmt sind, sowie einen Strand mit Süßwasser-Duschen.

Im Landesinneren, neun Kilometer südlich von Neve Zohar, bietet der Berg Sodom, der großteils aus Salzgestein besteht, Ausblicke aufs Tote Meer und die Moab-Berge in Jordanien.

Highlight

↑ *Erfrischung unter einem Wasserfall im Ein Gedi Nature Reserve*

Hotels

Ein Gedi Kibbutz Hotel
Das erholsame Hotel bietet hübsche Gärten, komfortable Zimmer und schöne Ausblicke.

🏠 Kibbuz Ein Gedi
🌐 ein-gedi.co.il

Masada Guest House
Das Gästehaus hat einfache, saubere Zimmer und einen Swimmingpool.

🏠 Masada
🌐 iyha.org.il

Noga Hotel
Das komfortable Resort direkt am Toten Meer wurde jüngst umfassend renoviert.

🏠 Ein Bokek
🌐 isrotel.com

Eilat (Elat)

🅰 B7 🚗 50 000 📍 320 km südl. von Jerusalem ✈ 🚌
ℹ Beit ha-Gesher St 📞 +972 8 630 9111 🌐 eilat.city

Eilat (Elat) ist die einzige israelische Stadt am Roten Meer. Sie liegt an der Südspitze Israels, am Ende des Golfs von Aqaba an einem zwölf Kilometer langen Küstenstreifen. Als die Vereinten Nationen 1947 Palästina teilten, erhielt Israel diesen schmalen Streifen am Meer. Seither hat sich Eilat rasant entwickelt – als Hafen und auch als beliebter, weil hervorragend ausgestatteter Ferienort. Heute ist die Stadt voller Hotels, Resorts und Tauchzentren, Eilat ist zudem Ausgangspunkt für Trips in die Wüste.

① North Beach

Die Promenade von North Beach wird von Luxushotels, Cafés und Restaurants gesäumt – der Ort, um zu flanieren und Leute zu beobachten. Der schmale grobsandige Strand ist ideal, um zu relaxen. Es gibt kostenlose Duschen, Umkleidekabinen und Toiletten. Wer gern aktiv ist, hat die Wahl zwischen Bananen- und Glasbodenbooten oder Flyboards bzw. Jetski fahren. Mehr Lokale, Bars und günstigere Hotels findet man landeinwärts, wenn man die Lagune entlanggeht.

② Underwater Observatory Marine Park

🅰 Coral Beach 📞 +972 8 636 4200 🕐 tägl. 9–16 🌐 coralworld.co.il

In dem großen ozeanografischen Komplex kann man das Unterwasserleben aus nächster Nähe betrachten. In 25 Aquarien leben über 500 Arten von Fischen, Schwämmen, Korallen und Weichtieren. Spannend sind die Becken mit größeren Tieren wie Haien und Meeresschildkröten. Highlight bleibt jedoch das in sechs Meter Tiefe gelegene Observatorium, das mit seinen Panoramascheiben einen grandiosen Blick auf das Leben unter Wasser bietet.

③ Coral Beach Nature Reserve

🅰 Coral Beach 📞 +972 8 632 6422 🕐 Sa–Do 9–18 (Fr bis 17; Winter: bis 17 bzw. 16) 🌐 parks.org.il

Das kleine Naturschutzgebiet hütet einige der schönsten Korallenriffe Eilats. Am besten erkundet man die Unterwasserwelt des Roten Meers, indem man schnorchelt (Schnorchel gibt es zum Ausleihen). Wer trocken bleiben will, kann über die

> **Expertentipp**
> **Fahrt mit dem Glasbodenboot**
>
> Wer in die Tiefe vorstoßen möchte, ohne zu tauchen, sollte eine Fahrt auf der *Coral 2000* buchen. Das Glasbodenboot des Underwater Observatory Marine Park bietet Fahrten durch die Korallengärten in 1,5 Meter Tiefe.

Eilats traumhafte Küstenlinie: goldener Sand und klares azurblaues Meer

Schon gewusst?

Eilat ist eine beliebte Shopping-Destination, die Stadt ist von der Mehrwertsteuer befreit.

Tauchen und Schnorcheln in Eilat

Das Rote Meer besitzt die schönsten Korallen. Sie sind noch nicht Opfer des Klimawandels oder ausgebleicht wie anderswo. Südlich vom Stadtzentrum findet man ein Dutzend erstklassiger Tauchzentren, die PADI-Tauchkurse anbieten und Ausrüstung verleihen. Der beste Schnorchelplatz ist das Coral Beach Nature Reserve (Schnorchelmasken-Verleih).

sich einige flache Pools, in denen auch Kinder spielen können.

④
Dolphin Reef

Southern Beach +972 8 630 0111 tägl. 9–17
 dolphinreef.co.il

Der private Küstenabschnitt am Roten Meer, vier Kilometer südwestlich des Stadtzentrums, ist eine grüne Oase zum Sonnenbaden, Schwimmen und Entspannen. Attraktion ist eine Gruppe halbwilder Großer Tümmler. Die neugierigen Tiere nähern sich oft Schnorchlern. Hier haben Besucher (ab zehn Jahren) die Möglichkeit, den hochintelligenten Meeressäugern nahe zu kommen und mit ihnen zu schwimmen (Berührung verboten).

Fußgängerbrücken des Reservats spazieren und die bunte Unterwasservielfalt von oben betrachten. In der Nähe der Küste befinden

⑤
International Birding and Research Center Eilat

Kibbuz Eilot, 2 km nördl. von Eilat +972 50 767 290 tägl. 8–16
 eilatbirds.com

Die Salzsümpfe nördlich von Eilat ziehen viele Zugvögel an, die im Frühling und Herbst zwischen Afrika und Eurasien pendeln. Es ist ihr letzter Rastplatz vor der Sahara-Überquerung. Durch die Ausbreitung der Menschen ist dieses wichtige Habitat immer mehr zusammengeschmolzen. Das International Birding Center versucht, das verbliebene Areal zu schützen. Es bietet geführte Touren an.

Während der Saison kreisen hier Tausende Störche, Flamingos und Reiher am Himmel. Das Areal ist auch Heimat für Adler, Falken und Bussarde.

Die Ruinen von Tel Be'er Sheva, Stätte der gleichnamigen biblischen Stadt

me und Kanäle sowie neuere Versuche, ihre Bewässerungstechnologie nachzuvollziehen, sieht man in der Umgebung der Stätte im Naturreservat En Avdat *(siehe S. 223).*

6
Sde Boker
🅐 B5 🏠 Negev-Hochland
🚌 60, 64 🌐 bgh.org.il

David Ben-Gurion (1886–1973), Israels erster Premierminister, war von den sozialistischen Pionieren, die er 1952 im Kibbuz Sde Boker (50 km südlich von Be'er Sheva) traf, so beeindruckt, dass er beschloss, die letzten 20 Jahre seines Lebens hier zu verbringen. Sein Grab liegt sechs Kilometer südlich in Midreshet Ben-Gurion, einem regionalen Bildungszentrum mit Gästehaus, B & Bs, Supermarkt und Lokalen. Ben-Gurion wurde neben sei-

SEHENSWÜRDIGKEITEN

4
Tel Be'er Sheva
🅐 B4 🏠 5 km nördöstlich von Be'er Sheva 🚌 10, 15
📞 +972 8 646 7286 🕐 Sa – Do 8 –17 (Fr bis 16; Winter: bis 16 bzw. 15) 🌐 parks.org.il

Das UNESCO-Welterbe erhebt sich fünf Kilometer östlich vom heutigen Ort Be'er Sheva aus der Wüste. Es ist die biblische Stadt Be'er Sheva (Beerscheba). Ausgrabungen zeigten, dass hier in der Bronzezeit (9./8. Jh. v. Chr.) eine befestigte Stadt existierte. Ihre Wasserversorgung stammte aus einem 69 Meter tiefen Brunnen und einem unterirdischen Reservoir. Man fand Fragmente eines Altars mit »Hörnern« aus der Zeit des Ersten Tempels, der erste in Israel entdeckte. Das Original steht im Israel Museum *(siehe S. 156–159).*

Im Ersten Weltkrieg besetzten Anzac-Truppen während eines britischen Feldzugs die Stätte, um sie den Türken abzunehmen.

5
Avdat National Park
🅐 B5 🏠 Negev-Hochland
🚌 📞 +972 8 655 1511
🕐 Sa – Do 8 –17 (Fr bis 16; Winter: bis 16 bzw. 15)
🌐 parks.org.il

Vom 3. Jahrhundert v. Chr. bis zum 2. Jahrhundert n. Chr. kontrollierten die Nabatäer die lukrative »Gewürzroute«, über die Weihrauch und Myrrhe von Jemen und Oman bis nach Rom transportiert wurden. Avdat (Ovdat) war eine von vier Nabatäerstädten in der Negev, ihre Ruinen sind bemerkenswert gut erhalten. In byzantinischer Zeit florierte die Stadt, deshalb findet man neben römischen Gräbern und einem Badehaus auch zwei Kirchen. Dank eines ausgeklügelten Systems, das Wasser der seltenen Regenfälle zu speichern, konnten die Nabatäer in den Wadis um ihre Städte sogar Weingärten und Obsthaine anlegen. Überreste der Däm-

ner Frau Paula, am Rand einer Klippe mit Blick auf den **En Avdat National Park**, begraben. Der Park ist wegen seiner ganzjährigen Quelle, den Pools (Schwimmen verboten), der in der Negev seltenen Bachufervegetation, den Kreideklippen und den Steinböcken beliebt. Der Eingang liegt gleich außerhalb von Midreshet Sde Boker. Am Parkplatz (3 km südlich) beginnen Wanderwege.

En Avdat National Park
+972 8 655 5684 Sa–Do 8–17 (Fr bis 16; Winter: bis 16 bzw. 15) parks.org.il

Mitzpe Ramon
B5 5100 Route 40, Negev-Hochland 60, 64, 65, 392 parks.org.il

Die Wüstenstadt am Rand des riesigen Makhtesh Ramon *(siehe S. 224)* auf 900 Metern Höhe wurde in den 1950er Jahren gegründet und liegt 82 Kilometer südlich von Be'er Sheva und 150 Kilometer nördlich von Eilat. Das Besucherzentrum des Makhtesh Ramon in der Ma'ale Ben Tur Street informiert über Touren. In der Nähe bietet eine Aussichtsplattform atemberaubende Blicke in den Canyon.

Im Wildpark Bio Ramon leben kleine Wüstentiere (Eulen, Eidechsen, Schlangen, Skorpione), die hier aufgezogen wurden und nicht ausgewildert werden können.

Die Warenlager der alten Industriezone wurden als Spice Route Quarter wiederbelebt. Hier haben dynamische junge Israelis Boutique-Hotels, Restaurants und Kunstateliers eröffnet.

Aufgrund der isolierten Lage und geringen Lichtverschmutzung gehört Mitzpe zu den besten Sternbeobachtungsorten in Israel.

Im Wüstenhochland wird es nachts sehr kalt – im Winter schneit es bisweilen (warme Kleidung empfohlen).

> **Schon gewusst?**
> Die Nabatäer nutzten das wenige Wasser von En Avdat für Ackerbau.

> ## Weingüter
>
> Einige innovative israelische Winzer haben – teilweise durch die antike Bewässerungstechnologie der Nabatäer inspiriert – zwischen Mitzpe Ramon und Sde Boker (entlang der Route 40) Reben angepflanzt und Weingüter gegründet. Viele der Weinbaubetriebe bieten auch Bed-and-Breakfast-Übernachtungen an. Dies sind zwei besonders empfehlenswerte Güter:
>
> **Boker Valley Vineyards**
> B5
> bokerfarm.com
>
> **Desert Estate Carmey Avdat**
> B5
> carmeyavdat.com

Der spektakuläre Canyon im En Avdat National Park, nahe Sde Boker

Ausblick auf den riesigen Krater des Makhtesh Ramon

⑧
Makhtesh Ramon
🅰 B5 🚗 Route 40, 80 km südl. von Be'er Sheva 🚌 vom Besucherzentrum in Be'er Sheva 📞 +972 8 658 8691 🕗 Sa–Do 8–17 (Fr bis 16; Winter: bis 16 bzw. 15) 🌐 parks.org.il

Makhtesh Ramon ist Israels spektakulärstes Naturphänomen: ein 40 Kilometer langer, neun Kilometer breiter und 300 Meter tiefer Krater, der größte von drei Kratern in der Negev. Sie entstanden vor über 500 000 Jahren durch tektonische Bewegungen und Erosion.

Hier verlief die Route nabatäischer Karawanen von Petra nach Avdat (Ovdat). In der Mitte des Kraterbodens steht noch die Ruine einer Karawanserei.

Am Kraterrand liegt Mitzpe Ramon, Ausgangspunkt für Ausflüge in diesen Teil der Wüste. Das Besucherzentrum zeigt Ausstellungen über die

> **Schon gewusst?**
> Trotz aller Gerüchte: Der Makhtesh Ramon stammt nicht von einem Asteroideneinschlag.

Makhtesh Ramon ist der größte von drei Kratern in der Negev, die vor über 500 000 Jahren durch tektonische Bewegungen und Erosion entstanden.

Geologie, Fauna und Flora des Kraters. Hier gibt es auch Wanderkarten. Nehmen Sie für eine Wanderung unbedingt genügend Wasser mit. In Mitzpe Ramon kann man Jeeptouren in den Krater buchen.

⑨
Hai Bar Yotvata Wildlife Reserve
🅰 B7 🚗 Route 90, 35 km nördl. von Eilat 🚌 von Eilat 📞 +972 8 637 3057 🕗 Sa–Do 8–17 (Fr bis 16; Winter: bis 16 bzw. 15) 🌐 parks.org.il

Hai Bar wurde gegründet, um einige der in der Bibel erwähnten Tiere wieder anzusiedeln, die aus der Negev bereits komplett verschwunden waren. Die meisten Tiere laufen im 40 Quadratkilometer großen Gelände im Aravatal frei herum. Besuche sind im Jeep und in Begleitung eines Rangers, aber auch im eigenen Auto möglich.

Zu den einheimischen Arten (von denen nicht alle in der Bibel erwähnt werden) gehören Asiatische Esel, Strauße und Arabische Oryx (Weiße Oryx) mit sehr langen Hörnern. Im Raubtierzentrum leben Wildkatzen, Wüstenluchse, Füchse, Leoparden und Hyänen in großen Freigehegen.

⑩
Kibbuz Lotan
🅰 B6 🏠 Südl. Aravatal 🚌 20 von Eilat 🌐 kibbutzlotan.com

Der kleine Kibbuz, 55 Kilometer nördlich von Eilat, ist von der beeindruckenden Szenerie der südlichen Aravasenke umgeben. Er ist für sein Zentrum für kreative Ökologie bekannt, das sich auf Experimente und Techniken konzentriert, die möglichst schonend mit dem Biotop Wüste umgehen, etwa die Permakultur.

Es gibt Touren zum EcoPark, wo Versuche durchgeführt werden, und zum EcoCampus, wo eine internationale Teilnehmerschar in Lehmhütten wohnt, um nachhaltiges Leben in der Wüste zu erproben, etwa Wäsche in einer von einem

... Fahrrad angetriebenen Waschmaschine zu waschen. Das Solar Tea House serviert vegetarisches und veganes Essen. Besucher können im Gästehaus oder in einer der Lehmhütten übernachten. Freiwillige sind willkommen.

Timna Park
B7 Nahe Route 90, südl. Aravatal von Eilat +972 8 631 6756
tägl. 8–16
parktimna.co.il

Antike Überreste weisen darauf hin, dass hier schon um 3000 v. Chr. Bergbau stattfand. Zudem fand man Belege, dass die Ägypter um 1500 v. Chr. Kupfer abbauten. Sie hinterließen an der Stätte zwei Tempel, die der Göttin Hathor, der Schutzpatronin der Minen, geweiht waren. Eine Hieroglypheninschrift erwähnt, dass Pharao Ramses III. hier ein Opfer für die Göttin darbrachte. Die Minen wurden später von Nabatäern und Römern genutzt, bevor sie aufgegeben wurden.

Die durch Erosion entstandenen »Felsspitze« und die markanten Sandsteinklippen, die als »Salomons Säulen« bekannt sind, bilden eine weitere Attraktion der Gegend, die zum Naturschutzgebiet erklärt wurde. Ein unterirdischer Gang führt zu den Minen, wo ägyptische Wandmalereien Steinböcke und mit Pfeil und Bogen bewaffnete Jäger zeigen.

Timnas Klippen, Täler und Felsformationen leuchten aufgrund der enthaltenen Metalle und Mineralien in den Farben Rot, Orange und Purpur. Hier gibt es einige der besten Wanderwege Israels (über 20 Routen verschiedener Länge und Schwierigkeitsgrade). Man kann auch auf 14 Kilometer langen Radwegen fahren, das Besucherzentrum (etwa 30 km nördlich von Eilat) verleiht Räder.

Die Macht des Windes: erodierte Felsen im Timna Park

Hotels

Khan Be'erotayim
Die isolierte Wüstenunterkunft liegt weit weg von der Hektik einer Stadt. Es gibt umweltfreundliche Lehmhütten, Gemeinschaftsbäder sowie Mahlzeiten aus regionalen Zutaten.

A5 Ezuz
beerotayim.co.il

B'tzel Ha'tmarim Country Lodging
Die gemütlichen Lodges in der Arava-Wüste sind einfach ausgestattet und bieten Ausblicke auf die jordanischen Berge. Die Gegend eignet sich bestens zum Radfahren.

B6 Kibbuz Yahel, Yahel, Arava
+972 2 970 6343

Silent Arrow
Die kuppelförmigen Zelte mit Solarstrom liegen mitten in den felsigen Erhebungen des Negev-Hochlands. Es gibt geführte wüstenarchäologische Touren und Sternbeobachtung.

B5 1,5 km westl. von Mitzpe Ramon
silentarrow.com

Shkedi's Camplodge
Der hippieartig anmutende Komplex südlich des Toten Meers strahlt Wüstenflair aus. Es gibt Gemeinschaftsunterkünfte, Gemeinschaftsbäder, eine Bar und nächtliche Lagerfeuer.

C5 Ne'ot ha-Kikar
shkedig.com

Geburtskirche in Bethlehem (siehe S. 232f)

Westjordanland

Das etwa 5800 Quadratkilometer große Westjordanland (West Bank) war einst Teil des britischen Mandatsgebiets und wurde von der UNO im Teilungsplan von 1947 einem zu gründenden arabischen Staat zugesprochen. Im Arabisch-Israelischen Krieg von 1948 wurde das Areal von Jordanien besetzt und 1950 annektiert. Kurz bevor Israel im Sechstagekrieg das Gebiet eroberte, begannen rechtskonservative Israelis dort mit dem Bau von Siedlungen und beriefen sich darauf, dass dies biblisches Land sei, nämlich Judäa, südlich von Jerusalem, und Samaria, das Stammland der Samaritaner nördlich von Jerusalem.

    1988 verzichtete Jordanien auf seine territorialen Ansprüche und entzog den Einwohnern die jordanische Staatsbürgerschaft. Die Opposition gegen die israelische Besetzung löste die erste Intifada (1987–91) aus, einen Palästinenseraufstand, der in der Folge zum Vertrag von Oslo (1993) und der Schaffung der Palästinensischen Autonomiebehörde in Ramallah führte. Die über 130 Selbstmordattentate während der zweiten Intifada (2000–05) provozierten eine unverhältnismäßige israelische Gegengewalt. Israel errichtete zudem einen Grenzzaun – etwa sechs Prozent davon als Betonmauer – sowie Kontrollpunkte, um das Eindringen palästinensischer Gewalttäter zu verhindern.

    Obwohl heute eine friedliche Lösung in weite Ferne gerückt zu sein scheint und obwohl das Durchschnittseinkommen von Palästinensern nur 3700 US-Dollar beträgt (das von Israelis 42 000 US-Dollar), werden im Westjordanland Museen, Kulturzentren und sogar Weingüter errichtet. Sowohl Besucher als auch Pilger werden herzlich empfangen.

Bethlehem

ⓘ B3 🏛 30 000 📍 9 km südl. von Jerusalem 🚌 Hebron Road ℹ Manger Square ☎ +970 2 277 6832 🌐 visitpalestine.ps/bethlehem-intro

Am Rand der Judäischen Wüste schmiegt sich Bethlehem an einen Berghang. Der Bibel zufolge war es die Heimat Davids, der zum König ernannt wurde, während er die Schafe hütete. Auch Jesus wurde hier geboren. Seit dem Bau der Geburtskirche (4. Jh.) ist Bethlehem Wallfahrtsort.

① ♿ Katharinenkirche

🏠 Manger Square ☎ +972 2 274 2425 🕒 Sommer: tägl. 6:30–19:30; Winter: tägl. 5–17 ⛔ So vormittags zu Gottesdiensten

Die mit der Geburtskirche (siehe S. 232f) verbundene Katharinenkirche wurde in den 1880er Jahren von Franziskanern an der Stelle eines Augustinerklosters (12. Jh.) errichtet. Letzteres hatte ein noch früheres (5. Jh.) ersetzt. Die Grotte der Unschuldigen, die Josefs- und die Hieronymusgrotte wurden von Christen schon im 1. Jahrhundert als Grabstätten genutzt. Sie enthalten auch die Gräber des hl. Hieronymus und der hl. Paula.

② Omar-Moschee

🏠 Manger Square 🕒 tägl. 4:30–21:30 (außer bei Gebeten)

Die Moschee wurde 1860 auf Land der griechisch-orthodoxen Kirche errichtet. Sie ist das einzige islamische Gotteshaus im Zentrum (obwohl es weit mehr Muslime als Christen in Bethlehem gibt). Die Moschee wurde nach dem Kalifen Omar ibn al-Khattab benannt. Er eroberte im 7. Jahrhundert Jerusalem und garantierte den Christen in Bethlehem Religionsfreiheit. Besucherinnen sollten dezent gekleidet sein und den Kopf bedecken. Der Frauenbereich liegt im oberen Stock.

③ Milchgrotte

🏠 Milk Grotto St ☎ +972 2 274 3867 🕒 Mo–Sa 8–12, 14–16:45

Die Grotte gilt als heilig, weil die Heilige Familie der Überlieferung nach während des Bethlehemitischen Kindermords hierher flüchtete, bevor sie nach Ägypten ging. Während Maria Jesus stillte, fiel ein Tropfen Milch auf den Boden, der sich weiß verfärbte. Christen und Muslime glauben, dass Abschabungen von den Steinen die Fruchtbarkeit erhöhen sowie den Milchfluss bei Stillenden verbessern.

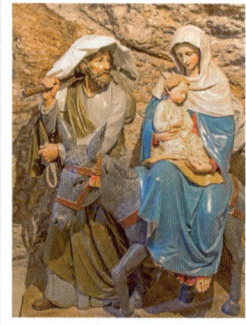

↑ *Figuren von Josef, Maria und dem Jesuskind in der Milchgrotte*

↑ Blick über Bethlehems heiliges historisches Zentrum

> **Expertentipp**
> **Banksy in Bethlehem**
>
> In Bethlehem kann man viele Werke des Streetart-Künstlers Banksy sehen. 2017 eröffnete er das Walled Off Hotel, in dem man direkt auf die Grenzmauer schaut (siehe S. 227).

④
Bethlehem Museum

🏠 Jerusalem-Hebron St
📞 +970 2 2751408
🕐 tägl. 8–18
🌐 bethlehemmuseum.com

Das faszinierende moderne Museum zeigt den Einfluss der Christen auf das Erbe der Palästinenser. Ausgestellt sind palästinensische Stickereien, Perlmutt- und Olivenholzschnitzereien sowie römische Artefakte. Erläutert wird das Alltagsleben in Bethlehem im 19. Jahrhundert und der Einfluss ausgewanderter Palästinenser in den Ländern, wo sie leben. Das Museumsrestaurant Al-Karmeh serviert palästinensische Küche, der Shop verkauft lokales Kunsthandwerk.

⑤
Rachels Grab

🏠 Hebron Rd 🕐 So–Do 1:30–22:30 📅 Feiertage

An der Straße nach Jerusalem liegt das Grab von Rachel, Jakobs Frau und Mutter zweier seiner zwölf Söhne. Das Grab liegt an der Verbindungsstraße zwischen Jerusalem und Bethlehem kurz vor dem Grenzzaun und ist nur von israelischer Seite aus zugänglich. Die drittheiligste Stätte des Judentums ist auch Muslimen heilig.

Das »Grab«, ein Felsen, ist mit einem Samttuch und elf Steinen bedeckt, einer für jeden der Söhne Jakobs, die am Leben waren, als Rachel im Kindbett starb. Der Bau um das Grab wurde im 12. Jahrhundert von Kreuzfahrern errichtet und in der Folgezeit mehrfach verändert. Jüdinnen bitten hier um Fruchtbarkeit.

Highlight

> **Im Westjordanland reisen**
>
> Ins Westjordanland gelangt man nur über israelisches oder israelisch kontrolliertes Gebiet. Besucher und Einheimische müssen durch einen der Militär-Checkpoints, etwa Checkpoint 300 (zwischen Jerusalem und Bethlehem) und Qalandia (zwischen Jerusalem und Ramallah). Touristen haben meist wenig Probleme, doch sie können durchsucht werden. Falls die Sicherheitskräfte glauben, dass Sie ein politischer Aktivist sind, werden Sie befragt. Sie sollten Pass und Einreisekarte dabeihaben.

Geburtskirche

🏠 Manger Square 📞 +970 2 274 2425 🕐 Sommer: tägl. 6:30–19:30; Winter: tägl. 5:30–17 🕯 Geburtsgrotte: So vormittags bis 11:30 geschl. 🌐 travelpalestine.ps

Am mutmaßlichen Ort von Jesu Geburt soll schon seit dem frühen 3. Jahrhundert eine Kirche gestanden haben. Tief im Inneren der heutigen Geburtskirche befindet sich das Allerheiligste: die Geburtsgrotte. Mit einem 14-zackigen Stern aus Silber, der genau auf der Mittelachse der Kirche liegt, wird die Stelle markiert. Der Stern trägt die Inschrift *Hic de virgine Maria Jesus Christus natus est* (»Hier wurde Jesus Christus von der Jungfrau Maria geboren«). Seit 2012 ist die Geburtskirche UNESCO-Welterbestätte.

In einer Schrift aus der Zeit um 160 wird erstmals eine Grotte erwähnt, die als angeblicher Geburtsort Christi verehrt wurde. 326 ließ der römische Kaiser Konstantin hier eine Kirche bauen, die Kaiser Justinian I. 530 erneuern ließ. Die Kreuzfahrer gestalteten das Innere neu, die Marmorausstattung stammt überwiegend aus der Zeit der Osmanen. 1852 wurde die Kirche unter die gemeinsame Obhut von römisch-katholischer, armenischer und griechisch-orthodoxer Kirche gestellt.

> **In einer Schrift aus der Zeit um 160 wird erstmals eine Grotte erwähnt, die als angeblicher Geburtsort Christi verehrt wurde.**

Katharinenkirche *(siehe S. 230)*

Die **Geburtsgrotte** ist das Herz der Kirche.

Treppe zur Hauptkirche

Schon gewusst?

Das Studierzimmer des hl. Hieronymus soll nahe der Geburtsgrotte gewesen sein.

Altar der Drei Weisen (Krippenaltar)

Weitere Grotten, die über diese Stufen zu erreichen sind, bergen Grab und Studierzimmer des hl. Hieronymus *(siehe S. 230)*.

Statue des hl. Hieronymus

Geburtskirche – mutmaßlicher Ort der Geburt Jesu ↑

Der **Kreuzgang der Katharinenkirche** wurde 1948 im Stil der Kreuzfahrer neu erbaut.

Highlight

1 *Ein Silberstern im Boden markiert die Stelle der Geburtsgrotte, wo Jesus geboren worden sein soll.*
2 *Viele der rosafarbenen Säulen im Kirchenschiff stammen von der alten Basilika (4. Jh.).*
3 *Im Hof des Kreuzgangs der Katharinenkirche steht eine Statue des hl. Hieronymus.*

Das **Schiff** stammt noch aus justinianischer Zeit, das Dach aus dem 15. Jahrhundert.

30 der **44 Säulen** zeigen Kreuzfahrerbilder von Heiligen und der Muttergottes mit Kind.

Wandmosaiken zierten einst die ganze Kirche.

Der **Narthex** (Vorhalle) war einst eine einzige lange, offene Halle, von der drei Türen in die Kirche und drei auf die Straße führten.

Das **Tor der Demut** wurde verkleinert, damit Plünderer nicht mit Wagen einfahren konnten.

Falltüren zeigen Teile des Mosaikbodens aus dem 4. Jahrhundert.

Krimkrieg und Bethlehem

Im 18. Jahrhundert ließ Frankreich in der Geburtsgrotte einen Silberstern anbringen – auch um den katholischen Anspruch auf die Kirche zu untermauern. 1847 wurde er gestohlen, wofür die Katholiken die Griechisch-Orthodoxen verantwortlich machten. Der Streit verursachte Spannungen zwischen Frankreich und dem russischen Zaren, Schutzherrn der orthodoxen Christenheit. Dies führte 1853 mit zum Ausbruch des Krimkriegs.

SEHENSWÜRDIGKEITEN

❷ Georgskloster

📍 C3 🏠 Route 1, 27 km östl. von Jerusalem 📞 +970 54 730 6557 🚌 von Jerusalem 🕐 tägl. 9–12

Die Wanderung vom Wadi Qelt zum Georgskloster gehört zu den schönsten der Gegend. Die Abtei wurde direkt aus dem Felsen der Schlucht gehauen. Das Kloster wurde 480 um eine Ansammlung von Grotten gegründet, wo Joachim erfahren haben soll, dass seine unfruchtbare Frau Anna mit Maria schwanger war.

614 fielen die Perser ein, töteten die Mönche und zerstörten das Kloster. Im Mittelalter wurde es von den Kreuzfahrern wiederbelebt, aber erst Ende des 19. Jahrhunderts vollständig rekonstruiert. Einige schöne Mosaiken aus dem 6. Jahrhundert sind noch erhalten. In der Kreuzfahrerkirche werden in einem Schrein die Schädel der gefolterten Mönche aufbewahrt.

Von der alten Straße zwischen Jericho und Jerusalem zweigt ein beschilderter Fußweg ab, der in etwa 20 Minuten zum Kloster führt. Von diesem Punkt aus können sportliche Besucher auch den interessanteren Pfad entlang der Wadi-Qelt-Schlucht wählen.

❸ Jericho

📍 C3 👥 22 000 🏠 25 km östl. von Jerusalem 🚌 Bus oder Taxi von Jerusalem

Die wohl älteste ununterbrochen bewohnte Stadt der Welt liegt nur ein paar Kilometer nördlich des Toten Meers in der Judäischen Wüste. Seine Existenz verdankt Jericho der Ain-es-Sultan-Quelle (in der Bibel: Elias-Quelle), an der sich vor 10 000 Jahren ein Volk von halbnomadischen Jägern und Sammlern niederließ.

Der Bibel zufolge war Jericho die erste Stadt, die die Israeliten unter Josuas Führung eroberten. Das Buch Josua berichtet, wie die Stadtmauern unter Kriegsgeschrei und Posaunenstößen einstürzten und die Kinder Israels das von Gott versprochene Land bekamen (Josua 6). Marcus Antonius schenkte die Oasenstadt seiner Geliebten Kleopatra, die sie ihrerseits Herodes dem Großen überließ. Da Jericho niedriger liegt als Jerusalem, ist es deutlich wärmer. Herodes verbrachte hier den Winter in seinem heute völlig zerstörten Palast.

Das Neue Testament berichtet von mehreren Besuchen Jesu in Jericho, wo er zwei Blinde geheilt und beim Steuereintreiber Zachäus ge-

Fast unzerstört: Bodenmosaik in den Ruinen des Hisham-Palasts in Jericho

Direkt in den Fels gebaut: Georgskloster sowie betende Nonnen im Inneren (Detail)

wohnt haben soll (Lukas 19, 1–10). Nahe dem Zentrum steht eine uralte Platane, auf die Zachäus geklettert sein soll, um Jesus zu sehen.

Wiederholte Überfälle von Beduinen führten zum Verfall Jerichos im 12. Jahrhundert. Erst in den 1920er Jahren, als die Wasserversorgung restauriert wurde, kam es zu einer neuen Blüte. Nach dem Krieg von 1948 nahm Jericho über 70 000 palästinensische Flüchtlinge auf. Seit 1994 gehört es zu den Palästinensischen Autonomiegebieten.

Zu den Highlights gehört der **Tel Jericho** (auch Tell es-Sultan), ein Ausgrabungshügel, auf dem 10 000 Jahre kontinuierliche Besiedlung nachgewiesen wurden. Imposant ist der große Steinturm mit den dicken Mauern (um 7000 v. Chr.).

Eine Seilbahn verbindet den Tel Jericho mit dem griechisch-orthodoxen **Kloster der Versuchung** (12. Jh.) zwei Kilometer nördlich. Wie das Georgskloster liegt diese Enklave spektakulär in einer Steilwand. Es wurde um die Grotte herumgebaut, in welcher der Teufel Jesus während seines 40-tägigen Aufenthalts in der Wüste in Versuchung geführt haben soll (Matthäus 4, 1–11). Der Ausblick von der Terrasse ist überwältigend.

Der **Hisham-Palast** (Qasr Hisham) ist ein Jagdhaus (724) des Omaijaden-Kalifen Hisham. Es wurde durch ein Erdbeben zerstört, doch die Ruinen lohnen einen Besuch wegen des Bodenmosaiks eines jagenden Löwen.

Umgebung: Die Taufstätte **Qasr el-Yehud** am Jordanufer ist ein beliebtes Pilgerziel. Viele Pilger tauchen hier ins Wasser ein.

Israelische Siedlungen im Westjordanland

Nach dem Krieg von 1967 haben israelische Regierungen im besetzten Westjordanland (Palästinensisches Autonomiegebiet), in Ostjerusalem und auf den Golanhöhen den Bau von 132 israelischen Siedlungen mit nun fast 430 000 Einwohnern zugelassen. Die Ideologie der orthodox geprägten Siedlungsbewegung lautet, dass es den Prophezeiungen der Bibel entspräche, vor der Ankunft des Messias in allen Teilen des historischen Israel zu siedeln, auch im Westjordanland (das biblische Judäa und Samaria). Radikale Gruppen haben – ohne Billigung der Regierung – weitere 100 kleine Siedlungen errichtet, viele davon auf strategisch günstigen Hügeln. Die internationale Gemeinschaft betrachtet alle Siedlungen als illegal. Auch viele Israelis sehen sie als ernsthafte Hindernisse auf dem Weg zu einer Zwei-Staaten-Lösung.

Tel Jericho
2 km nördl. des Zentrums tägl.

Kloster der Versuchung
2 km nördl. von Jericho Mo–Sa 8–16

Hisham-Palast
5 km nördl. von Jericho tägl. 8–17 (Sommer: bis 18)

Qasr el-Yehud
10 km östl. von Jericho tägl. parks.org.il

10 000 v. Chr. ließen sich Jäger und Sammler im Gebiet von Jericho nieder.

Das Kloster von Nebi Musa ist komplett von der Judäischen Wüste umgeben

④ Nebi Musa

C3 Route 1, 10 km südl. von Jericho bis Jericho, dann Taxi

Auch wenn es keine historischen Beweise gibt, glauben Muslime, dass Moses im Wüstenkloster von Nebi Musa begraben liegt. Seit 1269 steht hier eine Moschee, die der Mamlukenemir Baibar errichteten ließ. 1490 wurde ein zweistöckiges Pilgerhospiz angebaut. Die heutigen hellen Bauten stammen von 1820. Der umstrittene Kenotaph von Moses liegt, bedeckt mit dem traditionellen grünen Tuch, in der kahlen Gewölbegrabkammer der Moschee.

⑤ Mar-Saba-Kloster

C3 Nahe Route 398, 17 km östl. von Bethlehem bis Bethlehem, dann Taxi +970 2 277 3135   Mo, Di, Do, Sa, So 8–17

Mitten in der Wildnis der Judäischen Wüste liegt Mar Saba, eine von Dutzenden von Enklaven, die Einsiedler hier ab dem 5. Jahrhundert auf der Suche nach einem Leben in Einsamkeit und Gebet errichteten. 482 gründete der heilige Sabas das Kloster. Er war ein Mönch aus Kappadokien (Türkei). Seine Lehren beeindruckten sogar den byzantinischen Kaiser Justinian. Trotz eines Massakers durch die Perser im 7. Jahrhundert (die Schädel werden in einer Kapelle aufbewahrt) überdauerte das Kloster und hatte im 8./9. Jahrhundert sogar 200 Mitglieder hinter seinen massiven Mauern.

Auch wenn mittlerweile nur noch 20 Mönche hier leben, ist das Wüstenkloster vollkommen autark. Seine heutige Gestalt mit den hellblauen Kuppeln erhielt es 1834. Damals erfolgte nach einem heftigen Erdbeben ein Neubau.

Ein geschmückter Baldachin schützt die sterblichen Überreste des heiligen Sabas, die erst 1965 ins Heilige Land zurückkamen – die Kreuzfahrer hatten sie nach Venedig überführt, wo sie 700 Jahre lang verwahrt wurden. Die Wände der Kirche hängen voller Ikonen. Auf einem Fresko ist der Tag des Jüngsten Gerichts dargestellt.

Frauen dürfen das Kloster nicht betreten, doch die Aussicht von einem nahen Turm (den Frauen besteigen dürfen) macht einen Abstecher lohnenswert.

> **Schon gewusst?**
> Das Mar-Saba-Kloster ist eines der am längsten bewohnten Klöster der Welt.

Das Mar-Saba-Kloster verschmilzt mit der Landschaft

Exponate im Yasser Arafat Museum, das in der Nähe des früheren PLO-Hauptquartiers liegt

Ramallah

B3 **39 000** **20 km nördl. von Jerusalem** **18, 19, 218, 219 vom Damaskustor, Jerusalem**

Das historisch christliche Ramallah ist die kosmopolitischste Stadt im Westjordanland. Heute ist es mehrheitlich muslimisch. Hier gibt es ein Kulturleben sowie ein vibrierendes Nachtleben mit vielen trendigen Bars, die Alkohol servieren. Im Zentrum findet man Hotels mit internationalem Standard und einige der besten Restaurants in den Palästinensergebieten. Gute lokale Küche gibt es um den Al-Manara Square, nahe der Bushaltestelle. 2018 eröffnete die **A. M. Qattan Foundation**, die Kultur und Bildung fördert, ein 21 Millionen Dollar teures neues Hauptquartier mit Kunstzentrum. Das von Donaire Arquitectos aus Sevilla entworfene imposante Gebäude hat u. a. einen Ausstellungsbereich, ein Theater (120 Plätze) und eine Bibliothek. Die Stiftung unterstützt Bildungsprogramme zu Kunst und Wissenschaft.

Ramallah ist die De-facto-Hauptstadt der Palästinensischen Autonomiebehörde. Deshalb befinden sich hier Yasser Arafats Grab und das **Yasser Arafat Museum**, das Arafats Leben erläutert. Es liegt auf dem Areal der Muqata'a, Arafats einstigem Präsidentenbüro und militärischem Hauptquartier (Pass erforderlich).

Westliche Reisende mit Pass und Einreisekarte haben am Qalandia-Checkpoint meist kein Problem.

A. M. Qattan Foundation
22 Al-Jihad Street
qattanfoundation.org

Yasser Arafat Museum
Muqata'a +970 2 296 7770 Di – So 10 –17 (Sommer: bis 18) yam.ps

⑦ Palestinian Museum

🅰 B3 Birzeit, 14 km nördl. von Ramallah 📞 +970 2 294 1948 🕒 Mo–Fr 8:30–16:30 Feiertage 🌐 palmuseum.org

Zusammen mit der A. M. Qattan Foundation in Ramallah *(siehe S. 237)* gehört das Museum zu den Institutionen, die sich mit der palästinensischen Kultur beschäftigen.

Das Museum nahe dem Campus der Birzeit University (BZU) ist nicht weit von Ramallah entfernt. Es liegt in einem von dem Dubliner Architekten Heneghan Peng designten imposanten Bau und ist von Terrassengärten umgeben.

Obwohl das Palestinian Museum noch in seine Aufgaben hineinwachsen muss, gab es schon einige kleinere Ausstellungen auf internationalem Niveau, darunter eine mit Schwerpunkt auf den herrlichen Stickereien der Jellayeh-Mäntel.

⑧ Herodion

🅰 B4 Route 60/398, 17 km südöstl. von Jerusalem bis Bethlehem, dann Taxi 📞 +970 2 595 3591 🕒 Sa–Do 8–17 (Fr bis 16; Winter: bis 16 bzw. 15)

Südlich von Bethlehem erhebt sich der nach Herodes dem Großen benannte, vulkanartige Hügel von Herodion. Herodes ließ die runde Anlage 24–15 v. Chr. als befestigten Vergnügungspalast und Denkmal für seinen Sieg über die Hasmonäer bauen. 2007 wurde hier auch das angebliche Grab des Herodes entdeckt.

Beim Zweiten jüdischen Aufstand 132–135 wurde Herodion Hauptquartier des jüdischen Anführers Bar Kochba. In Erwartung eines römischen Angriffs wurden die Zisternen in ein Labyrinth von Fluchttunneln verwandelt.

Um das 5. Jahrhundert benutzten Christen den Ort als Kloster und bauten Zellen und eine Kapelle an, es sind noch eingeritzte christliche Symbole zu sehen. Ebenfalls erkennbar sind ein massiver Rundturm, drei halbrunde Turmfundamente, Ruinen der Bäder und des *triclinium* (Speisesaals) sowie Fragmente von Säulen und Mosaiken aus herodianischer Zeit.

Am Fuß des Hügels liegen die Überreste des Unteren Herodion mit dem Abdruck eines großen Beckens, das als Wasserreservoir diente.

⑨ Hebron

🅰 B4 200 000 40 km südl. von Jerusalem

In den sanften Hügeln südlich von Jerusalem liegt Hebron, die am dichtesten bevölkerte Stadt im Westjordanland. Bekannt ist sie wegen der handgefertigten Gläser, eine Kunst, die im Mittelalter aufkam und jahrhundertelang in der Hand einer Familie lag. Das bunte Glas kann man auf dem mittelalterlichen Souk kaufen. Hier sind auch einige imposante Gewölbedurchgänge aus der Kreuzfahrerzeit zu sehen.

> Südlich von Bethlehem erhebt sich der nach Herodes dem Großen benannte, vulkanartige Hügel von Herodion.

Glasbläser aus Hebron beim Formen eines mehrfarbigen Glases

Hebron ist ein Ort ständiger politischer Auseinandersetzungen. Die Stadt wird von der Palästinensischen Autonomiebehörde verwaltet, doch im Zentrum leben noch jüdische Siedler. Die Spannungen begannen, als 1929 Araber 67 Mitglieder der jüdischen Gemeinde töteten. Nach dem Sechstagekrieg 1967 annektierten militante jüdische Siedler das Stadtzentrum. Informieren Sie sich vor einem Besuch der Stadt über die aktuelle Situation.

Hebron wird von Christen, Juden und Muslimen als heilig betrachtet. In der Höhle von Machpelah (Genesis 23) soll Abraham seine Frau Sara beerdigt haben. Hier sollen auch er selbst und seine Nachkommen Isaak und Jakob ruhen.

Um 20 v. Chr. versiegelte Herodes der Große das Grab und ließ eine Halle darüber errichten. In byzantinischer Zeit wurde sie in eine Kirche umgewandelt. 638 machten die Araber aus der Kirche eine Moschee. Die Kreuzfahrer versuchten, die Stätte für die Christenheit zurückzugewinnen, und bauten große Teile der heutigen Anlage, vollendet wurde sie jedoch unter Saladin als Moschee (12. Jh.). Im 13. Jahrhundert verbot der Mamlukenemir Baibar schließlich sogar allen Nichtmuslimen den Zutritt.

Nach dem Krieg 1967 blieb die Moschee muslimisch, doch auch Juden hatten Zutritt. Heute ist die Anlage, das **Grab der Patriarchen** (arabisch: Haram al-Khalil), in eine Synagoge und eine Moschee geteilt, die jeweils einen eigenen Eingang besitzen. Bis heute ist diese Stätte ein Stein des Anstoßes und ewiges Streitobjekt zwischen den Religionen. 1994 drang der extremistische jüdische Siedler Baruch Goldstein in die Moschee ein und tötete 29 betende Muslime.

Die Altstadt und das Grab der Patriarchen sind seit 2017 UNESCO-Welterbestätte.

Grab der Patriarchen
📞 +970 2 996 5333 🕐 tägl. 4–21 🕐 Sa (jüdischer Teil), Fr (muslimischer Teil), einige Feiertage

Bars und Brauereien

Taybeh Brewing Company
Die älteste und größte palästinensische Brauerei ist für ihr »deutsches« Bier und für das dortige Oktoberfest bekannt.
🅰 C3 📍 Taybeh 🕐 Brauerei: Mo–Sa 8–16; Touren: 9–14:30 🌐 taybehbeer.com

Birzeit Brewery
Bernsteinfarbenes Ale, blondes Pilsner, Stout und saisonale Biere mit dem Schäfer-Label sind die Spezialitäten.
🅰 B3 📍 Birzeit 🕐 Mo, Mi, Sa 12–18 🌐 shepherds.ps

Snowbar
Die Bar ist seit Langem der heißeste Treffpunkt in der säkularsten Stadt des Westjordanlands. Hier trifft man auf wohlhabende Hipster, kreative Leute – und Familien.
🅰 B3 📍 Ein Sama'an, Ramallah 📞 +970 2 296 5571 🕐 tägl. 11–24

Antike Palastruinen unterhalb des Hügels von Herodion

Der spektakuläre Siq von Petra (siehe S. 244–251)

Petra und Westjordanien

Westjordanien ist seit prähistorischer Zeit besiedelt. Im 1. Jahrhundert v. Chr. war es Teil des Handelsimperiums der Nabatäer, die als Zentrum ihres Reichs das antike Petra erbauten. Nach dem Niedergang der Nabatäer wurde die Region von den Römern regiert, später von den Byzantinern und anschließend von den Kreuzfahrern.

Das antike Fundament des Landes steht im Widerspruch zum modernen Jordanien (9,5 Mio. Einwohner), das kaum ein Jahrhundert alt ist. Das heutige Staatsgebiet wurde 1923 unter britischer Oberhoheit von Palästina abgetrennt und 1946 als Haschemitisches Königreich Jordanien unabhängig. König Abdullah, Großvater und Namensgeber des heutigen Königs, war Jordaniens erstes Staatsoberhaupt.

Sein Nachfolger, der verstorbene König Hussein, etablierte das Land auch auf der internationalen Bühne. Husseins Bemühungen um ein friedliches Nebeneinander in der Region trug zu Jordaniens Ruf als Stabilitätsfaktor innerhalb der oft turbulenten nahöstlichen Politik bei. Trotz der Herausforderungen durch die Kriege in Irak und Syrien an seinen Grenzen gelang es Jordanien, diesen Kurs beizubehalten. Das Land ist relativ stabil, wenig korrupt und nach Europa und den USA orientiert.

Petra und Westjordanien

Highlights
1. Petra
2. Wadi Rum
3. Amman
4. Jerash (Gerasa)
5. Mosaiken von Madaba

Sehenswürdigkeiten
6. Umm Qais
7. Ajlun
8. Berg Nebo
9. Kerak
10. Shoubak
11. Aqaba

Petra

C6 Wadi Musa, 260 km südl. von Amman von Amman und Aqaba nach Wadi Musa Stätte und Besucherzentrum: tägl. 6–18 (Winter: bis 16); Museum: tägl. 9–16:30 (Sommer: bis 17:30) visitpetra.jo

Die spektakuläre Nabatäerstadt, die aus den Felsen der Sandsteinschluchten herausgehauen wurde, gehört zu den weltweit besonders atmosphärischen antiken Stätten. Die monumentalen Fassaden der »rosafarbenen Stadt« reflektieren das Farbenspiel der umgebenden Hügel und Täler. Seit 1985 ist sie UNESCO-Welterbe.

Petras Gräber und Tempel gehörten einst zu einer florierenden Metropole. Seit prähistorischer Zeit gab es hier Siedlungen, doch Petra war nur ein weiterer kleiner Wüstenort, bis die Nabatäer *(siehe S. 251)* kamen. Sie errichteten eine Stadt (3. Jh. v. Chr. –1. Jh. n. Chr.) und machten sie zum Zentrum eines Handelsimperiums. 106 n. Chr. wurde Petra von Rom annektiert. Die Christen kamen im 4., die Muslime im 7. und die Kreuzfahrer im 12. Jahrhundert. 1812 entdeckte J. L. Burckhardt *(siehe S. 249)* die vergessene Stadt wieder. Man sollte mehr als einen Tag einplanen, um Petras Schätze zu entdecken.

Vom Besucherzentrum sind es 1,5 Kilometer bis Petra, dabei durchquert man das Tal Bab el-Siq und die Schlucht des Siq bis zum Schatzhaus. Von dort führt der Weg in den Äußeren Siq durch den Canyon. Er wird allmählich weiter und öffnet sich zu einer Ebene mit der Stadt Petra. Weitere Monumente stehen auf den Berggipfeln. Man kann Petra selbst erkunden oder im Besucherzentrum einen Führer engagieren.

↑ *Petras Hauptstraße mit Überresten des Temenos-Tors*

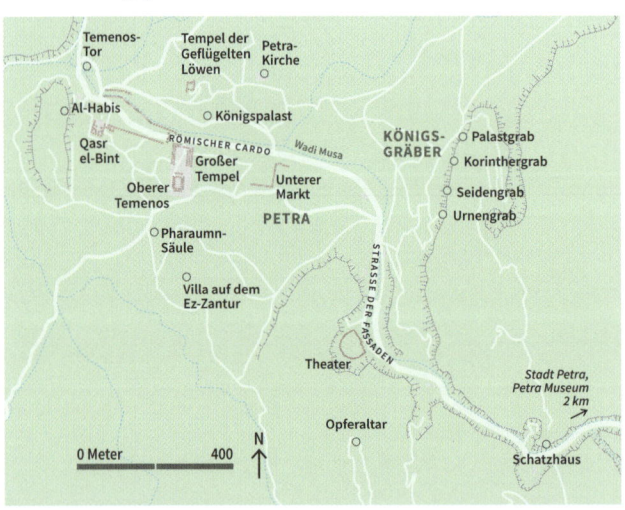

Highlight

Schon gewusst?

Petra war Kulisse für das Ende von *Indiana Jones und der Letzte Kreuzzug* (1989).

↑ *Der atemberaubende Anblick des Schatzhauses am Ende des Siq*

Das Theater im römischen Stil wurde im 1. Jahrhundert in den Berghang gehauen

Vom Schatzhaus zum Theater

Das Schatzhaus (1. Jh. v. Chr.) ist tief in den Fels getrieben und durch Steilwände geschützt. Da es sich in seiner Bauart völlig vom Rest der Anlage unterscheidet, geht man davon aus, dass es von hellenistischen Architekten aus dem Nahen Osten errichtet wurde.

Ein monumentales Eingangstor dominiert den äußeren Hof und führt zu einer Kammer im Inneren. Hinter ihr befindet sich ein Heiligtum mit einem Becken für rituelle Waschungen. Das Schatzhaus war also möglicherweise ein Tempel.

Vom Schatzhaus führt ein Weg in den Äußeren Siq, beiderseits gesäumt von Gräbern in allen Größen, einige davon halb begraben im nun höheren Bodenniveau.

Die Gräber zeigen verschiedene Mischstile, ein frei stehendes Grab besitzt einen Treppengiebel, hellenistische Eingänge, aber klassische nabatäische Säulen und Gesimse.

Am Ende des Äußeren Siq, in der Mitte der grandiosen Nekropolis, liegt das klassische Theater. Der von den Nabatäern begonnene und wahrscheinlich von den Römern weitergeführte Bau zeugt vom großen Können der Baumeister.

Auf dem Weg durch den Siq zum Schatzhaus

TOP 3 Attraktionen auf dem Weg

Schatzhaus-Tholos
Zentrale Figur ist die Fruchtbarkeitsgöttin Petras, al-Uzza. Die Einschusslöcher in Tholos und Urne stammen von Beduinen, die fälschlicherweise glaubten, hier seien Schätze versteckt.

Straße der Fassaden
Zu den vierstöckig übereinandergebauten Gräbern gehören die ältesten Fassaden von Petra. Die meisten sind von Zinnen und Giebeln gekrönt.

Theatergewölbe
Ins Theater gelangte man durch Tunnelzugänge neben der Bühne, die mit Gips oder Marmor ausgekleidet waren.

Königsgräber

Wo sich der Äußere Siq zu Petras zentraler Ebene hin öffnet, liegen, in den Fuß des Bergs El-Khubtha gemeißelt, Urnengrab, Korinthergrab und Palastgrab nebeneinander – allgemein als Königsgräber bekannt. Nach ihrer Größe zu schließen, wurden sie für wohlhabende oder wichtige Persönlichkeiten gebaut, vielleicht für die Könige und Königinnen von Petra. Diese und die benachbarten Gräber fallen auch durch die quer verlaufenden Streifen in den Sandsteinwänden auf, ein Effekt, den der warme Glanz der Spätnachmittagssonne noch verstärkt.

Das erste Königsgrab ist das riesige, über eine Treppe zugängliche Urnengrab. Seinen Namen erhielt es von der kleinen Urne ganz oben.

Ein Stück weiter liegt das mittlerweile ziemlich verwitterte Korinthergrab, das weitgehend vom Stil des Schatzhauses inspiriert ist. Die Archäologen sind erstaunt darüber, dass es so wenig Symmetrie aufweist, was sich vor allem in den unterschiedlichen Eingängen zeigt.

Daneben befindet sich das Palastgrab, das Neros Goldenem Haus in Rom nachgebildet sein soll. Es besaß eine grandiose fünfstöckige Fassade, die höher war als der Felsen, in den es geschlagen worden war.

↑ *Fassaden des Palastgrabs und des Korinthergrabs*

Eine ganz eigene Atmosphäre: Inneres des Palastgrabs ↑

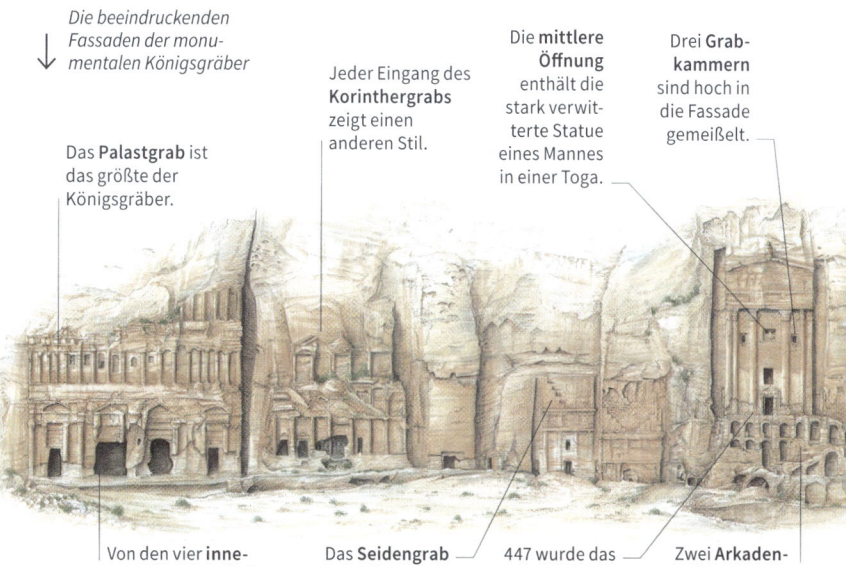

↓ *Die beeindruckenden Fassaden der monumentalen Königsgräber*

Das **Palastgrab** ist das größte der Königsgräber.

Jeder Eingang des **Korinthergrabs** zeigt einen anderen Stil.

Die **mittlere Öffnung** enthält die stark verwitterte Statue eines Mannes in einer Toga.

Drei **Grabkammern** sind hoch in die Fassade gemeißelt.

Von den vier **inneren Kammern** sind nur die beiden mittleren verbunden.

Das **Seidengrab** sieht aus wie Streifen von schillernder Seide.

447 wurde das **Urnengrab** in eine Kirche umgewandelt.

Zwei **Arkadenreihen** tragen die Terrasse vor dem Urnengrab.

Antike Stadt Petra

Direkt hinter dem Theater öffnet sich der Äußere Siq zu einer weiten Ebene. Die Ruinen der Stadt Petra liegen inmitten dieses großen Beckens. Der Weg am Wadi Musa entlang führt zu der Stätte hinunter. Von der großen Stadt, die einst das Tal beherrschte, sind heute nur noch wenige Überreste geblieben.

↑ *Das Temenos-Tor mit den Königsgräbern im Hintergrund*

Der große Cardo im römischen Stil war Petras Hauptverkehrsstraße, um sie lagen verschiedene Märkte. Sie führte zum heiligsten Tempel, dem Qasr el-Bint. Das Gebäude war wie alle Paläste um den Cardo üppig ausgeschmückt. Spuren von ornamentalem Gipsstuck und Marmorverkleidungen sind noch auf Wänden und Stufen zu sehen.

Säulengang des Cardo, der Hauptverkehrsstraße durch die Stadt ↑

Highlight

> **Johann Ludwig Burckhardt**
> Nachdem Petra 500 Jahre lang nur einheimischen Arabern bekannt war, wurde die Stätte 1812 von J. L. Burckhardt wiederentdeckt. Der Sohn eines Schweizer Obersts der französischen Armee war ein ebenso brillanter wie abenteuerlustiger Student. 1809 erhielt er von einer Londoner Vereinigung den Auftrag, die »inneren Gebiete Afrikas« zu erkunden. Drei Jahre später, nach intensivem Islam- und Arabischstudium, verkleidete er sich als muslimischer Kaufmann aus Indien und reiste als Sheikh Ibrahim Ibn Abdullah nach Ägypten. Auf dem Weg durch Jordanien hörte er Gerüchte über eine vergessene Stadt in den Bergen. Um dorthin zu gelangen, musste er erst seinen Führer überzeugen – mit der Behauptung, er wolle dem Propheten Aaron opfern. Seither entzündet sich an Petra die Fantasie.

Attraktionen der Stadt Petra

Modernes Museum
Zu sehen sind u. a. ein Marmorbecken mit Löwengriffen aus der Petra-Kirche sowie eine kleine gemeißelte Tafel der Göttin al-Uzza aus dem Großen Tempel.

Qasr el-Bint
▷ »Palast der Pharaonentochter« ist eine blumige Erfindung der Beduinen. Der Bau (1. Jh. v. Chr.) war wohl Petras Haupttempel, der Stein am Fuß der Treppe ein Altar für den Sonnengott Dushara, Hauptgott des nabatäischen Pantheons.

Temenos-Tor
Der imposante Eingang zum heiligen Bezirk von Qasr el-Bint besaß frei stehende Säulen vor massiven, wahrscheinlich metallverkleideten Holztoren. Er entstand wohl nach der römischen Eroberung. Die Reliefs mit Tiergottheiten an den Kapitellen sind nabatäische Elemente bei sonst klassischem Stil.

Tempel der Geflügelten Löwen
Der Name bezieht sich auf die Löwen auf den Säulenkapitellen. Der Tempel war wohl al-Uzza geweiht. Eine Brücke über das Wadi Musa führt zum Eingang. Fragmente von Gipsstuck, die mit Delfinen und Blumengirlanden bemalt sind, deuten auf eine reiche Innenausstattung hin.

Petra-Kirche
Mosaiken (6. Jh.) schmücken die Gänge der byzantinischen Basilika. 152 hier entdeckte Schriftrollen verraten Einzelheiten aus dem Alltag des byzantinischen Petra.

Römischer Cardo
Die Kolonnaden (106 n. Chr.) geben der Straße römischen Charakter. Der Cardo wurde vom Department of Antiquities teilweise restauriert.

Großer Tempel
◁ Der grandiose Eingang (1. Jh. v. Chr.) führte zu einem tiefer liegenden Bereich mit Säulen, der mit sechseckigen Steinen gepflastert war. Darunter verliefen Wasserkanäle. Große Stufen führten zu einem Auditorium mit 600 Plätzen.

Weitere Sehenswürdigkeiten um Petra

Nur die allerwichtigsten Sehenswürdigkeiten in Petra lassen sich an einem halben Tag besichtigen. Doch dieses einzigartige Zeugnis einer versunkenen Kultur bietet viel mehr.

> Der Weg, der sich auf der anderen Seite des Jebel Attuf ins Wadi Farasa hinunterschlängelt, ist spektakulär und teils halsbrecherisch steil.

Wanderung zum Kloster

Zu Petras besterhaltenem Monument, dem Kloster, gelangt man nach einem beschwerlichen Aufstieg, der sich gleichwohl lohnt. Der Weg durch das Wadi ist zum Teil gepflastert und führt über mehr als 800 aus dem Felsen gehauene Stufen. Beste Zeit ist der Nachmittag, wenn die Strahlkraft der Sonne etwas nachgelassen hat.

Ein kleiner beschilderter Umweg führt zum Löwen-Triclinium mit verwischten Abbildungen der Göttin al-Uzza in Löwengestalt, die den Eingang bewacht. Dahinter steigt der Weg steil an. Er umfasst ein paar Treppenstufen und einige interessante Monumente. Dann kommt man zu einer aus dem Felsen gehauenen Terrasse. Direkt rechts liegt das Kloster, das dem 86 v. Chr. verstorbenen Gottkönig Obodas I. geweiht war. Seine klare Bauweise (1. Jh. n. Chr.) gilt als typisch für die nabatäische Klassik. Im Inneren befindet sich eine große Kammer mit bogenüberspannter Nische, wo der Altar stand. Kloster heißt das Bauwerk wegen der in die Wand gemeißelten christlichen Kreuze.

> **Schon gewusst?**
> Die imposante Fassade des Klosters ist 47 Meter breit und 40 Meter hoch.

Wanderung zum Großen Opferplatz

Zwischen Schatzhaus und Theater führt eine aus dem Felsen gehauene Treppe zum Gipfel des Jebel Attuf. Hier liegt in 1035 Meter Höhe einer der besterhaltenen Opferplätze Petras. Für den Aufstieg – am besten frühmorgens – sollten Sie körperlich fit und schwindelfrei sein.

Der erste Teil des Gipfels ist eine große Terrasse mit zwei sechs Meter hohen Steinobelisken, wahrscheinlich Fruchtbarkeitssymbolen. Der zweite Teil ist der Große Opferplatz. Stufen am hinteren Rand führen zum Hauptaltar. Der angrenzende runde Altar besitzt ein Becken mit einem gemeißelten Ablauf, über den möglicherweise das Blut von Menschen- und Tieropfern abfloss.

Der Weg, der sich auf der anderen Seite des Jebel Attuf ins Wadi Farasa hinunterschlängelt, ist spektakulär und teils halsbrecherisch steil. Zunächst sieht man das in den Felsen gemeißelte Löwen-Monument der Göttin al-Uzza. Der Weg führt dann zum abgeschiedenen Garten-Triclinium und zum Grab des Zerbrochenen Giebels, benannt nach seinem charakteristischen Merkmal. Unweit davon steht das elegante Renaissance-Grab mit drei Urnen über dem Eingang. Danach weitet sich das Wadi Farasa. Der Abstieg endet im Haupttal, nicht weit vom Qasr el-Bint.

»Schlüssellochblick« auf die gut erhaltene Fassade des Klosters

Highlight

Grab des Sextius Florentinus, im 2. Jahrhundert Gouverneur von Arabien

Aarons Grab
Muslime, Christen und Juden verehren diesen Ort, an dem Moses' Bruder Aaron begraben liegen soll. Die weiße Kuppel des Schreins ist vom Großen Opferplatz aus zu sehen – viele Besucher belassen es bei diesem Anblick. Der Weg zum Grab erfordert einen dreistündigen Ritt und einen dreistündigen mühevollen Aufstieg. Ein Führer und Vorräte sind unerlässlich.

Grab des Sextius Florentinus
Hinter dem Palastgrab liegt direkt an einer Steilwand das Grab des Sextius Florentinus. Obwohl die Fassade recht verwittert ist, sind die schönen und ungewöhnlichen Schmuckdetails gut zu erkennen. Weiter nördlich steht die Karminfassade mit leuchtend roten, blauen und grauen Streifen. Weiter das Wadi Mataha entlang kommt man zu einer aus dem Felsen gehauenen Anlage, dem Haus des Dorotheos. Auf der anderen Seite des Wadi liegt Mughar el-Nasara, eine Ansammlung von Häusern und Gräbern.

Klein-Petra
Der nördliche Vorort Petras, Siq el-Berid, wird Klein-Petra genannt, weil er wie eine Miniaturversion der Hauptstadt wirkt. Man erreicht das acht Kilometer nördlich vom Ort Wadi Musa gelegene Areal am besten per Taxi. Der Fußweg ist anstrengend, ein Beduinenführer unerlässlich.

Klein-Petra war wohl eine Wohnsiedlung für Petras reiche Händler. Direkt vor dem siqartigen Eingang stehen eine große Zisterne und ein klassischer Tempel. Die Schlucht, die kürzer ist als die nach Petra, birgt einen einfachen Tempel. Wenn man die Stätte betritt, wird man von der unglaublichen Fülle an Fassaden nahezu erschlagen. Treppen, die in alle Richtungen führen, beschwören das Bild eines geschäftigen Zentrums herauf. Ein Highlight ist das Bemalte Haus.

Die Nabatäer
Die Nabatäer wanderten im 6. Jahrhundert v. Chr. aus Nordost-Arabien westwärts und ließen sich auf dem Areal von Petra nieder. Im 1. Jahrhundert v. Chr. hatten sie eine Stadt für 30 000 Menschen errichtet – Zentrum eines wohlhabenden und mächtigen Reichs. Der Schlüssel zu ihrem Erfolg war ihre überlegene Wassertechnik. 106 n. Chr. eroberten die Römer die Stadt, im 7./8. Jahrhundert gaben die Nabatäer Petra endgültig auf.

Die überwältigende Wüstenszenerie des Wadi Rum

❷
Wadi Rum

🅰 C7 📍 30 km südöstl. des Desert Highway (Route 53); Abzweigung 45 km nördl. von Aqaba 🌐 visitjordan.com

Die Wüstenlandschaft um das Wadi Rum ist atemberaubend. Riesige, ockerfarbene Felsbrocken in sonderbar bauchigen oder gezackten Formen, die durch Verwitterung entstanden, erheben sich 600 Meter hoch aus der Talebene wie Inseln aus einem Meer aus rotem Sand. Viele Kletter- und Wanderrouten schlängeln sich zu den Gipfeln hinauf und um sie herum.

> 💬 Expertentipp
> **Felsenkarte von Jebel Amud**
> In einer Höhle am Fuß des Jebel Amud, etwa 20 Kilometer nordöstlich des Dorfs Rum, befindet sich ein großer Felsen voller Markierungen und Linien, möglicherweise eine topografische Karte der Gegend aus der Zeit um 3000 v. Chr.

Einst war die Gegend eine der Haupthandelsrouten. Auf Besiedelung weisen die Ruinen eines von den Nabatäern *(siehe S. 251)* errichteten Tempels sowie Inschriften des späteren Thamud-Volks hin. T. E. Lawrence (Lawrence von Arabien) führte während des Ersten Weltkriegs hier viele Guerilla-Operationen durch. Stätten, die mit ihm in Verbindung stehen, sind die Lawrence-Quelle und der Jebel Makhras oder die Sieben Säulen der Weisheit – die nach seinem berühmten Buch benannt sind. Heute leben halbnomadische Beduinen in der Region, die seit 2011 UNESCO-Welterbe ist.

Man kann das Wadi Rum auf zwei Arten entdecken: mit einer Kombination von Jeepfahrten und Wanderungen oder mit Kameltouren. Mit Jeeps überwindet man schnell größere Distanzen, die traditionelle Reiseart mit Kamelen ist der erhabenen Ruhe der Wüste angemessener. Wie auch immer: Sie sollten genügend Wasser mitführen und die Mittagshitze meiden.

Highlight

Schon gewusst?

Der Marsianer wurde 2015 im Wadi Rum gedreht – die Landschaft stand für den Roten Planeten.

1 Unweit von Rum liegt die Lawrence-Quelle, die Lawrence als »quadratmetergroßes Paradies« beschrieb. Ein nabatäischer Wasserkanal verläuft in der Nähe.

2 Das Dorf Rum ist eine rasch wachsende Beduinensiedlung.

3 Die Felsenbrücke des Jebel Umm Fruth, ein erstaunliches Naturphänomen, ist eine von mehreren Felsenbrücken. Sie erhebt sich direkt aus dem Wüstenboden und lässt sich erklimmen und überschreiten.

Amman

🅐 D3 **🅐** 1,8 Mio. (Großraum: über 4 Mio.) ✈ 🚌
🅘 Jordan Tourism Board, Tunis Street **📞** + 962 6 567 8444 **🅦** visitjordan.com

Wie Jordanien selbst ist Amman relativ jung, besitzt aber Wurzeln, die weit in die Geschichte zurückreichen. Auf dem Hügel im Zentrum lag einst die biblische Ammoniterhauptstadt Philadelphia, bevor die Omaijaden ihren Palast auf dem Hügel errichteten. Amman blühte ab 1921 als Hauptstadt des neuen Emirats Transjordanien auf. Heute ist es eine moderne und zukunftsorientierte arabische Metropole.

① Innenstadt

Die Souks (Märkte) rund um die El-Malek Faisal, El-Hashemi und Quraysh Street bilden das kommerzielle Zentrum Ammans. Hier führen die Läden alles von marinierten Oliven bis zu Goldschmuck, während die Händler der Gebäck-, Falafel-, Kaffee- und Gewürzstände um Kundschaft werben. In der El-Hashemi Street findet man auch interessante Souvenirläden. Die zentrale König-Hussein-Moschee wurde 1924 auf dem Gelände einer 640 von Kalif Omar erbauten Moschee errichtet. Sie ist das bestbesuchte Gotteshaus der Stadt.

In der Nähe steht das Römische Nymphaeum (191 n. Chr.), ein großer Brunnen mit Becken. Das Department of Antiquities nimmt dort archäologische Ausgrabungen vor. Das Nymphaeum soll originalgetreu restauriert und in einen archäologischen Park mit Museum und Theater verwandelt werden.

② Zitadelle

🅐 Jebel el-Qalaa **📞** +962 6 463 8795 **🕐** Sommer: tägl. 8–18; Winter: tägl. 8–17 **🗓** einige Feiertage

Jahrtausendelang diente der Jebel el-Qalaa als Festung von Amman. Hier stand die Ammoniterhauptstadt Rabbath Ammon, doch was man heute sieht, sind Über-

---

Hotel

La Locanda

Das Boutique-Hotel im eleganten Al Weibdeh-Distrikt in der Innenstadt hat 14 Zimmer in einem der ältesten Gebäude der Gegend. Die Zimmer sind alle in Verehrung für Stars arabischer Musik dekoriert – von Umm Kulthoum bis Fairuz.

🅐 52 Baouniya St, Jebel Al Weibdeh
🅦 locandahotel.com

Die Ruinen des römischen Herkules-Tempels in der Zitadelle

reste eines Omaijaden-Palasts von 750, der nur 30 Jahre standhielt. Der ausgedehnte Komplex umfasst einen Audienzsaal, eine Kolonnadenstraße, eine byzantinische Basilika und die Residenz von Ammans Lokalgouverneur.

Der römische Herkules-Tempel mit seinen hohen Säulen und den feinen Steinmetzarbeiten entstand zur selben Zeit wie das Römische Theater. Von hier bietet sich ein herrliches Stadtpanorama.

③
Römisches Theater
🏠 El-Hashemi St 🕐 Sommer: Sa – Do 8 –18, Fr 9 –18; Winter: Sa – Do 8 –16, Fr 9 –16 🚫 einige Feiertage

Ammans augenfälligstes historisches Baudenkmal ist das beeindruckende Römische Theater aus dem Jahr 170. Es fasst etwa 6000 Zuschauer. Man kann sich dort hinsetzen, mit Einheimischen ins Gespräch kommen und auf die Stadt blicken. Die hinteren Sitzreihen wurden erst später aus dem Fels gehauen.

Am Fuß des Theaters stehen ein korinthischer Säulengang und das alte Odeon (ein kleines Theater). Auf dem nahe gelegenen Hashemite Square kommen einheimische Familien gern zusammen.

④
Jordan Museum
🏠 Omar Matar St 📞 +962 6 462 9317 🕐 Sa – Mo, Mi, Do 9–17, Di, Fr 14 –18 🚫 einige Feiertage 🌐 jordanmuseum.jo

Das moderne Museum in der Ras-Al-Ayn-Gegend gehört mit rund 2000 Artefakten zu den besten der Region. Es gibt eine gute Einführung in Geschichte und Kultur Jordaniens von der Steinzeit bis zum Islam. Highlights sind eine überraschend modern wirkende, 8000 Jahre alte

Highlight

↑ *Antike Statue aus Ain Ghazal im Jordan Museum*

Gipsstatue aus Ain Ghazal sowie die separate Ausstellung, die den Schriftrollen vom Toten Meer *(siehe S. 159)* gewidmet ist. Eine Abteilung erläutert die Entwicklung der Schrift in dieser Region, eine weitere stellt die Schätze Petras in einen regionalen Kontext. Die Living History Gallery veranschaulicht das Leben der Beduinen, die Modern Jordan Exhibition beleuchtet das heutige Jordanien. Eine Islam-Abteilung im Obergeschoss ist geplant.

⑤ König-Abdullah-Moschee

🏠 Suleyman el-Nabulsi St, Jebel Al Weibdeh 🕐 Sa – Do 8 –11, 12:30 –14, Fr 9 –10

Ammans imposantestes islamisches Monument ist die König-Abdullah-Moschee (El-Malek Abdullah) von 1990, die König Hussein seinem Großvater gewidmet hat. Die ganz in Blau gehaltene Kuppel überspannt den größten Sakralbau der Stadt – die Gebetshalle bietet 7000 Menschen Platz. Das höhlenartige, oktogonale Innere ist mit kalligrafischen Koranversen übersät. Von der Decke hängen riesige Leuchter. Vor Betreten der Moschee muss man die Schuhe ablegen. Frauen sollten den Kopf bedecken (Schal wird gestellt). Das angrenzende kleine Islammuseum zeigt Münzen und Kunsthandwerk.

⑥ Folklore Museum und Museum of Popular Traditions

🏠 El-Hashemi St 📞 +962 6 465 1742 🕐 Sommer: Sa – Do 8 –18, Fr 9 –18; Winter: Sa – Do 8 –16, Fr 9 –16 🚫 einige Feiertage

Die beiden bescheidenen, aber dennoch interessanten Museen sind in den Gewölben unter dem Theater untergebracht. Das Folklore Museum besitzt traditionelle Trachten, ein Beduinenzelt, einige schöne Rababas (einsaitiges Musikinstrument) und traditionelle Kaffeemühlen.

Das zweite Museum zeigt jordanische Trachten, armenisch-tscherkessischen Silberschmuck für Hochzeiten sowie Amulette aus türkischen Münzen und Glück bringende Fatima-Hände. Zudem sind schöne Mosaiken aus Jerash *(siehe S. 258f)* und aus der Taufstätte in Wadi el-Kharrar zu sehen.

Expertentipp Kochkurse

In der Beit-Sitti-Kochschule der Schwestern Haddad lernt man die Gerichte Jordaniens, Palästinas und weiterer Regionalküchen zuzubereiten, dann probiert man sie auf der Terrasse (www.beitsittijo.com).

Die elegante König-Abdullah-Moschee mit einer riesigen Gebetshalle (Detail)

Traum für Autofans: Vintage-Cadillac von 1916 im Royal Automobile Museum

⑦
Darat al-Funun
🏠 13 Nadeem al Mallah St, Jebel Al Weibdeh 🕐 Sa–Do 10–19 🚫 Aug; Feiertage 🌐 daratalfunun.org

Das Kunstmusem mit hübschem Café und einem kleinen Garten mit archäologischen Artefakten ist ein idealer Fluchtpunkt vor der Hektik der Stadt. Wechselausstellungen, Vorträge und gelegentliche Musikkonzerte stellen die Kunstszene Ammans vor. Das Hauptgebäude liegt in einer Villa aus den 1920er Jahren neben den Ruinen einer byzantinischen Kirche (6. Jh.).

⑧
Royal Automobile Museum
🏠 King Hussein Park 📞 +962 6 541 1392 🕐 Mi–Mo 10–19 (Sommer: Fr bis 21) 🚫 einige Feiertage 🌐 royalautomuseum.jo

Der frühere jordanische König Hussein II. war Autofan. Das Museum, fünf Kilometer nordwestlich des Zentrums, präsentiert 70 »Klassiker« aus seiner Privatsammlung. Zu sehen sind ein Cadillac von 1916 sowie Sportwagen der Marken Lotus, Ferrari und Porsche. Ausgestellt ist auch der Mercedes-Benz-Jeep, der 1999 den Sarg von Hussein bei der Begräbnisprozession trug.

⑨
Wild Jordan Center
🏠 Othman bin Affan St, Jebel Amman 📞 +962 6 463 3542 🕐 tägl. 9–23 🚫 Terrasse: Okt–Apr 🌐 rscn.org.jo

Jordaniens Royal Society for the Conservation of Nature (RSCN) führt dieses moderne Natur- und Umweltschutzzentrum. Der Wild Jordan Nature Shop bietet ökologische Produkte an, etwa Seifen aus Olivenöl, Silber aus Dana und Mujib, Kerzen der Beduinen aus Feynan und handbemalte Straußeneier aus der östlichen Wüste. Im exzellenten Café erhält man Gerichte aus Bio-Zutaten. Von der Terrasse genießt man einen fantastischen Ausblick.

Das Center vermittelt auch Touren in die Naturreservate – von Klettertouren bis zu Kanufahrten im Wadi Mujib oder der Beobachtung von Oryxantilopen im Shaumari Nature Reserve.

Highlight

Restaurants

Hashem
In dem ikonischen Restaurant ist rund um die Uhr etwas los. Hashem serviert Hummus und *fuul* (Saubohnen), Berge von Falafeln und Fässer von Minztee – mit Aplomb.

🏠 El-Malek Faisal St, Innenstadt 🕐 24 Std.

Tamara
Probieren Sie in dem tollen Fischrestaurant die Spezialität des Hauses, den mit Salz aus dem Toten Meer überzogenen Wolfsbarsch. Es gibt auch vegane Optionen.

🏠 Al Hayek St, Fifth Circle 📞 +962 6 400 0500 🕐 tägl. 8–23

Jerash (Gerasa)

C2 40 km nördl. von Amman von Amman +962 2 634 2471 Mai – Sep: Mo – Do 8 –19, Fr – So 9 –16; Okt – Apr: Mo – Do 8 –16, Fr – So 9 –16

Jerash, das in griechischer und römischer Zeit Gerasa hieß, gehört zu den besonders gut erhaltenen römischen Städten im Nahen Osten. Highlights sind das ungewöhnliche Ovale Forum und der Cardo, eine gepflasterte Straße von 600 Metern Länge, auf deren Steinen noch die Spuren von Wagenrädern zu sehen sind.

Jerash war in der hellenistischen Epoche (3. Jh. v. Chr.) ein urbanes Zentrum. Ab dem 1. Jahrhundert v. Chr. gewann es innerhalb der römischen Provinz Syrien erhebliches Ansehen. Zu seiner Blüte trug nicht zuletzt die Lage an der Weihrauch- und Gewürzstraße von der Arabischen Halbinsel zum Mittelmeer bei. Trajans Einnahme der Nabatäerstadt Petra *(siehe S. 244 – 251)* brachte der Stadt noch mehr Wohlstand. Um 130 n. Chr. erlebte das antike Gerasa seinen Zenit.

Nach einer Regressionsphase im 3. Jahrhundert blühte Jerash als christliche Stadt unter den Byzantinern wieder auf. Die Muslime übernahmen sie 635. Im 8. Jahrhundert wurde sie durch ein Erdbeben schwer beschädigt. Den Todesstoß erhielt sie 1112 durch Balduin II. von Jerusalem während der Kreuzzüge.

Erkundung der Stätte
Man betritt die Stadt durch den Hadriansbogen. Nebenan liegt das Hippodrom, in dem Wagenrennen und andere Events stattfanden. Täglich außer dienstags werden diese nachgestellt. Im Südtheater findet heute das Jerash Festival, Teil des Jordan Festival, statt.

Das Ovale Forum mit seiner asymmetrischen Form ist ein einzigartiges Monument der römischen Welt. Richtung Norden liegt der Cardo, eine gepflasterte Straße von ungefähr 600 Meter Länge, welche die wichtigsten Gebäude der Stadt, Läden und Villen, verband. Weiter links befindet sich das Nymphaeum, ein öffentlicher Waschbrunnen (2. Jh.).

Unweit davon steht der imposante Tempel der Artemis, der einstigen Schutzgöttin der Stadt. Daneben liegen die Ruinen mehrerer byzantinischer Kirchen. Etwas weiter entfernt am Cardo erhebt sich die Propyläenkirche, daneben sieht man die Ruinen einer Omaijaden-Moschee. Dahinter befinden sich die noch nicht ausgegrabenen Westbäder mit einem herrlichen Kuppeldach.

Nehmen Sie sich mindestens einen halben Tag Zeit für die Ruinen sowie das Museum, das Sarkophage, Statuen und Münzen zeigt.

> **Ein Grund für die Blüte Gerasas war seine Lage an der Weihrauch- und Gewürzstraße zum Mittelmeer.**

Highlight

1 *Der Hadriansbogen, der zu Ehren des römischen Kaisers errichtet worden war, steht am Eingang zur antiken Stadt.*

2 *Das Ovale Forum aus dem 1. Jahrhundert misst 80 mal 90 Meter und ist von 160 ionischen Säulen umgeben.*

3 *Der Cardo, die Hauptverkehrsstraße durch Gerasa, besitzt Entwässerungslöcher, die in die Kanalisation der Stadt führten.*

Die Ruinen der prächtig verzierten Bühne des Südtheaters von Gerasa ↓

Mosaiken von Madaba

C3 70 000 von Amman *Visitors Center, nahe Georgskirche* +962 8 543 376 Georgskirche: tägl. 8:30–18 (Fr, So ab 10:30); Archaeological Park: tägl. 8–18.30 (Winter und Ramadan: kürzer)

Madaba, die Stadt der Mosaiken, ist für ihre vielen antiken und mittelalterlichen Kunstwerke dieser Gattung bekannt. Das berühmteste ist die Mosaikenkarte von Madaba mit der ältesten erhaltenen kartografischen Darstellung von Jerusalem und dem Heiligen Land. Die Karte auf dem Boden der Georgskirche ist aus zwei Millionen Plättchen aus lokalem Stein zusammengesetzt und stammt aus der Mitte des 6. Jahrhunderts n. Chr.

Dem Alten Testament zufolge war Madaba eine der Moabiterstädte, die von den Stämmen Israels erobert wurden. Nachdem mehrmals die Herrscher gewechselt hatten, blühte Madaba unter römischer Herrschaft auf. Im 4. Jahrhundert war die Stadt als Bischofssitz ein wichtiges Zentrum des Christentums. Sie trotzte Einfällen von Persern und Muslimen, verfiel allerdings unter den Mamluken und wurde im 16. Jahrhundert endgültig aufgegeben. Erst im späten 19. Jahrhundert kam es zu einer erneuten Besiedlung.

Hauptattraktionen in Madaba sind die herrliche Mosaikenkarte in der Georgskirche im Stadtzentrum. Eine Ikone Marias wird wegen einer blauen »helfenden« Hand verehrt. Der Archaeological Park umfasst die Überreste mehrerer Kirchen aus dem 6. Jahrhundert. Zu sehen sind u. a. schöne Mosaiken, darunter eines mit Szenen der Sage von Adonis und Aphrodite.

Die Apostelkirche am Südende der Stadt besitzt ein Mosaik, das die Meeresgöttin Thetis mit Fischen und Seeungeheuern darstellt.

↑ *Die einfache Fassade der Georgskirche, Ort der Mosaikenkarte*

← *Detail der Mosaikenkarte, das Jericho und den Jordan zeigt*

↑ *Besucher vor einem Exponat im Archaeological Park*

Mosaikenkarte von Madaba

Im späten 19. Jahrhundert zog eine kleine Gruppe von Christen aus Kerak in die lange unbewohnten Gemäuer von Madaba. 1884 entdeckte man bei Aufräumarbeiten einer alten verfallenen Kirche die Mosaikenkarte. Sie wurde in die neue Georgskirche integriert, dabei allerdings beschädigt. Erst zehn Jahre später erkannte man den historischen Wert des Mosaiks, das wohl aus der Zeit Kaiser Justinians (527–565) stammt.

 *Highlight*

Das farbenfrohe Innere der Georgskirche mit der Mosaikenkarte des Heiligen Lands

SEHENSWÜRDIGKEITEN

❻
Umm Qais
🅰 C2 📍 100 km nordwestl. von Amman 🕐 tägl. 7– Sonnenuntergang

In Umm Qais liegt das griechisch-römische Gadara. Die Ruinen der Stadt befinden sich auf grünen Hügeln, von denen aus man die Golanhöhen und den See Genezareth sieht. Die Stadt kommt in der Bibel vor: Jesus heilte die »Besessenen von Gadara«, indem er ihre Dämonen in Schweine bannte (Matthäus 8, 28 – 34). Seit 1974 legen Archäologen die Ruinen frei, darunter eine Kolonnadenstraße, ein Theater und ein Mausoleum.

Das Dorf steht mit an vorderster Stelle des neuen Tourismusbooms in Jordanien, hier bietet **Baraka Destinations** diverse Outdoor-Aktivitäten an. Einheimische Führer begleiten Besucher auf Naturpfaden, Wanderungen und Radtouren, oder sie zeigen ihnen essbare Pflanzen. Es gibt Kochkurse und Kurse vom Bienenzüchter.

Baraka Destinations
🌐 barakadestinations.com

❼
Ajlun
🅰 C2 📍 50 km westl. von Amman

Die Marktstadt Ajlun wird von der Festung **Qalat ar-Rabad** überragt. Das Paradebeispiel arabischer Militärbaukunst ließen die Osmanen 1184 / 85 errichten und nutzten es bis ins 18. Jahrhundert. Vom Standort in 1200 Meter Höhe bietet sich ein fantastischer Blick über das Jordantal.

Qalat ar-Rabad
🕐 tägl. 8 –17 (Fr und Feiertage bis 16; Winter: bis 16)

❽
Berg Nebo
🅰 C3 📍 10 km nordwestl. von Madaba 🚌 von Madaba, dann 4 km Fußweg oder Taxi 🕐 tägl. 7 –19 (Okt – Apr: bis 17)

Der Berg (808 m) erhebt sich am Ende der langen Gebirgskette am Toten Meer und bietet grandiose Ausblicke über den Jordan, das 1000 Meter tiefer liegende Tote Meer und nach Israel. Hier soll Moses kurz vor seinem Tod das Gelobte Land erblickt haben (5. Buch Mose 34, 1– 5).

Im 4. Jahrhundert wurde Moses zu Ehren auf dem Berg Nebo (arabisch: Fasaliyyeh) ein Heiligtum – vermutlich auf den Ruinen eines älteren Gebäudes – errichtet, das die Pilgerin und Nonne Egeria erwähnt. Zu byzantinischer Zeit baute man die Kirche in eine schöne Basilika mit Sakristei und Taufkapelle um. Die Klostergebäude kamen später hinzu.

Seit 1933 wurde diese Moses-Gedächtnis-Kirche mehrfach renoviert. Heute ist sie im Besitz der Franziskaner. Das Innere ist mit Mosaiken

Schon gewusst?

Das antike Theater von Gadara in Umm Qais hatte – ungewöhnlich für die Zeit – Sitze mit Lehnen.

Aus Kreuzfahrerzeiten: die von den Templern angelegten Tunnel der Zitadelle von Kerak

> Die Moses-Gedächtnis-Kirche ist mit Mosaiken ausgeschmückt, darunter eines in der alten Taufkapelle, das Tiere, Bauern und Jäger, eingerahmt von geometrischen Formen, zeigt.

ausgeschmückt, darunter eines in der alten Taufkapelle, das Tiere, Bauern und Jäger, eingerahmt von geometrischen Formen, zeigt und laut griechischer Inschrift von 531 stammt. Neben der neuen Taufkapelle steht auf dem modernen Altar ein Mosaikkreuz aus der ersten Kirche. Draußen sind die Fundamente des Klosters zu sehen.

❾ Kerak
🅰 C4 · 65 000 · 70 km südöstl. von Amman
🛈 El-Mujamma St · +962 3 235 1216

Kerak liegt auf einem Hügel, der an drei Seiten nahezu senkrecht abfällt, und wird

Die imposante Festung Qalat ar-Rabad (12. Jh.), oberhalb von Ajlun

von einer prächtigen Kreuzfahrerzitadelle überragt. Kerak war eine wichtige Stadt (zeitweise sogar Hauptstadt) des biblischen Reichs von Moab. Deshalb heißt die Burg auch »Crak des Moabites«.

Errichtet wurde die Festung 1142 von Pagan dem Mundschenk (Payen le Bouteiller), einem Franken, dem König Balduin II. von Jerusalem das Territorium 1126 geschenkt hatte. Der Crak war die Perle in der Kette von Festungen zwischen Jerusalem und Aqaba, er ersetzte Shobak als Zentrum von »Oultrejourdain«. Unter Reynald de Châtillon hielt er 1183 und 1184 Angriffen von Saladins Truppen stand, fiel aber schließlich nach der Belagerung 1188.

Die Ausbesserungen und Anbauten der Araber in weißem Kalkstein kontrastieren mit dem dunklen Tuffstein der Kreuzfahrer. Der obere Hof bietet eine schöne Aussicht. Stufen führen hinunter in weite, spärlich beleuchtete Gewölbe und Korridore. Über den unteren Hof erreicht man das **Archäologische Museum** mit Artefakten aus der Umgebung.

Archäologisches Museum

🏠 Burg, El-Mujamma St
🕘 tägl. 9–17

> **Jordan Trail**
>
> Der Jordan Trail (www.jordantrail.org) wurde 2015 eröffnet. Der Wanderweg führt 650 Kilometer durch ganz Jordanien – von Umm Qais bis zum Roten Meer. Er ist in acht unterschiedliche Abschnitte unterteilt. Jeden März findet eine 36-tägige Wanderung über die ganze Strecke statt. Die viertägige Route durch das spektakuläre Dana Wildlife Reserve bis Petra heißt scherzhaft »Inkapfad des Nahen Ostens«.

⑩ Shoubak

🅐 C6 📍 60 km südl. von Tafilah 🚌 zum Dorf Shoubak, dann Taxi ☎ +962 3 213 2138 🕐 tägl.

Shoubak liegt 1300 Meter über dem Meeresspiegel in unwirtlicher Landschaft auf einem spitzen Felsenhügel. Die Festung wurde auch Crak de Montréal oder Mons Regalis genannt und war der erste Außenposten (1115) jenseits des Jordans, den König Balduin I. von Jerusalem zum Schutz der Straße zwischen Ägypten und Damaskus baute. Bis 1189 widerstand sie zahlreichen Belagerungen, bis sie von Saladins Truppen erobert wurde.

Türme und Mauern der Anlage sind gut erhalten und mit Inschriften versehen, die auf Renovierungsarbeiten durch die Mamluken im 14. Jahrhundert zurückgehen. 350 Felsenstufen eines Brunnens führen spiralförmig zur Quelle hinab.

Lange Sandstrände säumen die Küste von Aqaba. Hinter den modernen Hotelanlagen erhebt sich die spektakuläre Kulisse hoher Berge.

⑪ Aqaba

🅐 B7 👥 150 000 📍 280 km südl. von Amman ✈ 🚌
ℹ Al-Hammamat Al-Tunisyya St ☎ +962 3 203 5360

Als einziger Zugang Jordaniens zum Roten Meer ist Aqaba ein wichtiger Handelshafen. Der Strom von Lastwagen auf dem Wüsten-Highway von und nach Amman macht dies eindringlich klar. Im Süden der Stadt aber, abseits des Hafens, birgt das kristallklare Wasser die berühmten Korallenriffe. Ihretwegen ist Aqaba bei Urlaubern so beliebt, denn die Riffe gehören zu den schönsten Tauchplätzen der Welt. Auch Liebhaber anderer Wassersportarten kommen auf ihre Kosten. Lange Sandstrände säumen die Küste.

Hinter den modernen Hotelanlagen erhebt sich die spektakuläre Kulisse hoher Berge.

Von Aqabas langer Geschichte zeugen zahlreiche Ausgrabungsstätten. Sie liegen in der Nähe des biblischen Hafens Ezion-Geber, den König Salomon gebaut haben soll.

Süßwasserquellen machten Aqaba zum beliebten Stopp für Reisende zwischen Ägypten, der Mittelmeerküste und Arabien. Im 2. Jahrhundert v. Chr. fiel die inzwischen blühende Stadt an die Nabatäer *(siehe S. 251)*. Die Blüte hielt auch nach der Eroberung durch die Römer 106 n. Chr. sowie durch die Araber 630 an. Unter muslimischer Herrschaft entwickelte sich Aqaba zur wichtigen Etappe der Pilgerfahrt nach Mekka.

Gerätetauchen

An der relativ kurzen Küste Jordaniens am Roten Meer gibt es einige Top-Tauchgründe. Tauchzentren in Aqaba bieten Ausrüstung für alle Schwierigkeitsgrade. Tauchanfänger lernen direkt am Strand und können sofort an den Korallenbänken tauchen. Im Aqaba Marine Reserve gibt es viele Plätze mit Weichkorallen und das »Riff« des Wracks der *Cedar Pride* mit einer Vielfalt von Meerestieren.

Etwas weiter nördlich entstand die befestigte Stadt Ayla. Nach einem verheerenden Erdbeben 748 musste sie neu errichtet werden, erlebte dann aber durch den Seehandel einen Aufschwung. Nach einem weiteren Beben 1068 und den Kreuzzügen im 12. Jahrhundert wurde sie schließlich aufgegeben. Die Ruinen von Ayla liegen unweit der kurvigen Küstenstraße. Viele Fundamente und Gebäudereste sind noch zu sehen. Es gibt ein **Archäologisches Museum**.

Die zweite bedeutende archäologische Stätte von Aqaba ist das beeindruckende **Mamlukenfort**. Es wurde im 16. Jahrhundert errichtet, sein Portal ziert heute das Wappen der Haschemiten. Dies wurde angebracht, nachdem die Truppen von Lawrence von Arabien im Ersten Weltkrieg den Hafen erobert hatten. Das Fort diente die Zeit lang auch als Karawanserei.

Westwärts am Industriehafen und der Anlegestelle der Personenfähre vorbei kommt man zum **Marine Science Station Aquarium**. Es präsentiert Flora und Fauna des Golfs von Aqaba und informiert über Maßnahmen zum Schutz des Roten Meers.

Archäologisches Museum
🏛 El-Koornish St (nahe Mamlukenfort) ☎ +962 3 201 9063 🕐 tägl. 8–16/17

Mamlukenfort
🏛 Côte Verte ☎ +962 3 201 9063 🕐 Sommer: So–Do 8–17, Fr, Sa 10–17; Winter: So–Do 8–16, Fr, Sa 10–16

Marine Science Station Aquarium
🏛 Südküste (beim Fährhafen) ☎ +962 3 201 5144 🕐 tägl. 9–16

Aqabas Hafen und Taucher in der Bucht von Tala (Detail) ↓

REISE-INFOS

Fahrt durch die Wüste Negev

Reiseplanung **268**

Im Heiligen Land unterwegs **270**

Praktische Hinweise **274**

HEILIGES LAND
REISEPLANUNG

Mit den folgenden Informationen zu Planung, Einreise und Aufenthalt sind Sie optimal auf eine Reise in die Region des Heiligen Landes vorbereitet.

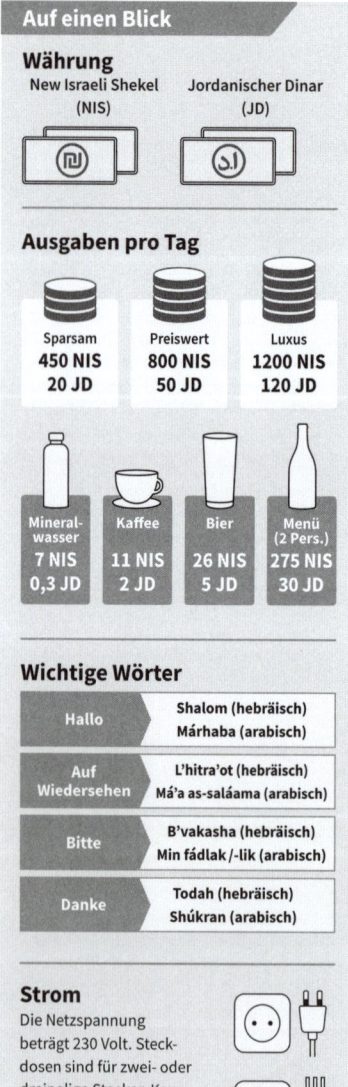

Auf einen Blick

Währung
New Israeli Shekel (NIS) | Jordanischer Dinar (JD)

Ausgaben pro Tag
- Sparsam: 450 NIS / 20 JD
- Preiswert: 800 NIS / 50 JD
- Luxus: 1200 NIS / 120 JD

- Mineralwasser: 7 NIS / 0,3 JD
- Kaffee: 11 NIS / 2 JD
- Bier: 26 NIS / 5 JD
- Menü (2 Pers.): 275 NIS / 30 JD

Wichtige Wörter
- Hallo: Shalom (hebräisch) / Márhaba (arabisch)
- Auf Wiedersehen: L'hitra'ot (hebräisch) / Má'a as-saláama (arabisch)
- Bitte: B'vakasha (hebräisch) / Min fádlak /-lik (arabisch)
- Danke: Todah (hebräisch) / Shúkran (arabisch)

Strom
Die Netzspannung beträgt 230 Volt. Steckdosen sind für zwei- oder dreipolige Stecker. Kaufen Sie sich vor Reiseantritt einen Adapter.

Einreise – Israel
Für die Einreise nach Israel benötigen Sie einen mindestens sechs Monate gültigen Pass – dies gilt auch für Kinder jeden Alters. Österreicher, Schweizer und Deutsche, die nach dem 1. 1. 1928 geboren sind, benötigen für einen Aufenthalt bis zu drei Monaten kein Visum. Allen Deutschen, die sich – auch vorübergehend – in Israel oder den palästinensischen Gebieten aufhalten, wird empfohlen, sich online auf der Krisenvorsorgeliste des AA zu registrieren (http://elefand.diplo.de/elefandextern).

Bei der Einreise über den Ben Gurion Airport oder die Allenby Bridge (von Jordanien aus) erhält jeder Reisende eine Einreisekarte (B2 Stay-Permit), die bis zur Ausreise aufbewahrt werden muss (bei anderen Grenzübergängen gibt es noch Stempel). Wenn im Pass bereits Visa arabischer Staaten oder von Iran sind, ist mit einer Befragung durch israelische Sicherheitskräfte zu rechnen.

🌐 auswaertiges-amt.de

Einreise – Westjordanland
In die Palästinensergebiete kann man nur von Israel aus einreisen. Vor der Einreise ist grundsätzlich eine vorherige Genehmigung bei der zuständigen Behörde (CoGAT, www.gov.il) einzuholen. Sie sollten immer Ihren Pass und die Einreisekarte dabeihaben und mit Verzögerungen oder plötzlichen Schließungen rechnen.

Einreise – Jordanien
Deutsche, österreichische und Schweizer Reisende benötigen einen mindestens sechs Monate gültigen Pass sowie ein Visum. Bei der Ankunft am Flughafen Queen Alia können Sie ein vier Wochen gültiges Touristenvisum bekommen (derzeit 40 JD), ebenso am Flughafen Aqaba. Bei Einreise auf dem Landweg über die King Hussein Bridge (Allenby Bridge) oder Yitzhak Rabin muss das Visum vorab bei einer jordanischen Auslandsvertretung in Ihrem Heimatland beantragt werden. Die Visagebühren werden erlassen, wenn Sie sich vorab einen Jordan Pass *(siehe S. 276)* kaufen.

Sicherheitshinweise

Aufgrund unvorhersehbarer Entwicklungen kann es zu Änderungen und Einschränkungen kommen. Aktuelle Hinweise zur Einreise sowie Sicherheitshinweise finden Sie beim deutschen Auswärtigen Amt (www.auswaertiges-amt.de), beim österreichischen Bundesministerium für europäische und internationale Angelegenheiten (www.bmeia.gv.at) oder beim Eidgenössischen Departement für auswärtige Angelegenheiten der Schweiz (www.eda.admin.ch).

Die Sicherheitslage in Israel ist vom israelisch-palästinensischen Konflikt geprägt. Auch als Besucher kann man in Sicherheitsvorfälle verwickelt werden. Das Risiko von Anschlägen im öffentlichen Raum besteht weiterhin. Bei Besuchen der Altstadt von Jerusalem wird zu erhöhter Vorsicht geraten.

In Jordanien besteht landesweit die Gefahr von Terroranschlägen.

Zoll

Über die jeweiligen Zollvorschriften Israels und Jordaniens können Sie sich unter www.zoll.de informieren. Devisen ab einem Wert von 80 000 NIS müssen beim israelischen Zoll gemeldet werden.

Versicherungen

Die medizinische Versorgung in Jerusalem und in der Region ist teuer, deshalb sollten Sie nicht ohne Auslandskrankenschutz reisen. Neben Versicherungen für ärztliche Behandlungen sind auch Gepäck-, Diebstahl- und Unfallversicherungen in Erwägung zu ziehen.

Impfungen

Für Israel und Jordanien sind keine Impfungen gesetzlich vorgeschrieben, doch empfehlen Ärzte die Standardimpfungen des aktuellen Impfkalenders des Robert-Koch-Instituts (www.rki.de). Für einen Langzeitaufenthalt in den Palästinensergebieten wird eine Typhusimpfung empfohlen.

Bezahlen

Währung in Israel und den Palästinensergebieten ist der New Israeli Shekel (NIS), in Jordanien der Jordanische Dinar (JD). Geldumtausch ist in Israel und Jordanien kein Problem. Geldautomaten sind weitverbreitet. Kreditkarten werden nahezu überall akzeptiert. Mit ihnen erhalten Sie auch Bargeld. In Israel können Sie sogar mit einer girocard (Maestro, V Pay) an vielen Automaten Geld abheben (allg. Notrufnummer bei Kartenverlust +49 116 116).

Reisende mit besonderen Bedürfnissen

Israel bietet Menschen mit eingeschränkter Mobilität gute Einrichtungen. Nur in Jerusalems Altstadt wird es mitunter schwierig. Stadtbusse haben Rampen, die Light Rail ist rollstuhltauglich. Die meisten Bahnhöfe sind zugänglich, auch viele Naturparks haben Rollstuhl-Routen. **Access Israel** bietet Informationen und Service. In Jordanien haben nur Luxushotels Einrichtungen für Behinderte.

Access Israel
w aisrael.org

Sprache

In Israel sind Schilder zweisprachig (Hebräisch/Englisch). Die meisten Israelis sprechen etwas Englisch. Auch in den touristischen Ecken der Palästinensergebiete und in Jordanien wird oft Englisch gesprochen.

Öffnungszeiten

Wegen der vielen religiösen Feiertage variieren die Öffnungszeiten beträchtlich. In jüdischen Gebieten Israels sind Läden und der ÖPNV am Sabbat und an einigen jüdischen Feiertagen geschlossen. Restaurants und Unterhaltungsorte sind in säkularen Gebieten dagegen geöffnet. In christlichen Regionen sind viele Läden am Sonntag geschlossen, muslimische Attraktionen und Läden schließen freitags. Petra, Jerash und andere Attraktionen in Jordanien haben täglich geöffnet, doch kleinere Stätten und viele Museen schließen dienstags.

Staatliche und religiöse Feiertage

Sowohl religiöse als auch andere Feiertage variieren stark. Der hebräische Kalender orientiert sich am Mondkalender mit Schaltmonaten, jüdische Feiertage fallen deshalb nicht immer in den Monat des Vorjahrs. Muslimische Feiertage orientieren sich am Mondkalender und sind jedes Jahr elf oder zwölf Tage früher.

IM HEILIGEN LAND
UNTERWEGS

Die meisten Reisenden kommen per Flugzeug in die Region. Für Überlandfahrten gibt es Busse, Züge oder Mietwagen. In Städten kommt man oft am besten zu Fuß voran.

Auf einen Blick

Öffentlicher Nahverkehr

Israel
6 NIS
Einfaches Ticket
Bus und Light Rail

Israel
13 NIS
Ein-Tages-Pass
Bus und Light Rail

Israel
62,50 NIS
Sieben-Tage-Pass
Bus und Light Rail

Tipp
Die meisten öffentlichen Verkehrsmittel fahren nicht am Sabbat – von freitagnachmittags bis Sonnenuntergang am Samstag.

Geschwindigkeitsbegrenzung

In Ortschaften, Israel	In Ortschaften, Jordanien
50 km/h	60 km/h

Highway, Israel	Highway, Jordanien
110 km/h	120 km/h

Anreise mit dem Flugzeug

Israel hat zwei internationale Flughäfen: Ben Gurion bei Tel Aviv und den Flughafen Ramon bei Eilat. Dank des Open-Skies-Abkommens mit der Europäischen Union verbinden auch ein Dutzend Billig-Fluglinien beide Airports mit europäischen Städten. Wegen der sehr strengen Sicherheitsbestimmungen für Flüge von und nach Israel ist es ratsam, etwa drei Stunden vor Abflug am Flughafen zu sein. Israelische Flughäfen sind an einem Tag im Jahr geschlossen: an Jom Kippur.

Züge verbinden 24 Stunden am Tag den Flughafen Ben Gurion mit Tel Aviv und Haifa. Die Hochgeschwindigkeitsstrecke zwischen Flughafen und Jerusalem ist von 6:30 bis 19:30 Uhr in Betrieb. Alle Linien sind am Sabbat und an jüdischen Feiertagen geschlossen. An den Flughäfen gibt es auch Taxis und Minibusse *(siehe Tabelle rechts)*.

Jordaniens Hauptflughafen ist der Queen Alia International nahe Amman. Expressbusse nach Amman fahren vor der Ankunftshalle ab.

Anreise auf dem Landweg

Es gibt zwei Grenzübergänge zwischen Israel und Jordanien und einen zwischen dem von Israel kontrollierten Westjordanland und Jordanien. Am nächsten zu Jerusalem liegt der Übergang King Hussein Bridge (Allenby Bridge), 16 Kilometer östlich von Jericho. Im Süden liegt der Übergang Yitzhak Rabin/Wadi Araba, vier Kilometer nördlich von Eilat und zehn Kilometer von Aqaba. Der nördliche Übergang Jordan/Sheikh Hussein befindet sich bei Bet She'an, 30 Kilometer südlich des Sees Genezareth. Erkundigen Sie sich bei der **Israel Airports Authority** nach den Öffnungszeiten. Sowohl Israel als auch Jordanien verlangen Gebühren.

Die Übergänge zu Jordanien sind an Jom Kippur und am islamischen Neujahr (Eid al-Hijra) geschlossen, die Allenby Bridge ist an Jom Kippur (die palästinensische Seite am Opferfest Eid al-Adha) geschlossen.
Israel Airports Authority
w iaa.gov.il

Vom Ben Gurion Airport in die Städte

Stadt	Entfernung	Taxikosten	Fahrtzeit mit Zug
Jerusalem	52 km	300 NIS	24 Min.
Tel Aviv	25 km	150 NIS	16 Min.
Haifa	115 km	550 NIS	90 Min.

Zugreisen in Israel

Israel Railways bietet ein Netzwerk an Bahnlinien, die Akko, Haifa, Karmiel und Bet She'an im Norden mit dem Ben Gurion Airport, Jerusalem und Be'er Sheva in der Mitte und im Süden verbinden. Tel Aviv ist mit vier Bahnhöfen der Knotenpunkt. Die für Besucher sinnvollste (und schöne) Strecke folgt der Mittelmeerküste, sie verbindet Tel Aviv mit Nahariya nahe der Grenze zum Libanon. Die Züge sind angenehm und preisgünstig, können aber sonntagmorgens und donnerstagabends sehr voll sein. Auf der Expressstrecke, die Jerusalem seit 2018 mit Tel Aviv verbindet, dauert eine Fahrt nur 28 Minuten.
Israel Railways
🌐 rail.co.il

Überlandbusse

Jeder Ort und jede Stadt in der Region hat eine Bushaltestelle oder Busbahnhof. Busverbindungen zwischen Städten sind häufig. Es gibt ein Dutzend Betreiber, das größte Busunternehmen ist **Egged**. Details finden Sie auf der Website von **Israel Public Transportation Information**. Reservierungen sind nicht nötig (auch gar nicht möglich), außer für die Fahrt nach Eilat. Der Busverkehr ruht am Sabbat, beginnend am Freitagnachmittag und endend am Samstagnachmittag oder auch eine Stunde nach Sonnenuntergang am Samstag.

Bustouren von **Abraham Tours** sind eine gute Möglichkeit, mehrere Orte an einem Tag zu absolvieren – was mit dem öffentlichen Nahverkehr nicht immer möglich ist.

In Ostjerusalem fahren Busse (und Sammeltaxis) von zwei Bushaltestellen zu den Palästinensergebieten ab: in der Nablus Road die Busse nach Ramallah, in der Sultan Suleyman Street die Busse nach Bethlehem. In Ramallah muss man für Busse nach Nablus und Jericho umsteigen, in oder nahe Bethlehem für die Busse nach Hebron.

Jordaniens größtes Busunternehmen ist **JETT**, dessen klimatisierte Busse von verschiedenen Stellen in Amman zur King Hussein/Allenby Bridge sowie nach Petra und Aqaba fahren. Reservierung wird empfohlen.
Abraham Tours
🌐 abrahamtours.com
Egged
🌐 egged.co.il
Israel Public Transportation Information
🌐 bus.co.il
JETT
🌐 jett.com.jo

Öffentlicher Nahverkehr

Der ÖPNV ist in allen israelischen Städten gut, viele Erklärungen gibt es auf Englisch. Die Busse fahren häufig und sind rollstuhlgeeignet – Infos bieten die Websites von Egged, Infos für Tel Aviv die Website von **Dan**. Fahrkarten werden nicht an Bord verkauft. Sie müssen eine Rav-Kav-Guthabenkarte kaufen, die am Flughafen, an Busbahnhöfen oder in Einkaufszentren erhältlich ist oder auf Ihr Handy geladen werden kann. Die Karte gilt für Busse, Züge und die Light Rail und bietet Ermäßigungen und kostenlosen Anschluss im Stadtverkehr nach Überlandfahrten.

In Jerusalem liegen die meisten Attraktionen an der Strecke der Light Rail, einer ultramodernen Tram, die Westjerusalem (Jaffa Road), das Damaskustor in der Altstadt, den Herzl-Berg und auch den Zentralen Busbahnhof verbindet. Benutzen Sie eine Rav Kav. Die erste von mehreren Light-Rail-Strecken in Tel Aviv wurde Mitte 2023 eröffnet.

In Amman fahren Stadtbusse, allerdings ist die Orientierung schwierig, da alle Haltestellen nur auf Arabisch angegeben sind.
Dan
🌐 dan.co.il
Rav Kav
🌐 ravkavonline.co.il

Taxis

Taxis sind weiß und haben ein gelbes Schild auf dem Dach, das leuchtet, wenn das Taxi frei ist. Taxis sind in den meisten Orten leicht zu finden. Man kann sie auf der Straße anhalten, telefonisch bestellen oder eine App wie **Gett** nutzen. Alle Taxis haben Taxameter (die auf Nachfrage einen Beleg ausstellen). Laut Gesetz müssen sie von den Fahrern genutzt werden – bestehen Sie darauf, sonst zahlen Sie eventuell mehr, als Sie müssen. Taxigebühren sind nicht billig, zwischen 21 und 5:30 Uhr sowie am Sabbat und an jüdischen Feiertagen liegen sie um 25 Prozent höher.

In Jerusalem weigern sich israelische Taxifahrer bisweilen, nach Ostjerusalem zu fahren. Arabische Taxifahrer kutschieren Sie überallhin.

Gett
🌐 gett.com

Sammeltaxis

Sammeltaxis – von Israelis *sherut* und von Arabern *servees* genannt – sind ein Mittelding zwischen Bus und Taxi. Sie fahren feste Routen wie ein Bus, verkehren aber viel häufiger und können wie ein Taxi auf der Straße angehalten werden. Vor der Fahrt warten die Fahrer, bis der letzte Platz besetzt ist. Sammeltaxis können sehr nützlich sein, da sie auch am Sabbat und an jüdischen Feiertagen fahren. Es gibt keine Haltestellen, die Passagiere sagen, wo sie aussteigen wollen. Die Tarife entsprechen einer Busfahrt, sind also wesentlich niedriger als beim Taxi (an Feiertagen sind sie etwas teurer). Angebote von **Nesher** holen Fahrgäste bei jeder Adresse in Jerusalem ab und bringen sie für 64 NIS zum Ben Gurion Airport (einen Tag vorher reservieren).

Sammeltaxis werden auch für Fahrten in die Palästinensergebiete sowie nach Jordanien genutzt (Sammelstelle am Damaskustor).

Nesher
🌐 neshertours.co.il

Autofahren

Die Unfälle sind in Israel drastisch zurückgegangen, dank Aufklärungskampagnen und hoher Strafgebühren. Dennoch stößt man auf aggressive einheimische Fahrer. Das soll Sie nicht vom Fahren abhalten, aber seien Sie vorsichtig.

Autovermietung

Ein Auto macht es leicht, das Land zu entdecken und in B & Bs in hübschen Dörfern zu übernachten. Die meisten internationalen Autovermietungsfirmen haben Büros in Israel, darunter auch auf dem Ben Gurion Airport. Einheimische Firmen wie **Eldan** bieten oft günstigere Preise.

Um ein Auto zu mieten, müssen Sie mindestens 21 Jahre alt sein (bei einigen Firmen 25), einen Führerschein (der nationale ist ausreichend) und eine Kreditkarte haben. Eine Versicherung ist Teil des Mietvertrags. Wenn Sie Schäden durch Ihre Kreditkarte abdecken können, sollten Sie sich das im Vertrag bestätigen lassen. Die Preise bei Online-Angeboten sind ohne Versicherung, diese kann den Preis leicht verdoppeln.

Mit den meisten israelischen Mietwagen dürfen Sie nicht in die Palästinensergebiete fahren. Falls Sie dorthin wollen, sollten Sie ein Auto von **Dallah** oder **Goodluck** (beide in Ostjerusalem) mieten.

Dallah
🌐 dallahrentacar.com
Eldan
🌐 rent.eldan.co.il
Goodluck
🌐 goodluckcars.com

Autofahren in der Region

In und um Jerusalem und Tel Aviv kann sich der Verkehr zäh dahinziehen, vor allem in den Stoßzeiten (So – Do 7 – 9 und 16 – 18 Uhr). Wenn möglich, sollten Sie diese Zeiten vermeiden. Auf drei israelischen Straßen fallen Mautgebühren an: Route 6, die Be'er Sheva mit Galliläa verbindet, die Schnellstraße vom Ben Gurion Airport nach Tel Aviv und die Carmel Tunnels unter dem Berg Karmel in Haifa. Die Gebühren werden automatisch von Ihrer Kreditkarte, deren Nummer Sie bei der Mietwagenfirma angegeben haben, abgebucht. Bei einigen Firmen müssen Sie dennoch unterschreiben, dass Sie keine mautpflichtigen Straßen benutzen.

In Jordanien sind die großen Highways gepflegt, doch viele kleinere Straßen sind in schlechtem Zustand. Achtung: Auf Wüstenstrecken kann Treibsand den Wagen zum Schleudern bringen, wenn man zu schnell fährt.

Parken

In Stadtzentren findet man nur schwer einen Parkplatz, vor allem wenn Sie keinen lokalen Parkaufkleber haben. Die Parkkonditionen stehen auch nur auf Hebräisch angeschrieben. Für blau-weiße Parkplätze zahlt man stündlich Gebühren (außer nachts und am Sabbat), sie werden über eine Telefon-App abgebucht. In Jerusalem und Tel Aviv sollten Sie auf Autofahrten verzichten.

Straßenverkehrsregeln

Autos müssen an Fußgängerüberwegen halten, Zuwiderhandlungen ziehen hohe Strafen nach sich. Linksabbiegen bei Ampeln ist nur erlaubt, wenn ein grüner Pfeil angezeigt wird.

Die Promillegrenze für Alkohol liegt bei 0,5. Es besteht Gurtpflicht.

Kinder unter vier Jahren müssen in einem speziellen Kindersitz auf der Rückbank, der dem Gewicht und der Größe des Kindes entspricht, liegen bzw. sitzen. Kinder unter 14 Jahren müssen auf dafür geeigneten Kindersitzen hinten mitfahren.

Mietwagen sind mit Warnweste und Warndreieck ausgestattet. Bei einer Panne müssen Sie die Warnweste anziehen, bevor Sie aussteigen, und das Warndreieck platzieren.

Radfahren

Wenn Ihnen Hügel nichts ausmachen, sind Galiläa und die Golanhöhen, wo die Landschaft am vielfältigsten ist und die Berge Erholung von der Sommerhitze bieten, am besten für Radtouren geeignet. In Tiberias können Sie im **Aviv Hostel** Räder mieten und den See Genezareth (65 km), großteils auf ausgewiesenen Radwegen, umrunden. Eine Umrundung schafft man an einem Tag.

Die grandiose Wüstenszenerie des Negev ist bei Mountainbikern beliebt. **Israel National Bike Trail** – das Wegenetz soll auf das ganze Land ausgedehnt werden – bietet Routen zwischen Mitzpe Ramon und Eilat. Leihräder gibt es im Timna Park *(siehe S. 225)*.

Tel Aviv-Jaffa besitzt viele Radwege, die auf dem Mittelstreifen der großen Boulevards sowie entlang der Küstenpromenade und am Ufer des Yarkon verlaufen. Verschiedene Firmen verleihen Räder, darunter **Tel-O-Fun**. Einige Hotels und Hostels stellen Gästen kostenlos Räder zur Verfügung.

Jerusalem ist eine hügelige Stadt. Auch die schmalen Gassen sind eine Herausforderung für Radfahrer – Vorsicht ist geboten. **Bike Jerusalem** vermietet Räder und veranstaltet Radtouren.

Aviv Hostel
C +972 4 671 2273
Bike Jerusalem
W bikejerusalem.com
Israel National Bike Trail
W ibt.org.il
Tel-O-Fun
W tel-o-fun.co.il

Sicherheit für Radfahrer

Seien Sie als Radfahrer vorsichtig, wenn Sie auf Straßen zwischen Orten und Städten fahren. Israelische Autofahrer sind nicht sehr aufmerksam oder rücksichtsvoll. Die Temperaturen können grausam sein, von Juni bis August sollte man längere Strecken nur am Vormittag zurücklegen.

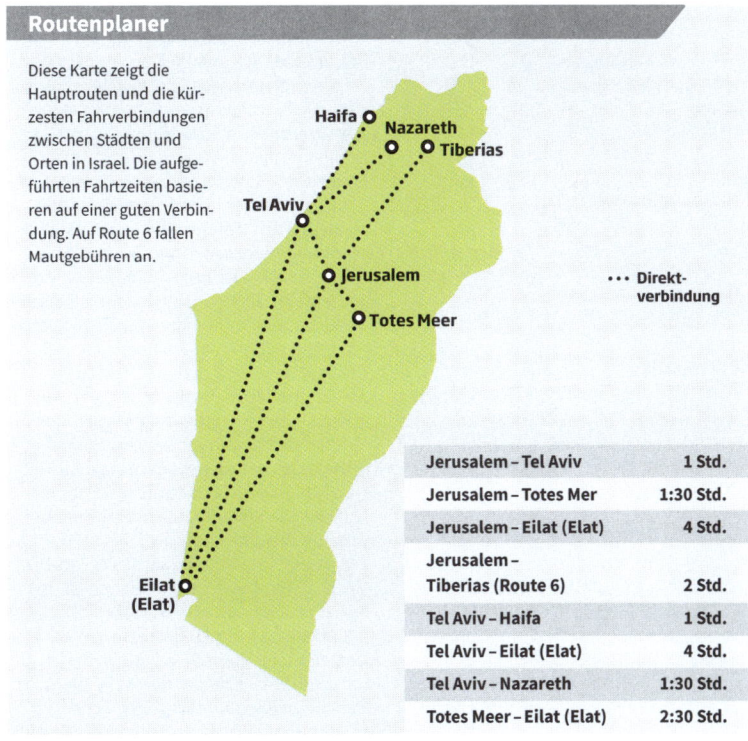

PRAKTISCHE HINWEISE

Ein paar wenige Kenntnisse der Gegebenheiten vor Ort genügen – hier finden Sie die wichtigsten Hinweise und Tipps für Ihren Aufenthalt im Heiligen Land.

Auf einen Blick

Notfälle

Israel und West-jordanland	Jordanien allgem. Notruf
Polizei 100 Notarzt 101 Feuerwehr 102	911

Zeit

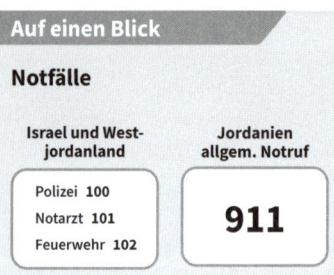

Die Zeitdifferenz zu Israel und Jordanien beträgt eine Stunde (MEZ plus eine Stunde). Die Sommerzeit dauert von Ende März bis Ende Oktober.

Leitungswasser

Israels Leitungswasser besteht großteils aus entsalztem Meerwasser, kann aber getrunken werden. In den Palästinesergebieten und in Jordanien sollte man vorsichtshalber abgefülltes Mineralwasser trinken.

Trinkgeld

Bedienung	10–15 Prozent
Zimmermädchen	10–20 NIS pro Nacht
Führer	20 NIS pro Person pro Tag
Taxifahrer	nicht üblich, aber möglich

Persönliche Sicherheit

Besucher und Pilger sind meist nicht direkte Ziele von Gewalt oder terroristischen Anschlägen. Seien Sie dennoch vorsichtig, die Sicherheitslage kann sich rasch verändern. Informieren Sie sich in den Medien vor Ort, seien Sie auf der Straße wachsam, und halten Sie sich von Demonstrationen fern. Zu den heiklen Gegenden gehören der Tempelberg und das Damaskustor in Jerusalem sowie einige Orte im Westjordanland, etwa Hebron, und die Grenzgebiete zu Syrien, Libanon und dem Gazastreifen. Die spannungsreichste Zeit ist freitags nach dem muslimischen Mittagsgebet. Sollten Sie in einen Straßenauflauf verwickelt werden, entfernen Sie sich möglichst schnell, und stellen Sie klar, dass Sie Tourist sind. Fahren Sie am Sabbat nicht im Auto in ultraorthodoxe Viertel, Sie riskieren, dass das Auto mit Steinen beworfen wird.

In Israel müssen Sie öfter mit Sicherheitskontrollen rechnen, wenn Sie Hotels, Kinos oder Einkaufszentren betreten. Auf den Busbahnhöfen in Jerusalem und Tel Aviv wird Reisegepäck durchsucht oder gescannt. Lassen Sie Ihr Gepäck in der Öffentlichkeit nie unbeaufsichtigt stehen, Sie können dadurch eventuell Bombenalarm auslösen. Akzeptieren Sie kein Gepäck von Fremden.

Diebstahl, Straßenraub und ähnliche Gelegenheitsverbrechen kommen in der Region selten vor, achten Sie allerdings auf Ihre Sachen am Strand. Schließen Sie wertvolle Objekte im Zimmer immer in den Safe. Auch im Auto sollten Sie Wertsachen nicht offen herumliegen lassen, vor allem nicht, wenn Sie in der Negev unterwegs sind. Bei einem Diebstahl informieren Sie die Polizei und lassen sich eine Kopie des Polizeiberichts (für die Versicherung) aushändigen.

Sowohl Israel als auch Jordanien haben eine englischsprachige Touristenpolizei mit Präsenz in touristischen Gebieten.

In Israel und den Palästinensergebieten werden alleinreisende Frauen manchmal Opfer von Belästigungen durch einheimische Männer – besonders oft in Ostjerusalem, in der Altstadt und in den angrenzenden Berei-

chen, etwa am Ölberg. Hier sollten Frauen nachts abgelegene Straßen meiden. Auch in Jordanien ziehen alleinreisende Frauen die Aufmerksamkeit von Männern auf sich. Reagieren Sie ablehnend. Bei hartnäckigen »Verehrern« wenden Sie sich an die Touristenpolizei, die meist in der Nähe ist. Bei Passverlust kontaktieren Sie Ihre Botschaft:
Deutsche Botschaft
E3 2, HaShlosha Street, Gebäudeteil C, 6706054 Tel Aviv +972 3 693 1313
tel-aviv.diplo.de
Österreichische Botschaft
jenseits von F1 Abba Hillel Silver Street 12, 525 0606 Ramat Gan +972 3 612 0924 bmeia.gv.at/oeb-tel-aviv
Schweizer Botschaft
jenseits von D1 228 HaYarkon Street, 6340524 Tel Aviv +972 3 546 4455
eda.admin.ch/telaviv

LGBTQ+
Tel Aviv ist bei Schwulen als Reiseziel beliebt. Es gibt eine Gay-Pride-Parade sowie viele schwulenfreundliche Clubs und Restaurants (Infos für Events auf **The Gay Passport** und **Gay Tel Aviv**). Die Szene in Jerusalem ist kleiner, auch kann man in der Öffentlichkeit Anfeindungen ausgesetzt sein. Es gibt jedoch eine LGBTQ+ Gemeinde und auch eine Parade. Das **Jerusalem Open House of Pride and Tolerance** bietet Infos und Unterstützung.

In den Palästinensergebieten und in Jordanien wird Homosexualität nicht toleriert. Verhalten Sie sich umsichtig.
Gay Tel Aviv
travelgay.com
The Gay Passport
thegaypassport.com
Jerusalem Open House of Pride and Tolerance
joh.org.il

Gesundheit
Der Standard israelischer Krankenhäuser entspricht dem in Westeuropa. Jordanien besitzt in Amman gute Privatkliniken. In der Region gibt es auch sehr gute Apotheken. Wer dauerhaft Medikamente einnehmen muss, sollte am besten den entsprechenden Vorrat mitnehmen. Falls nicht, sollten Sie den Wirkstoff kennen, sodass ein Apotheker ein regionales Äquivalent finden kann. In der *Jerusalem Post* sind Apotheken gelistet, die nachts bzw. am Sabbat und an Feiertagen geöffnet haben.

Um Durchfall zu vermeiden, sollten Sie kein abgestandenes Essen zu sich nehmen. In Jordanien sollte man auf rohes Gemüse und Getränke mit Eiswürfeln verzichten.

Viel zu trinken ist unerlässlich: Das trockene Klima begünstigt eine rasche Dehydration, auch wenn Sie es gar nicht merken. Schützen Sie sich mit einer Kopfbedeckung.

Rauchen, Alkohol und Drogen
In Israel ist Rauchen in Transportmitteln, Läden, Restaurants und Bars verboten (außer in separaten Bereichen). In den Palästinensergebieten und in Jordanien wird das Rauchen von Zigaretten und *nargilehs* (Wasserpfeifen) kaum bestraft.

Ab 18 Jahren ist Alkohol erlaubt, außer in muslimischen Gebieten. In christlichen Arealen der Palästinensergebiete ist Alkohol erhältlich. In Jordanien wird Alkohol in Luxushotels und einigen Bars und Clubs ausgeschenkt. Betrunken Auto zu fahren *(siehe S. 273)* zieht harte Strafen nach sich.

Alle Drogen sind in Israel, den Palästinensergebieten und Jordanien verboten. Die Strafen sind erheblich. Israel hat Cannabis 2017 entkriminalisiert, doch der Konsum kann immer noch bestraft werden.

Websites

Go Israel
Israels Ministry of Tourism bietet jede Menge hilfreicher Informationen unter: www.goisrael.com

Israel Nature and Parks Authority
Infos zu den Nationalparks und Naturschutzgebieten in Israel gibt es auf: www.parks.org.il

This Week in Palestine
Nützliche Auflistungen von Konzerten, Festivals und Ausstellungen in den Palästinensergebieten findet man auf: thisweekinpalestine.com

Jordan Tourism Board
Alles, was man wissen sollte, um Petra und das restliche Jordanien zu besuchen, gibt es auf: www.visitjordan.com

Ausweispflicht

Alle über 16 Jahren – Israelis und Touristen – müssen sich jederzeit ausweisen können. Pass und Einreisekarte sind auch für den Besuch der Palästinensergebiete erforderlich.

Etikette

Diskussionen über den palästinensisch-israelischen Konflikt können starke Emotionen hervorrufen. Hören Sie lieber zu, und vertreten Sie keine extremen Meinungen. In arabischen Gebieten sind öffentliche Gefühlsbezeugungen tabu. Fotos von sensiblen Bereichen, etwa von Militärbasen oder von Grenzübergängen, sind untersagt.

Verhalten in heiligen Stätten

Die sakuläre israelische Gesellschaft ist der westlichen sehr ähnlich, doch in (ultra-)orthodoxen, muslimischen und drusischen Gebieten sowie bei Besuchen heiliger Stätten (Synagogen, Kirchen, Moscheen und Baha'i-Gärten) ist konservative Kleidung angesagt – vor allem für Frauen. Insbesondere in ultraorthodoxen Vierteln wie Jerusalems Mea Shearim sollten Sie dezent gekleidet sein. Bei Männern müssen Arme und Beine bedeckt sein, bei Frauen Schultern, Oberarme (bis zum Ellbogen) und Beine (über die Knie). In muslimischen Stätten werden Frauen gebeten, die Haare mit einem Schal zu bedecken, in jüdischen Stätten sollten Frauen eher einen Rock tragen. Bisweilen gibt es Umhänge für Besucher, die nicht dem Dresscode entsprechen. Vor Betreten einer Moschee legt man die Schuhe ab. In Kirchen nehmen Männer den Hut ab, in Synagogen lassen sie ihn auf (wobei jede Kopfbedeckung okay ist).

Mobiltelefone und WLAN

In Israel funktionieren Smartphones, doch die Roaminggebühren können sehr hoch sein. Eventuell ist es sinnvoll, eine lokale SIM-Karte zu erwerben. Anbieter sind etwa Pelephone, Cellcom und Partner (bei Kauf ist der Pass erforderlich). Israelische Funknetze decken Teile der Palästinensergebiete, meist in der Nähe von israelischen Siedlungen, ab. Auch in Jordanien ist eine lokale SIM-Karte die günstigere Option.

In Israel gibt es große Bereiche mit kostenlosem WLAN, etwa in Cafés und Restaurants, in vielen Bussen und Zügen sowie in ganz Tel Aviv. In den Palästinensergebieten und in Jordanien findet man WLAN in Cafés, Restaurants und Unterkünften in Städten.

Post

Die **Israel Post** ist zuverlässig und schnell. Briefe sind kein Problem, doch Päckchen werden untersucht (Portogebühr für Standardbriefe oder Postkarten: 10 bzw. 7,40 NIS). Die Palästinensergebiete haben ihren eigenen, relativ langsamen Postdienst sowie eigene Briefmarken. In Jordanien verschicken Sie Sendungen am besten in Fünf-Sterne-Hotels oder im Hauptpostamt.
Israel Post
W israelpost.co.il

Mehrwertsteuer

Bei Einkäufen über 400 NIS in Läden mit Tax-Refund-Schild können Sie bei der Ausreise die Mehrwertsteuer (17%) abzüglich einer Provision zurückerhalten. In Hotels wird Touristen die Mehrwertsteuer erlassen (Pass und Einreisekarte erforderlich).

Besucherpässe

Die **Israel Nature and Parks Authority** verkauft Zwei-Wochen-Pässe, die den kostenlosen Besuch von drei, sechs oder einer unbegrenzten Zahl an historischen Stätten und Naturreservaten erlaubt (78–150 NIS).

Wer in Jordanien mehrere Stätten besuchen will, kann mit dem **Jordan Pass** (muss vor der Reise erworben werden) Geld sparen. Der Pass bietet Zutritt zu den meisten Stätten, darunter Jerash, Wadi Rum und – je nach Wahl – bis zu drei Tage Petra. Er deckt auch die Visumgebühren ab.
Israel Nature and Parks Authority
W parks.org.il
Jordan Pass
W jordanpass.jo

Information vor Ort

Da sich die Situation in der gesamten Region des Heiligen Landes sehr schnell ändern kann, sollte man sich während der Reise aktuell informieren. Das israelische Kabel- und Satelliten-TV strahlt Nachrichtensendungen (auch ausländische) aus, die Israel Broadcasting Corporation bietet Programme auf Englisch, Französisch, Spanisch und in anderen Sprachen (auf UKW und im Internet). Israels Leitmedium ist die liberale Tageszeitung *Haaretz*, sonntags bis freitags ist sie auch in einer englischsprachigen Version erhältlich. Die konservativ-liberale *Jerusalem Post* erscheint täglich außer samstags und hat freitags eine Beilage zu Kultur und Unterhaltung. Online bietet die *Times of Israel* (www.timesofisrael.com) Nachrichten zu Israel und dem Nahen Osten auf Englisch und Französisch. *+972* (www.972mag.com) offeriert eine linksliberale Perspektive, bei *Ynet* (www.ynetnews.com) findet man aus dem Hebräischen übersetzte Artikel. In Jordanien informiert die *Jordan Times* auf Englisch.

REGISTER

Seitenzahlen in **fetter** Schrift beziehen sich auf Haupteinträge.

A

Aarons Grab (Petra) **251**
Abu Ghosh **165**
Acadia Beach (Herzliya Pituah) 31
Agrippas Street (Jerusalem) 150
Ajlun **262**
Akko 29, **196f**
    Karte 197
    Restaurants 197
Al-Aqsa-Moschee (Jerusalem) 71, 73
Alexanderhospiz (Jerusalem) **114**, 119
Alkohol 275
Alleinreisende Frauen 274f
Altes Badehaus (Nazareth) **198**
Alt-Jaffa (Tel Aviv) **184f**
American Colony Hotel (Jerusalem) **148**, 152
Amman **254–257**
    Hotels 254
    Karte 255
    Restaurants 257
Annakirche (Jerusalem) **80f**
Antikes galiläisches Boot **201**
ANU – Museum of the Jewish People (Tel Aviv) **182**
Apotheken 275
Aqaba **264f**
Aquarium, Aqaba Marine Science Station 265
Arabische Küche 41
Arabisch-israelische Kriege **52–54**
Arafat, Yasser
    Yasser Arafat Museum (Ramallah) 237
Archäologische Stätten **38f**
    Avdat National Park **222f**
    Hecht Museum (Haifa) **194**
    Herodion **238**
    Israel Museum (Jerusalem) **159**
    Jerusalem Archaeological Park **92f**
    Klagemauer (Jerusalem) **88–91**
    Magdala 200
    Petra **244–251**
    Tel Be'er Sheva **222**
    Tel Jericho 235
    Timna Park **225**
    Upper Galilee Museum of Prehistory **211**
    siehe auch Römer
Architektur
    Bauhaus Center (Tel Aviv) 176
    Bauhaus in Haifa **193**
    Jüdisches Viertel (Jerusalem) **98**
    Tel Avivs Bauhaus-Architektur 175
Ariel Center for Jerusalem in the First Temple Period (Jerusalem) **98**
Armenier **125**
    Keramik 33, 124
Armenisches Viertel und Berg Zion (Jerusalem) **120–127**
    Stadtteilkarte 122f
Ärzte 275
Äthiopische Kirche (Jerusalem) 151
Äthiopisches Kloster (Jerusalem) 109
Ausgaben pro Tag 268
Ausweispflicht 276
Autos 272f
    Autofahren 272
    Autovermietung 272
    Geschwindigkeitsbegrenzung 270
    Royal Automobile Museum (Amman) **257**
Avdat National Park **222f**

B

Bab el-Hadid Street (Jerusalem) 83
Badehäuser
    Altes Badehaus (Nazareth) **198**
    Hammam al-Pasha (Akko) **196**
Baha'i-Gärten (Akko) 196
Baha'i-Park (Haifa) 13, 42, **192**
Baha'i-Religion
    Pilgerreisen 42
    Schrein des Bab (Haifa) 42, **192**
Banias Nature Reserve 28
Banksy 231
Baraka Destinations 262
Bars
    Westjordanland 239
Basare *siehe* Märkte
Batei Makhase Square (Jerusalem) **96f**
Bauhaus
    Bauhaus Center (Tel Aviv) 176
    Haifa **193**
    Tel Aviv 175
Be'er Sheva **222**
Beit Yannai Beach 31
Ben-David, Zadok 173

Ben-Gurion, David 52f
    Ben-Gurion-Haus (Tel Aviv) **177**
    Sde Boker **222**
Ben Gurion Airport 270f
Ben-Gurion Boulevard (Tel Aviv) **177**
Ben Yehuda Street (Jerusalem) **142f**, 151
Berg Karmel **193**, **195**
Berg Nebo **262f**
Berg der Seligpreisungen 27, **202**, 210
Berg Skopus (Jerusalem) **134**
Berg Tabor **209**, 210
Berg Zion (Jerusalem) *siehe* Armenisches Viertel und Berg Zion
Besucherpässe 276
Bet Alpha **208f**
Bet She'an 29, **204f**
Bet She'arim **210**
Bethlehem **230–233**
    Karte 231
    Krimkrieg 233
Bialik, Chaim Nachman
    Bialik-Haus (Tel Aviv) 181
Bialik Street (Tel Aviv) **181**
Bibel 58
Bible Lands Museum (Jerusalem) **161**
Biblical Zoo (Jerusalem) **162**
Bibliotheken
    Gulbenkian Library (Jerusalem) **124f**
Bloomfield Science Museum (Jerusalem) 147
Boote
    Antikes galiläisches Boot **201**
    Clandestine Immigration and Naval Museum (Haifa) **194**
Brauereien
    Westjordanland 239
Breite Mauer (Jerusalem) **94**
Burckhardt, Johann Ludwig **249**
Burg Belvoir **208**
Burgen *siehe* Festungen
Busse 271

C

Caesarea 30, **190f**
Cafés 37
    Muslimisches Viertel (Jerusalem) 80
Canyon-Klettern 34
Cardo (Jerusalem) **94**
Carmel Center (Haifa) **192f**
Carmel Market (Tel Aviv) **182**
Centre International Marie de Nazareth 199

277

Chagall, Marc
Chagall-Fenster im Hadassah Hospital (Ein Kerem) **165**
Chain Street (Jerusalem) **78f**
Charles-Clore-Park (Tel Aviv) **178**
Christentum **58f, 115**
Taufe im Jordan 43
Via Dolorosa (Jerusalem) 10, 82, **110f**
siehe auch Kathedralen; Kapellen; Kirchen; Klöster
Christi Grab (Jerusalem) 109
Christian Quarter Road (Jerusalem) **114f**, 118
Christliches Informationszentrum (Jerusalem) 116
Christliches Viertel (Jerusalem) **102–119**
Spaziergang **118f**
Stadtteilkarte 104f
Christus *siehe* Jesus
Clandestine Immigration and Naval Museum (Haifa) **194**
Clore, Charles 178

D

Daliyat al-Karmal (Berg Karmel) **195**
Damaskustor (Jerusalem) **80**, 100, 152
Dan Nature Reserve **209**
Darat al-Funun (Amman) **257**
David, König 39
Davidsstadt (Jerusalem) **132f**
Grab von König David (Jerusalem) **127**
David Street (Jerusalem) 118
Davidsstadt (Jerusalem) **132f**
Degania Alef **203**
Dizengoff Center (Tel Aviv) 176
Dizengoff, Meir
Meir-Garten (Tel Aviv) 182f
Dizengoff Street (Tel Aviv) **176**
Dolphin Reef **221**
Dominus-Flevit-Kapelle (Jerusalem) **135**
Dor HaBonim Beach 31
Drogen 275
Drusen
Daliyat al-Karmal (Berg Karmel) **195**
Dubnov-Garten (Tel Aviv) **176f**
Dungtor (Jerusalem) **99**, 101

E

Ecce-Homo-Bogen (Jerusalem) **76f**, 83
Ehemalige Barclays Bank (Jerusalem) 151

Eilat (Elat) **220f**
Karte 221
Tauchen und Schnorcheln 221
Ein Bokek 30, **218f**
Ein Gedi Nature Reserve **219**
Ein Kerem **164**
Einreise 268
Eisenbahn *siehe* Zugreisen
Elektrizität 268
Elias-Grotte (Berg Karmel) **195**
El-Takiya (Jerusalem) 82
Eretz Israel Museum (Tel Aviv) **183**
Erkundungstouren
3 Tage in Tel Aviv 20f
6 Tage am Toten Meer, in der Negev und in Petra 24f
6 Tage in Jerusalem 22f
7 Tage in Haifa und Galiläa 26f
Essen und Trinken **40f**
Tel Aviv 11
siehe auch Restaurants
Etikette 276
Eucharistie **59**
Events **46f**

F

Familien **28f**
Feiertage 269
Feingold-Haus (Jerusalem) 151
Felsendom (Jerusalem) 11, 71, **74f**
Feste und Festivals **46f**
Festungen
Burg Belvoir **208**
Kerak **263**
Mamelukenfort (Aqaba) 265
Masada **216f**
Qalat ar-Rabad (Ajlun) 262
Shoubak **264**
Zitadelle (Amman) **25f**
Zitadelle (Jerusalem) **112f**
Feuerwehr 274
First Station (Jerusalem) **149**
Flughäfen 271
Flugreisen 270f
Folklore Museum (Amman) **256**
Frauen
alleinreisende Frauen 274f
Geschlechtermix an der Klagemauer 89
im Judentum 57
Friedhöfe
Jerusalem War Cemetery 134
Jüdischer Friedhof (Jerusalem) **138**
Soldatenfriedhof 164
Frishman Beach (Tel Aviv) 179
Fünf Säulen des Islam **61**

G

Galerien *siehe* Museen und Sammlungen
Galiläa *siehe* Mittelmeerküste und Galiläa; See Genezareth
Gan Ha'ir (Tel Aviv) 176
Garten von Gethsemane (Jerusalem) **134**
Gärten *siehe* Parks und Gärten
Gartengrab (Jerusalem) **147**, 152
Ge-Hinnom-Tal (Jerusalem) **126**
Geld 268f
Georgskirche (Madaba) **260f**
Georgskloster **234**
Gerasa *siehe* Jerash
Gerätetauchen
Jordanien 265
Geschichte **48–55**
See Genezareth **201**
Geschwindigkeitsbegrenzung 270
Gesundheit 275
Gethsemane, Garten von (Jerusalem) **134**
Golanhöhen **207**
Goldenes Tor (Jerusalem) 73
Golgatha (Jerusalem) 109
Goor, Ilana
A Woman Against the Wind 178f
Gordon Beach (Tel Aviv) 31, 179
Grab des Sextius Florentinus (Petra) **251**
Grab von König David (Jerusalem) **127**
Griechisch-orthodoxe Kirche 115
Griechisch-orthodoxe Verkündigungskirche (Nazareth) **198**
Museum des griechisch-orthodoxen Patriarchats (Jerusalem) **116**
Großer Opferplatz (Petra) **250**
Großer Tempel (Petra) 249
Grotten
Elias-Grotte (Berg Karmel) **195**
Geburtskirche (Bethlehem) **232f**
Salomons Steinbruch (Zedekia-Höhle, Jerusalem) **146**
Grüne Linie **53**
Gulbenkian Library (Jerusalem) **124f**
Gutman, Nahum
Nahum Gutman Museum (Tel Aviv) 180

H

Hadar HaCarmel (Haifa) **195**
Hadassah Hospital (Ein Kerem) **165**
Hai Bar Yotvata Wildlife Reserve **224**
Haifa **192–195**
    Bauhaus in **193**
    Erkundungstouren 26f
    Karte 193
    Restaurants 195
Hamat Gader **210**
Hammam al-Pasha (Akko) **196**
Handeln 79
Ha-Neviim Street (Jerusalem) **144**, 151
Hanging Trail (Banias Nature Reserve) 28
Ha-Pisga-Amphitheater (Tel Aviv) 184
Ha-Pisga-Garten (Tel Aviv) 184
Haram ash-Sharif *siehe* Tempelberg
Ha-Simta Theatre (Tel Aviv) 185
HaTachana (Tel Aviv) 180
Haus von Simon dem Gerber (Tel Aviv) 185
Hebron **238f**
Hecht Museum (Haifa) **194**
Heilige Stätten, Verhalten in 276
Heiliges Land, Region 8, 48f
    Liebenswertes Heiliges Land 10–13
Heiße Quellen
    Hamat Gader **210**
Herodes der Große
    Caesarea 190
    Hebron 239
    Herodestor (Jerusalem) 80
    Herodion 238
    Jericho 234
    Klagemauer (Jerusalem) 88
    Masada 216
    Tempelberg (Jerusalem) 70
    Zitadelle (Jerusalem) 112f
Herodestor (Jerusalem) **80**, 101, 153
Herodion **238**
Herzl-Berg (Jerusalem) **164**
Herzl, Theodor 164
Herzl Museum (Jerusalem) **164**
Herzliya Pituah 31
Hilton Beach (Tel Aviv) 179
Hiskija-Tunnel (Jerusalem) 133
Historische Gebäude
    Alexanderhospiz (Jerusalem) **114**, 119
    Bialik-Haus (Tel Aviv) 181
    Hammam al-Pasha (Akko) **196**
    Haus von Simon dem Gerber (Tel Aviv) 185
    Hisham-Palast (Jericho) 235
    Kreuzfahrerstadt (Akko) **196**
    Lady Tunshuqs Palais (Jerusalem) **77**, 82
    Ticho-Haus (Jerusalem) **144**, 151
    YMCA (Jerusalem) **142**
    siehe auch Festungen; Kathedralen; Kapellen; Kirchen; Klöster
Höhlen *siehe* Grotten
Hotels
    American Colony Hotel (Jerusalem) **148**, 152
    Amman 254
    Jerusalem 143
    King David Hotel (Jerusalem) **142**
    Mittelmeerküste und Galiläa 209
    Tel Aviv 177
    Totes Meer und Wüste Negev 219, 225
Hula Nature Reserve **208**
Hurva Square (Jerusalem) **94f**
Hurva-Synagoge (Jerusalem) **95**
Hussein, König von Jordanien 74, 241, 256f

I

Ikonen 59
Ilana Goor Museum of Ethnic and Applied Art (Tel Aviv) 185
Impfungen 269
International Birding and Research Center Eilat **221**
Internet 276
Islam **60f**
    Kreuzfahrer **50**
    L. A. Mayer Museum for Islamic Art (Jerusalem) **160**
    Ramadan 43
    Tempelberg (Jerusalem) **70–75**
    siehe auch Moscheen
Israel Children's Museum (Tel Aviv) 176
Israel Museum (Jerusalem) 13, 147, **156–159**
Israeliten 39
Italienische Synagoge (Jerusalem) **143**

J

Jabotinsky, Ze'ev 183
Jaffa *siehe* Tel Aviv
Jaffator (Jerusalem) 100, **116f**
Jakobuskathedrale **124**
Jardenit, Taufstelle von **203**
Jeanne Hebuterne, sitzend (Modigliani) 158
Jebel Amud, Felsenkarte von 252
Jebel Attuf 250
Jerash (Gerasa) **258f**
Jericho 38, **234f**
Jerusalem 16, **62–153**
    Abstecher **154–165**
    Armenisches Viertel und Berg Zion **120–127**
    Christliches Viertel **102–119**
    Erkundungstouren 22f
    Hotels 143
    Jüdisches Viertel **84–101**
    Karte 64f
    Modernes Jerusalem **138–153**
    Muslimisches Viertel **66–83**
    Nachtleben 37
    Ölberg und Davidsstadt **128–137**
    Restaurants 163
Jerusalem Archaeological Park **92f**
Jerusalem Beach (Tel Aviv) 179
Jerusalem Light Rail (JLR) 271
Jerusalem War Cemetery 134
Jesus **58**
    Auf Jesu Spuren 38
    Christi Grab (Jerusalem) 109
    Dominus-Flevit-Kapelle (Jerusalem) **135**
    Galiläa 210
    Garten Gethsemane (Jerusalem) **134**
    Gartengrab (Jerusalem) **147**, 152
    Geburtskirche (Bethlehem) **232f**
    Golgatha (Jerusalem) 109
    See Genezareth **200–203**
    Via Dolorosa (Jerusalem) 10, 82, **110f**
Jesus-Boot **201**
Jordan, Fluss 35
    Jardenit **203**
    Qasr el-Yehud 235
    Taufe 43
Jordan Museum (Amman) **255**
Jordan Trail 263
Jordanien *siehe* Petra und Westjordanien

Register

Juden
Israel Museum (Jerusalem) **158**
Judentum **56f**
Jüdischer Friedhof (Jerusalem) **136**
Klezmer 45
Old Yishuv Court Museum (Jerusalem) **97**
Rituelle Objekte 32
Tempelberg (Jerusalem) **70–73**
Ultraorthodoxe Juden **97**
Yad Vashem (Jerusalem) **162**
Zionismus 51
siehe auch Synagogen
Judentum **56f**
Klagemauer (Jerusalem) 11, **88–91**
Ultraorthodoxe Juden **97**
siehe auch Juden; Synagogen
Jüdisches Viertel (Jerusalem) **84–101**
Architektur **98**
Shopping 94
Spaziergang **100f**
Stadtteilkarte 86f

K

Kabbala 13, **43**
Safed 206
Kafr Cana 210
Kajak fahren 35
Kanaanitischer Tunnel (Jerusalem) 133
Kapellen
Adamskapelle (Jerusalem) 109
Dominus-Flevit-Kapelle (Jerusalem) **135**
Helenakapelle (Jerusalem) 109
Inventio-Crucis-Kapelle (Kreuzauffindungskapelle, Jerusalem) 109
Syrische Kapelle (Jerusalem) 109
siehe auch Kirchen
Kapernaum **202**
Karmel, Berg **193**, **195**
Karmeliterkloster **194**
Karten
Akko 197
Amman 255
Bethlehem 231
Eilat 221
Europa und Mittelmeerraum 14
Haifa 193
Israel, Westjordanland und Westjordanien auf der Karte 14f
Jerusalem 64f
Jerusalem: Abstecher 155
Jerusalem: Armenisches Viertel und Berg Zion 122f
Jerusalem: Christliches Viertel 104f, 118f
Jerusalem: Jüdisches Viertel 86f
Jerusalem: Modernes Jerusalem 140f
Jerusalem: Muslimisches Viertel 68f, 82f
Jerusalem: Ölberg und Davidsstadt 130f
Jerusalem: Ostjerusalem 152f
Jerusalem: Spaziergang auf der alten Stadtmauer 100f
Jerusalem: Via Dolorosa 110f
Jerusalem: Westjerusalem 150f
Mittelmeerküste und Galiläa 188f
Mosaikenkarte von Madaba 260f
Nazareth 199
Petra und Westjordanien 242f
Routenplaner 273
See Genezareth 20
Tel Aviv 170f
Tel Aviv: Alt-Jaffa 184f
Totes Meer 219
Totes Meer und Wüste Negev 214f
Westjordanland (Westbank) 228f
Katharinenkirche (Bethlehem) **230**
Kathedralen
Dreifaltigkeitskathedrale (Jerusalem) 144f, 151
Jakobuskathedrale (Jerusalem) **124**
St. Georgskathedrale (Jerusalem) **149**, 152
siehe auch Kirchen
Kedumim Square (Tel Aviv) 185
Kerak 263
Keramik, armenische 33, 124
Kettendom (Jerusalem) 73
Khans (Akko) **197**
Kibbuzim
Degania Alef **203**
Kibbuz Lotan **224f**
Sde Boker **222**
Kidrontal (Jerusalem) **134**
Kinder **28f**
Israel Children's Museum (Tel Aviv) 176
Jerusalem für Kinder 147
Tel Aviv für Kinder 176
King David Hotel (Jerusalem) **142**
Kirchen 276
Annakirche (Jerusalem) **80f**
Äthiopische Kirche (Jerusalem) 151
Dormitio-Kirche (Jerusalem) **126**
Geburtskirche (Bethlehem) **232f**
Georgskirche (Madaba) **260f**
Grabeskirche (Jerusalem) **106–109**, 119
Griechisch-orthodoxe Verkündigungskirche (Nazareth) **198**
Johanneskirche (Jerusalem) **115**, 118
Katharinenkirche (Bethlehem) **230**
Kirche der Nationen (Jerusalem) **134f**
Lutherische Erlöserkirche (Jerusalem) **114**, 119
Maria-Magdalena-Kirche (Jerusalem) **135**
Marienkirche (Jerusalem) **99**
Markuskirche (Jerusalem) **126f**
Paternoster-Kirche (Jerusalem) **137**
Petra-Kirche 249
Russische Himmelfahrtskirche (Jerusalem) **139**
St. Michaelskirche (Tel Aviv) 185
St. Peter in Gallicantu (Jerusalem) **125**
Verkündigungsbasilika (Nazareth) **198f**
siehe auch Kathedralen; Kapellen; Klöster
Klagemauer (Jerusalem) 11, **88–91**
Klein-Petra **251**
Klöster
Äthiopisches Kloster (Jerusalem) 109
Geißelungskloster (Jerusalem) **76**, 83
Georgskloster **234**
Karmeliterkloster **194**
Kloster der Schwestern Zions (Jerusalem) 77, 83

Kloster der Versuchung (Jericho) 235
Kloster St. Nikolaus (Tel Aviv) 185
Kloster St. Peter (Tel Aviv) 185
Kloster St. Stephan (Jerusalem) **146**
Kreuzkloster (Jerusalem) **160**
Mar-Saba-Kloster **236**
Petra **250**
Stella Maris (Berg Karmel) **193**
Knesset (Jerusalem) **161**
König-Abdullah-Moschee (Amman) **256**
König Davids historische Stadt (Jerusalem) 133
Königsgräber (Jerusalem) **148**
Königsgräber (Petra) **247**
Korallenriffe
  Coral Beach Nature Reserve **220f**
  Rotes Meer 31, 221
Koran **60**
Korazim National Park **202**
Krankenhäuser 269, 275
Krankenwagen 274
Kreditkarten 269
  Notrufnummer 269
Kreuzfahrer 39, **50**
  Burg Belvoir **208**
  Kreuzfahrerstadt (Akko) **196**
  Marienkirche (Jerusalem) **99**
  Zitadelle Kerak **263**
Kreuzfahrerstadt (Akko) **196**
Krimkrieg, Bethlehem und 233
Kultur **44f**
Kunst *siehe* Museen und Sammlungen
Kunsthandwerk **32f**
Künstlerviertel (Tel Aviv) 185
Kursi National Park **202f**

L

L. A. Mayer Museum for Islamic Art (Jerusalem) **160**
Lady Tunshuqs Palais (Jerusalem) **77**, 82
Lawrence von Arabien 252, 265
Leitungswasser 274
Levantinische und arabische Küche 41
LGBTQ+
  Sicherheit 275
  Tel Aviv Pride 37
Lichtenstein, Roy 172f
Liebenswertes Heiliges Land 10–13

Löwentor (Jerusalem) **81**, 101
Lutherische Erlöserkirche (Jerusalem) **114**, 119

M

Madaba, Mosaiken von **260f**
Magdala **200**
Mahane Yehuda (Jerusalem) 150, **163**
Mahmoudiya-Moschee (Tel Aviv) 184
Makhtesh Ramon 34, **224**
Maria, Jungfrau
  Mariengrab (Jerusalem) **136**
  Milchgrotte (Bethlehem) **230**
  Verkündigungsbasilika (Nazareth) **198f**
Maria Magdalena 200
Mariengrab (Jerusalem) 22, **136**
Marienkirche (Jerusalem) **99**
Markt der Baumwollhändler (Jerusalem) **78**
Märkte
  Carmel Market (Tel Aviv) **182**
  Mahane Yehuda (Jerusalem) 150, **163**
  Markt der Baumwollhändler (Jerusalem) **78**
  Souk (Akko) **197**
  Souk (Nazareth) **199**
  Souk el-Dabbagha (Jerusalem) 119
  Zentraler Souk (Jerusalem) **79**
Markuskirche (Jerusalem) **126f**
Mar-Saba-Kloster **236**
Masada **216f**
Mea Shearim (Jerusalem) **146f**
Medresen (Koranschulen, Jerusalem) 73
  Medersa el-Omariyya 72
  Medersa Tashtamuriyya 78
Meeresmoschee (Tel Aviv) 184
Megiddo 39, **206**
Mehrwertsteuer 276
Meir-Garten (Tel Aviv) **182f**
Metzitzim Beach (Tel Aviv) **179**
Milchgrotte (Bethlehem) **230**
Mittelmeerküste und Galiläa 17, **30f**, **186–211**
  Erkundungstouren 26f
  Hotels 209
  Regionalkarte 188f
  Restaurants 195, 197, 198, 207
  Weingüter 223
  siehe auch Strände
Mitzpe Ramon **223**
Mobiltelefone 276

Modernes Jerusalem **138–153**
  Restaurants 145
  Shopping 148
  Spaziergänge **150–153**
  Stadtteilkarte 140f
Modernes Museum (Petra) 249
Modigliani, Amedeo
  Jeanne Hebuterne, sitzend 158
Mohammed, Prophet **60**
Monumente
  Yad Vashem (Jerusalem) **162**
Mosaikenkarte von Madaba **260f**
Moscheen **60**, 276
  Al-Aqsa-Moschee (Jerusalem) 71, 73
  El-Jazzar-Moschee (Akko) **197**
  Felsendom (Jerusalem) 11, 71, **74f**
  Grab der Patriarchen (Hebron) 239
  Himmelfahrtsmoschee (Jerusalem) **136f**
  König-Abdullah-Moschee (Amman) **256**
  Mahmoudiya-Moschee (Tel Aviv) 184
  Meeresmoschee (Tel Aviv) 184
  Omar-Moschee (Bethlehem) **230**
  Omar-Moschee (Jerusalem) 115, 118
  Weiße Moschee (Nazareth) **199**
Moses
  Nebi Musa **236**
Motive anderer Religionen **211**
Muristan (Jerusalem) 118
Museen und Sammlungen
  A. M. Qattan Foundation (Ramallah) 237
  ANU – Museum of the Jewish People (Tel Aviv) **182**
  Archäologisches Museum (Aqaba) 265
  Archäologisches Museum (Kerak) 263
  Ariel Center for Jerusalem in the First Temple Period (Jerusalem) **98**
  Bauhaus Center (Tel Aviv) 176
  Beit HaGefen (Haifa) 193
  Ben-Gurion-Haus (Tel Aviv) 177
  Bethlehem Museum (Bethlehem) **231**
  Bible Lands Museum (Jerusalem) **161**
  Bloomfield Science Museum (Jerusalem) 147
  Clandestine Immigration and Naval Museum (Haifa) **194**
  Darat al-Funun (Amman) **257**

Museen und Sammlungen *(Fortsetzung)*
Eretz Israel Museum (Tel Aviv) **183**
Folklore Museum (Amman) **256**
Hecht Museum (Haifa) **194**
Herzl Museum (Jerusalem) **164**
Ilana Goor Museum of Ethnic and Applied Art (Tel Aviv) **185**
Israel Children's Museum (Tel Aviv) **176**
Israel Museum (Jerusalem) 13, 147, **156–159**
Jordan Museum (Amman) **255**
L. A. Mayer Museum for Islamic Art (Jerusalem) **160**
Mané-Katz Museum (Haifa) 193
Metzudat Ze'ev (Tel Aviv) **183**
Modernes Museum (Petra) 249
Museum des griechisch-orthodoxen Patriarchats (Jerusalem) **116**
Museum für Islamische Kunst (Jerusalem) 73
Museum of Popular Traditions (Amman) **256**
Museum on the Seam (Jerusalem) **147**
Nahum Gutman Museum (Tel Aviv) 180
Old Yishuv Court Museum (Jerusalem) **97**
Palestinian Museum (Birzeit) **238**
Rockefeller Archeological Museum (Jerusalem) **149**, 153
Rokach House Museum (Tel Aviv) 180
Royal Automobile Museum (Amman) **257**
Rubin Museum (Tel Aviv) 181
Schindlers Grab (Jerusalem) **126**
Tel Aviv Museum of Art **172f**
Tikotin Museum of Japanese Art (Haifa) 192f
Tower of David Museum (Jerusalem) 145
Underground Prisoners Museum (Akko) **197**
Underground Prisoners' Museum (Jerusalem) 145
Upper Galilee Museum of Prehistory **211**
Verbranntes Haus (Jerusalem) **98**
Wohl Archaeological Museum (Jerusalem) **96**
Yad Vashem (Jerusalem) **162**
Yasser Arafat Museum (Ramallah) 237
Musik 36, **44f**
Caesarea 191
Muslime *siehe* Islam
Muslimisches Viertel (Jerusalem) **66–83**
Cafés 80
Restaurants 76
Spaziergang **82f**
Stadtteilkarte 68f

N

Nabatäer 39, **251**
Avdat National Park **222f**
Petra **244–251**
Nachalat Binyamin (Tel Aviv) **183**
Nachtleben **36f**
Nakhalat Shiva (Jerusalem) **142f**, 151
Nakhlaot (Jerusalem) **163**
Nationalparks
Avdat **222f**
Caesarea 190
Korazim **202**
Kursi **202f**
Naturreservate
Banias 28
Coral Beach **220f**
Dan **209**
Ein Gedi **219**
En Avdat 223
Hai Bar Yotvata Wildlife Reserve **224**
Hula **208**
Nazareth **198f**, 210
Karte 199
Restaurants 198
Nebi Musa **236**
Nebo, Berg Nebo **262f**
Negev, Wüste *siehes* Totes Meer und Wüste Negev
Neues Tor (Jerusalem) 100
Neve Tzedek (Tel Aviv) **180**
North Beach (Eilat) **220**
Notfallnummern 274

O

Oberster Gerichtshof (Jerusalem) **163**
Öffentlicher Nahverkehr 270f
Öffnungszeiten 269
Ölberg und Davidsstadt (Jerusalem) **128–137**
Stadtteilkarte 130f
Old Yishuv Court Museum (Jerusalem) 97
Omar ibn al-Khattab Square (Jerusalem) **117**
Orient-Haus (Jerusalem) 152
Osmanisches Reich **51**
Österreichisches Hospiz (Jerusalem) 82

P

Palästinensergebiete *siehe* Westjordanland
Palästinensische Autonomiebehörde 55, 227, 237
Palestinian Museum **238**
Palestinian Pottery (Jerusalem) 152
Parken 272
Parks und Gärten
Baha'i-Gärten (Akko) 196
Baha'i-Park (Haifa) 13, 42, **192**
Charles-Clore-Park (Tel Aviv) **178**
Dubnov-Garten (Tel Aviv) **176f**
Garten Gethsemane (Jerusalem) **134**
Meir-Garten (Tel Aviv) **182f**
Pass 268, 275
Persönliche Sicherheit 274f
Petra und Westjordanien 10, 19, **240–265**
Erkundungstouren 24f
Kunsthandwerk 33
Pass und Visa 268
Petra **244–251**
Regionalkarte 242f
Petra-Kirche 249
Pilger
Baha'i 42
Via Dolorosa (Jerusalem) 10, 82, **110f**
Polizei 274
Post 276
Puppen
Train Theater (Jerusalem) 147

Q

Qanatirs (Jerusalem) 73
Qasr el-Bint el-Faroun (Petra) 249
Qumran **218**

R

Rabbinisches Judentum 56
Rabin Square (Tel Aviv) **176**
Rachels Grab (Bethlehem) **231**
Radfahren 273
Rafting 35
Ramadan 43
Ramallah **237**

Ramban-Synagoge (Jerusalem) **95**
Rathauskomplex (Jerusalem) 151
Rauchen 275
Reisen **270–273**
   Sicherheitshinweise 269
   Westjordanland 231
Reisende mit besonderen Bedürfnissen 269
Religion **42f**
   Christentum **58f**, **115**
   Islam **60f**
   Judentum **56f**
   religiöse Feiertage 269
Restaurants
   Akko 197
   Amman 257
   Haifa 195
   Jerusalem: Abstecher 163, 165
   Mittelmeerküste und Galiläa 195, 197, 198, 207
   Modernes Jerusalem 145
   Muslimisches Viertel (Jerusalem) 76
   Nazareth 198
   Tel Aviv 181
   siehe auch Essen und Trinken
Robinsonbogen (Jerusalem) 92
Rockefeller Archeological Museum (Jerusalem) **149**, 153
Rokach, Shimon
   Rokach House Museum (Tel Aviv) 180
Römer 12, 38, **49**
   Altes Badehaus (Nazareth) **198**
   Antikes galiläisches Boot **201**
   Bet She'an 29, **204f**
   Caesarea 30, **190f**
   Hamat Gader **210**
   Jerash (Gerasa) **258f**
   Masada **216f**
   Römischer Cardo (Petra) 249
   Römisches Theater (Amman) **255**
   Umm Qais **262**
Rosh HaNikra 31, **211**
Rotes Meer
   Eilat **220f**
   Korallenriffe 31, 221
   Tauchen 221, 265
Rothschild Boulevard (Tel Aviv) **174f**
Rotunde der Grabeskirche (Jerusalem) 109
Royal Automobile Museum (Amman) **257**
Rubin, Reuven
   Rubin Museum (Tel Aviv) 181

Russen in Jerusalem 137
Russisches Viertel (Jerusalem) **144f**
Russisch-orthodoxe Kirchen 114f
   in Jerusalem **139**
   Maria-Magdalena-Kirche (Jerusalem) **135**
   Russische Himmelfahrtskirche (Jerusalem) **137**

S

Saal des Letzten Abendmahls (Jerusalem) **127**
Sabbat, Öffnungszeiten 43
Safed 42, **206**
Salah al-Din Street (Jerusalem) 16, 153
Salomons Steinbruch (Jerusalem) **146**
Sammeltaxis 272
Sarona (Tel Aviv) 176
Schäferin, Die (van Gogh) 173
Schatzhaus (Petra) **246**
Schindlers Grab (Jerusalem) **126**
Schmidt's Girls College (Jerusalem) 152
Schmuck 32
Schnorcheln
   Eilat 221
Schrein des Bab (Haifa) 42, **192**
Schrein des Buches **157**, **159**
Schriftrollen vom Toten Meer **159**
   Schrein des Buches **157**, **159**
   Qumran **218**
Sde Boker **222f**
See Genezareth 12, **200–203**, 210
   Karte 201
Sephardische Synagogen (Jerusalem) **97**
Sepphoris **199**
Sheinkin Street (Tel Aviv) **180f**
Shopping
   Handeln 79
   Jerusalem 94, 148
   Sabbat 43
   Mehrwertsteuer 276
   Tel Aviv 183
   siehe auch Märkte
Shoubak **264**
Sicherheit
   Frauen 274f
   LGBTQ+ 275
   Persönliche Sicherheit 274f
   Radfahren 273
   Sicherheitshinweise 269
Siloam-Becken (Jerusalem) 133

Skopus, Berg (Jerusalem) **134**
Sodom **219**
Souk (Akko) **197**
Souk (Nazareth) **199**
Souk el-Dabbagha (Jerusalem) 119
Spaziergänge
   Jerusalem: Christliches Viertel **118f**
   Jerusalem: Ostjerusalem **152f**
   Jerusalem: Muslimisches Viertel **82f**
   Jerusalem: Spaziergang auf der alten Stadtmauer **100f**
   Jerusalem: Westjerusalem **150f**
   Jordan Trail 263
   Tel Aviv: Alt-Jaffa **184f**
Spielplätze 29
Sprache 268f
Status quo (Grabeskirche) 108
St. Georgskathedrale (Jerusalem) **149**, 152
St. Michaelskirche (Tel Aviv) 185
St. Peter in Gallicantu (Jerusalem) **125**
Stella Maris (Berg Karmel) **193**
Storchenturm (Jerusalem) 101
Strände 12, 28, 31
   Acadia Beach (Herzliya Pituah) 31
   Beit Yannai Beach 31
   Dolphin Reef **221**
   Dor HaBonim Beach 31
   Frishman Beach (Tel Aviv) 179
   Gordon Beach (Tel Aviv) 31, 179
   Hilton Beach (Tel Aviv) 179
   Jerusalem Beach (Tel Aviv) 179
   Metzitzim Beach (Tel Aviv) **179**
   North Beach (Eilat) **220**
   Strandpromenade (Tel Aviv) **178f**
Straßenverkehrsregeln 272f
Strom 268
Süleyman I. der Prächtige, Felsendom (Jerusalem) 74
   Löwentor (Jerusalem) 81
Sultan 51
Zionstor (Jerusalem) 125
Zitadelle (Jerusalem) 112
Synagogen 276
   Bet Alpha **208f**
   Grab der Patriarchen (Hebron) 239
   Hurva-Synagoge (Jerusalem) **95**

Synagogen *(Fortsetzung)*
 Italienische Synagoge (Jerusalem) **143**
 Kabbalistensynagogen 13
 Magdala 200
 Ramban-Synagoge (Jerusalem) **95**
 Sephardische Synagogen (Jerusalem) **97**
Syrische Kapelle (Jerusalem) 109

T

Tabgha **200f**
Tabor, Berg **209**, 210
Tanz 44
 Suzanne Dellal Centre (Tel Aviv) 180
Tauchen 31
 Eilat 221
 Jordanien 265
Taufstätten
 Jardenit-Taufstätte 43, **203**
 Qasr el-Yehud 235
Taxis 272
Tel Aviv 17, **168–185**
 Bauhaus-Architektur 175
 Erkundungstouren 21
 Essen und Trinken 11
 Hotels 177
 Karte 170f
 Kinder 176
 Nachtleben 36f
 Restaurants 181
 Shopping 183
 Spaziergang durch Alt-Jaffa **184f**
 Strände 31, **178f**
Tel Aviv Marina **179**
Tel Aviv Museum of Art **172f**
Tel Aviv Performing Arts Center **177**
Tel Aviv Port 176, **178**
Tel Be'er Sheva **222**
Telefonieren 276
Temenos-Tor (Petra) 249
Tempel der Geflügelten Löwen (Petra) 249
Tempelberg 11, 23, 67, **70–75**, 78, 274
Tempelritter (Templer)
 Kerak **263**
 Tempelberg (Jerusalem) 71, 73
 Templertunnel (Akko) **196f**
Theater 44
 Römisches Theater (Amman) **255**
 Train Theater (Jerusalem) 147
Thora 57
Tiberias **207**

Ticho-Haus (Jerusalem) **144**, 151
Tiferet Yisrael Street (Jerusalem) **96**
Timna Park 35, **225**
Toiletten (Bet She'an) 205
Totes Meer und Wüste Negev 18, **212–225**
 Hotels 219, 225
 Krater in der Wüste Negev **224**
 Regionalkarte 214f, 219
 Totes Meer 10, 29, 30, **218f**
Tower of David Museum (Jerusalem) 113
Train Theater (Jerusalem) 147
Trams 271
Trinken *siehe* Essen und Trinken
Trinkgeld 274
Trinkwasser 274
Türkische Bäder
 Hammam al-Pasha (Akko) **196**
Tzipori *siehe* Sepphoris

U

Übernachtungen *siehe* Hotels
Ultraorthodoxe Juden **97**
Umm Qais **262**
Underground Prisoners Museum (Akko) **197**
Underground Prisoners' Museum (Jerusalem) 145
Underwater Observatory Marine Park (Eilat) **220**
Upper Galilee Museum of Prehistory **211**

V

Van Gogh, Vincent
 Die Schäferin 173
Vegetarisches Essen 41
Verbranntes Haus (Jerusalem) **98**
Verkündigungsbasilika (Nazareth) **198f**
Versicherungen 269
Via Dolorosa (Jerusalem) 10, 82, **110f**
Visa 268
Vögel 35
 Hula Nature Reserve **208**
 International Birding and Research Center Eilat **221**

W

Wadi Nisnas (Haifa) **193**
Wadi Rum 35, **252f**
Währung 268f
Wandern
 Jordan Trail 263
Warren-Schacht (Jerusalem) 133
Websites 275

Wein 40, 223
 Weingüter 223
Weiße Moschee (Nazareth) 26, **199**
Westjordanland (Westbank) 18, **226–239**
 Bars 239
 Israelische Siedlungen **235**
 Karte 14f
 Kunsthandwerk 33
 Nachtleben 36
 Pass und Visa 268
 Regionalkarte 228f
 Reisen 231
Westjordanien *siehe* Petra und Westjordanien
Westmauer *siehe* Klagemauer
Wild Jordan Center (Amman) **257**
Wildtiere
 Underwater Observatory Marine Park (Eilat) **220**
 siehe auch Aquarium; Vögel; Nationalparks; Naturreservate; Zoos
Wishing Bridge (Tel Aviv) 185
WLAN 276
Wohl Archaeological Museum (Jerusalem) **96**

Y

Yad Vashem (Jerusalem) **162**
Yarkon-Park (Tel Aviv) 176
YMCA (Jerusalem) **142**

Z

Zalatimo Sweets (Jerusalem) 118
Zedekia-Höhle (Jerusalem) **146**
Zeit 274
Zentraler Souk (Jerusalem) **79**
Zeremonien im Heiligen Land **42f**
Zichron Ja'akov **209**
Zion, Berg (Jerusalem) *siehe* Armenisches Viertel und Berg Zion
Zionismus **51**
 Degania Alef – der erste Kibbuz **203**
Zionstor (Jerusalem) **125**
Zisterne (Jerusalem) 133
Zitadelle (Akko) **197**
Zitadelle (Amman) **254f**
Zitadelle (Jerusalem) 100, **112f**
Zoll 269
Zoos
 Biblical Zoo (Jerusalem) **162**
 siehe auch Aquarium; Wildtiere
Zugreisen 271
 First Station (Jerusalem) **149**

SPRACHFÜHRER

Das hebräische Alphabet besteht aus 22 Buchstaben. Wie beim arabischen werden die Vokale nicht geschrieben. Es gibt mehrere Transkriptionssysteme. In diesem Sprachführer wird eine vereinfachte phonetische Transkription angegeben. Fettungen bezeichnen die betonte Silbe. Ein Apostroph zwischen zwei Buchstaben bedeutet, dass an dieser Stelle abgesetzt wird. »Kh« wird wie »ch« in »Loch« ausgesprochen, »z« wie stimmhaftes »s«. Die Silbe »yim« klingt wie »aim«. Bei manchen Substantiven, Pronomen und Verbformen ist erst die männliche, dann die weibliche Form angegeben.

Notfälle
Hilfe!	Hatzilu!
Halt!	Atzor!
Rufen Sie einen Arzt!	Azminu rofe!
Rufen Sie einen Krankenwagen!	Azminu ambulans!
Rufen Sie die Polizei!	Tzaltzelu lamishtara!
Rufen Sie die Feuerwehr!	Tzaltzelu lemekhabei esh!
Wo ist das nächste Telefon?	Efo hatelefon hatziburi hakhi karov?
Wo ist das nächste Krankenhaus?	Efo bet hakholim hakhi karov?

Grundwortschatz
Ja	Ken
Nein	Lo
Bitte	B'vakasha
Danke	Todah
Vielen Dank	Todah raba
Entschuldigung	Slikha
Hallo	Shalom
Guten Tag	Boker tov
Guten Abend	Erev tov
Gute Nacht	Laila tov
Beste Wünsche (für den Sabbat)	Shabat Shalom
Eine gute Woche! (nach dem Sabbat)	Shavu'a tov
Morgen	boker
Nachmittag	akhar hatzohoryim
Abend	erev
Nacht	laila
heute	hayom
morgen	makhar
hier	po
dort	sham
Was?	Ma?
Welche(r, s)?	Eeizeh?
Wann?	Matai?
Wer?	Mi?
Wo?	Efo?

Nützliche Redewendungen
Wie geht es Ihnen?	Ma shlomkha / shlomekh?
Danke, sehr gut.	Beseder, toda.
Ich freue mich, Sie kennenzulernen.	Na'im meod.
Auf Wiedersehen.	Lehitraot.
Es geht mir gut!	Beseder gamur!
Wo ist … / Wo sind …?	Efo …?
Wie weit ist es nach …?	Kama kilometrim mipo le …?
Wo geht es nach …?	Ekh megi'im le …?
Sprechen Sie Deutsch / Englisch?	Ata / at medaber / medaberet germanit / anglit?
Ich verstehe nicht.	Ani lo mevin / mevina.
Bitte sprechen Sie langsamer.	Tukhal / tukhli ledaber yoter le'at, bevakasha

Nützliche Wörter
groß	gadol
klein	katan
heiß	kham
kalt	kar
gut	tov
schlecht	lo tov
genug	maspik
gut	beseder
offen	patuakh
geschlossen	sagur
links	smol
rechts	yamin
geradeaus	yashar
nah	karov
weit	rakhok
oben	lemala
unten	lemata
früh	mukdam
spät	meukhar
Eingang	knisa
Ausgang	yetzia
Toilette	sherutim
frei, nicht besetzt	panui
frei, gratis	khinam

Telefonieren
Ich möchte ein Ferngespräch führen.	Haiti rotze / rotza lehitkasher lekhutz lair / laaretz.
Ich möchte ein R-Gespräch führen.	Haiti rotze / rotza lehitkasher govaina.
Ich rufe später zurück.	Etkasher meukhar yoter.
Kann ich eine Nachricht hinterlassen?	Efshar lehashir hoda'a?
Bleiben Sie dran.	Hamtin / hamtini.
Könnten Sie ein wenig lauter sprechen?	Tukhal / tukhli ledaber bekol ram yoter?
Ortsgespräch	sikha ironit
Auslandsgespräch	sikha benleumit

Shopping
Wie viel kostet das?	Kama zeh oleh?
Ich hätte gern …	Haiti rotzeh / rotza …
Haben Sie …	Yesh lakhem …?
Ich schaue mich nur um.	Anirak mistakel / mistakelet.
Nehmen Sie Kreditkarten?	Atem mekablim kartisei ashrai?
Nehmen Sie Reisechecks?	Atem mekablim traveller's cheques?
Wann öffnen Sie?	Matai potkhim?
Wann schließen Sie?	Matai sogrim?
das hier	zeh
das da	hahu
teuer	yakar
billig	lo yakar / zol
Größe	mida
weiß	lavan
schwarz	shakhor
rot	adom
gelb	tzahov
grün	yarok
blau	kakhol

Läden
Antiquitätenladen	khanut atikot
Apotheke	bet merkakhat
Bäckerei	ma'afia
Bank	bank
Buchhandlung / Zeitungshändler	khanut sfarim / ve'itonim
Friseur	maspera
Juwelier	khanut takhshitim
Kleiderladen	khanut b'gadim
Konditorei	ma'adania
Lebensmittelhändler	makolet
Markt	shuk
Metzger	itliz
Obst- und Gemüseladen	yarkan
Postamt	snif hadoar
Reisebüro	sokhnut nesiyot
Schuhgeschäft	khanut na'alyim
Supermarkt	supermarket

Sightseeing
Bahnhof	takhanat rakevet
Bibliothek	sifria
Busbahnhof	takhana merkazit
Bushaltestelle	takhanat otobus
geschlossen	sagur
Kirche	knesia
Moschee	misgad
Park	park
Rathaus	bet ha'iria
Synagoge	bet haknesset
Taxi	monit
Tourismusbüro	merkaz hameida letayar

Im Hotel
Ich habe reserviert.	Yesh li azmana.
Haben Sie ein Zimmer frei?	Yesh lakhem kheder panui?
Doppelzimmer	kheder zugi
mit zwei Betten	kheder im shtei mitot
mit Bad oder Dusche	kheder im sherutim ve ambatia o miklakhat
Einzelzimmer	kheder yakhid
Schlüssel	mafteakh
Aufzug	ma'alit
Können Sie mir dem Gepäck helfen?	Mishehu yakhol la'azor li im hamisvadot?

Im Restaurant

Haben Sie einen freien Tisch?	Yesh lakhem shulkhan panui?
Ich möchte einen Tisch reservieren.	Haiti rotze / rotza lehazmin shulkhan.
Die Rechnung, bitte.	Kheshbon, bevakasha.
Ich bin Vegetarier / in.	Ani tzimkhoni / tzimkhonit.
Menü	tafrit
Festpreismenü	tafrit iskit
Weinkarte	tafrit hayeinot
Glas	kos
Flasche	bakbuk
Messer	sakin
Löffel	kaf
Gabel	mazleg
Frühstück	arukhat boker
Mittagessen	arukhat tzohoryim
Abendessen	arukhat erev
Vorspeise	mana rishona
Hauptgericht	mana ikarit
Portion	mana
englisch (gebraten)	mevushal me'at
durchgebraten	mevushal hetev

Essen und Trinken

Äpfel	tapuakhei etz
Aprikosen	mish mish
Auberginen	khatzilim
Aufschnitt	pastrama
Bier	bira
Bier vom Fass	bira mihakhavit
Blumenkohl	kruvit
Bohnen	shu'it
Braten	betanur
Brokkoli	brokoli
Brot	lekhem
Butter	khem'a
Dessert	kinuakh
Eier	betza
eingelegtes Gemüse	khamutzim
Eis	kerakh
Erdbeeren	tut sade (tutim)
Essig	khometz yain
Feigen	te'enim
Fisch	dag
Fleisch	basar
Forelle	forel
frittiert	metugan
Garnelen / Krabben	shrimps
gefülltes Gemüse	memulaim
gegrillt	al haesh
Gemüse	yerakot
geräuchert	me'ushan
grüne Bohnen	shu'it yerokha
Gurken	melafefonim
hart gekochte Eier	betza kasha
Huhn	off
Kaffee	kafe
Karotten	gezer
Kartoffeln	tapukhei adama
Käse	gvina
Kebab	shipud
Kichererbsen	khumus
Kirschen	duvdvanim
Knoblauch	shum
Kohl	kruv
Koriander	kuzbera
Krabben	sartanim
Kräutertee	tei tzmakhim
Kuchen	ugha
Lachs	salmon
Lamm	keves
Leber	kaved
Mandeln	shkedim
Mangold	alei selek
Meeräsche	buri
Meeresfrüchte und Fisch	peirot yam
Milch	khalav
Mineralwasser	myim mineralim
Nüsse	egozim
Obst	peirot
Olivenöl	shemen zyit
Omelett	khavita
Orangen	tapuzim
Orangensaft (frisch gepresst)	mitz tapuzim (tiv'i sakhut)
Pfeffer	pilpel
Pfefferschoten	pilpelim
Pfirsiche	afarsekim
Pflaumen	shezifim
Pommes frites	chips
Red Snapper	denis
Reis	orez
Rindfleisch	bakar
Rotwein	yain adom
Salat	salat yerakot
Salz	melakh
Sandwich / belegtes Brötchen	lakhmania
Saubohnen	ful
Sauce	rotev
scharf (gewürzt)	kharif
Schokolade	shokolat
Speiseeis	glida
Spinat	tered
Steak	steik
Suppe	marak
Tee	tei
Tintenfisch	kalamari
Tomaten	agvaniot
Trauben	anavim
trocken	yavesh
Truthahn	hodu
Wasser	myim
Weißwein	yain lavan
Zackenbarsch	lokus
Zitrone	limon
Zucchini	kishuim
Zucker	sukar
Zwiebeln	batzal

Zahlen

0	efes
1	akhad
2	shtaim
3	shalosh
4	arba
5	khamesh
6	shesh
7	sheva
8	shmone
9	teisha
10	eser
11	ahadesreh
12	shtemesreh
13	hloshesreh
14	arbaesre
15	khameshesreh
16	sheshesreh
17	shvaesreh
18	shmona'esreh
19	tshaesreh
20	esrim
21	esrim veakhad
30	shloshim
40	arba'im
50	khamishim
60	shishim
70	shiv'im
80	shmonim
90	tish'im
100	mea
200	matyim
300	shlosh meot
1000	elef
2000	alpyim
3000	shlosha elef
4000	arba elef
10 000	asara elef

Zeit

eine Minute	daka
eine Stunde	sha'a
eine halbe Stunde	khetzi sha'a
Sonntag	yom rishon
Montag	yom sheni
Dienstag	yom shlishi
Mittwoch	yom revi'i
Donnerstag	yom khamishi
Freitag	yom shishi
Samstag	shabat
Woche	shavu'a
Monat	khodesh
Jahr	shana

DANKSAGUNG

DK bedankt sich bei folgenden Personen für ihre Beiträge zur letzten Ausgabe: Daniel Robinson, Paul Clammer, Fabrizio Ardito, Cristina Gambaro, Massimo Acanfora Torrefranca.

BILDNACHWEIS

l = links; r = rechts; o = oben; u = unten; m = Mitte; d = Detail.

Dorling Kindersley hat sich bemüht, alle Copyright-Inhaber zu ermitteln. Sollte das in einigen Fällen nicht gelungen sein, bitten wir, dies zu entschuldigen. In der nächsten Auflage werden wir Versäumtes gern nachholen.

Dorling Kindersley dankt folgenden Personen, Institutionen, Unternehmen und Bildarchiven für die Erlaubnis, ihre Fotos zu reproduzieren:

123RF.com: Rostislav Ageev 66 – 67; Alefbet 103ur; Rafael Ben-Ari 112mlu; Flik47 49mlu; Robert Hoetink 205ol; Ievgenii Fesenko 13ur; kavram 104 – 105; Sean Pavone 112ul; Roman Sidelnikov 132mr; silverjohn 102ul, 128 – 129, 252 – 253o; Jacek Sopotnicki 133or; Alexey Stiop 17ul, 186 – 187; Lev Tsimbler 159or; vvvita 18ol, 212 – 213.

4Corners: Stefano Amantini 16m, 62 – 63; Reinhard Schmid 12mlu.

akg-images: Erich Lessing 49mr.

Alamy Stock Photo: 95mr; Seersa Abaza 257or; age fotostock 77ol; Idris Ahmed 82 – 83u; Albatross / Duby Tal 8mlo, 12o; alefbet 185om; Nir Alon 37ml, 45or, 47mr, 78u; Ahmad Atwah 259or; Dotan Beck 196o; Ryan Rodrick Beiler 77ur; Vladimir Blinov 204 – 205u, 225ul; Citizen59 61mr; Classic Image 49or; Cosmo Condina Middle East 217o; Mark Daffey 233or; Yaacov Dagan 210 – 201u; Design Pics Inc 125ur, 194u; Didi 260ul; Fesenko 178ol, 184ul; EmmePi Images 261; Everett Collection Historical 52ur; Iwona Fijoł 45ml; Florilegius 108mlu; Eddie Gerald 22 – 23o, 40ul, 40 – 41o, 79ur, 83or, 111m, 127or, 133mu, 143o, 143um, 144ol, 147u; 162ul; 185or; 210ol; EDEN-Jerusalem Economic Development company / EDEN-Jerusalem Economic Development company 138 – 139; Gal Eitan 264 – 265u, Rostislav Glinsky 100ul, 113or; Godong 61or; Gavin Hellier 159ul; Hemis 37or, 115o; Yagil Henkin - Images of Israel 36ol, 91or, 224 – 225o; Historical Art Collection (HAC) 48o; Robert Hoetink 219or; imageBROKER 119ur, 135mr, 209ur; Images & Stories 51ul; Hanan Isachar 27or, 58mr, 98ul, 148u, 222ol; Dov Makabaw Israel 84ul; Israel images 99o; Ivoha 135u, 136 – 137o; Jack Malipan Travel Photography 80o; Jason Langley 20ul; Jon Arnold Images Ltd / Walter Bibikow 191mlu; Andreas Keuchel 59ur; Konstantin Kopachinskiy 41ur; Yadid Levy 36 – 37u; Felix Lipov 161mru; Melvyn Longhurst 49ol; LOOK Die Bildagentur der Fotografen GmbH 35mlo, 160u; lucky-photographer 126 – 127u; Itsik Marom 26ol, 222 – 223u; Mauritius Images Gmbh 20mr, 182u; Alon Meir 259ol; North Wind Picture Archives 133ol; Sam Oakes 251o; Christian Offenberg 58 – 59u; Pacific Press 183or; Painting 173or; Pal Szilagyi Palko 108mu; Alberto Paredes 175ur; Photobyte 142ul; PhotoStock-Israel 29ul, 46ur, 97or, 176u, 177or, 180o, 206ur; Prisma Archivo 127ur, 149o; Mieneke Andeweg-van Rijn 96 – 97u; Juergen Ritterbach 262u; Robertharding / Alexandre Rotenberg 70 – 71u; robertharding 13o, 23ml, 156mlu, 162 – 163o, 203o, 218o; Alexandre Rotenberg 43mru; Boaz Rottem 28u, 73m; Roman Sidelnikov 236 – 237u; Eitan Simanor 96ol, 145ul; Tom Singleton 200o; Kumar Sriskandan 255or; Craig Stennett 248or; Steve Davey Photography 265mr; STOCKFOLIO® 79ol;

TravelCollection 55mr; Urban Photography TLV 174; Lucas Vallecillos 81or, 81u, 116 – 117o; Jelle Vanderwolf 116ul; Vario Images Gmbh & Co.kg 249mro; Ivan Vdovin 146ul, 205or; Michael Ventura 201or; Vvvita 30 – 31u, 31ml; WaterFrame 191mru; Jan Wlodarczyk 246ul; World History Archive 51mlo, 51ur, 203ur; www.BibleLandPictures.com 100or; Xinhua / Mohammad Abu Ghosh 47ml; Y.Levy 24or; Zoonar GmbH 192o; ZUMA Press; Inc. 208o, 239or; ZUMA Press, Inc. / APA Images / © Mahfouz Abu Turk 43mlo.

AWL Images: Jason Langley 86 – 87; Ken Scicluna 4; Jane Sweeney 23or.

Bridgeman Images: Sammlung alter Kunst und Architektur / Katharinenkloster, Berg Sinai, Ägypten / *Muttergottes auf dem Thron mit zwei Heiligen*, 6. Jahrhundert (bemalte Holztafel) 50mr; British Library, London, UK 50mru; Bibliothèque Nationale, Paris, Frankreich / *Fr 22495 f.43 Kampf zwischen Kreuzfahrern und Muslimen*, aus dem Roman von Godefroi de Bouillon (Pergament), französische Schule, (14. Jh.) 50o, /*Fr 22495 f.69v Angriff der Kreuzfahrer auf Jerusalem im Jahr 1099*, aus dem Roman von Godefroi de Bouillon (Pergament), französische Schule, (14. Jh.) 50um; De Agostini Picture Library / A. Rizzi / *Vespasian und Judaea Capta*, römische Münze, 1. Jahrhundert 49um; / Everett Collection /*1947 Plakat von Theodor Herzl mit der Flagge Israels und des Zionistischen Kongresses* 53ol.

Depositphotos Inc: fireandstone 12 – 13u.

Dreamstime.com: Alefbet26 35ru, 202ul; Alexirina27000 221or; Antonella865 234mr; Rafael Ben Ari 46mro, 173ol, 182or, 204mr; Kushnirov Avraham 27ol; Badahos 22ol; Beata Bar 11ur; Buurserstraat386 73ur, 108ur; Byelikova 206 – 207o; Dmitry Chulov 60 – 61u; Checco 8mlu; Deanpictures 16o; Dmitriy Feldman 47ol; Evgeniy Fesenko 18mu, 60mr, 71or, 120 – 121, 226 – 227, 230 – 231o; Fotokon 44ul, 56 – 57u, 175ml; Borya Galperin 114u; Jaroslav Girovsky 59or; Giuseppemasci 75; Rostislav Glinsky 46mr; Jasmina 178 – 179u; Julia161 111or; K45025 180 – 181u; Alexandr Makarenko 149ur; Masar1920 266 – 267; Myroslavabozhko 247or; Irina Opachevsky 153ol; Ryszard Parys 137ur; Sean Pavone 20mru, 119mr; William Perry 90 – 91u; Ramillah 249um; RnDmS 26 – 27m; Rndmst 13mr, 47or, 47ur, 199or; Salajean 31mru, 244 – 245; Stanislav Samoylik 32 – 33o; Jozef Sedmak 152mlu, 230u; Roman Sidelnikov 173ml; Siemprevrede22 258 – 259u; Ludmila Smite 10 – 11u; Jacek Sopotnicki 217mr; Spiroview Inc. / *Chagall-Fenster im Hadassah Hospital®* / © ADAGP, Paris und DACS, London 2018 165ol; Evgeny Subbotsky 24ol; Petr Švec 72or; Thomaslusth 34o; Ilia Torlin 29ml; Cezary Wojtkowski 198 – 199o; Lev Tsimbler 158o; Vvvita 217o; Peter Wollinga 10mlu; Zatletic 202ml.

Getty Images: 55um; J. David Ake 55or; Anadolu Agency 46ul; Yann Arthus-Bertrand 236ol; Esaias Baitel 54 – 55o; Joel Carillet 57ml; Christophel Fine Art 51or; Thomas Coex 73or, 76ml; Kevin Cullimore 25ol; Cultura Exclusive / Laura Arsie 32mo; Luis Davilla 25or; Design Pics / Reynold Mainse 132 – 133u; EunikaSopotnicka 39m; Neil Farrin 22mr; Fine Art 158ul; Ahmad Gharabli 61mro; AFP / Ahmad Gharabli 146o, Atta Hussein 46ml; Gim42 57or; glennimage 11mr; Godong 33mru; Pavel Gospodinov 253ml; Heritage Images 48mo; Hanan Isachar 124o, 195ol; Michael Jacobs / *Art in All of Us Tel Aviv Museum of Art Mural* in der Meshulam Riklis Hall (1989) Öl und Magna auf Leinwand; 275,9 / 16 x 669,5 / 16 © Nachlass Roy Lichtenstein / DACS 2018 172 – 173u; Langevin Jacques 54ur; Menahem Kahana 42u; Keystone 52o; Keystone-France 53or; Evan Lang 234o; Jason Langley 134o; Hector Mata 45u; Wally

McNamee 54ul; Ido Meirovich 166–167; Lior Mizrahi 10m; Abbas Momani 235ul, 237or; MyLoupe 260mr; NurPhoto 56mr; Photo 12 52um; Atlantide Phototravel 26or; Popperfoto 53um; Rolls Press 54ol; Dan Porges 44–43o; Science Photo Library / Photostock-Israel 18ol, 212–213; Frank Scherschel 53mr; Musa Al Shaer 46mlo; David Silverman 47ul; Frédéric Soltan 253mr; Alexander Spatari 11o; Stockbyte / Dan Porges 238–239u; ullstein bild Dtl. 53ul; Peter Unger 263o; Universal History Archive 49ul; UniversalImages Group 51ol; Tim E. White 41ml; WitR 260mu.

iStockphoto.com: alefbet 101o; alexeys 29mru; Leonid Andronov 42–43o; Javier García Blanco 71ol; Matt Burchell 8ml; Joel Carillet 233ol, 246o, 253ul; clu 256–257o; Danor_a 20o; dominique-landau 74mr; DZarzycka 104ur, 233mr; Fotofantastika 17o, 168–169; geneward2 150ul; gkuna 95o; hugy 256ml; leospek 24–25m; LindaJohnsonbaugh 191ur; Lukasz-Nowak1 111mru; Maniscule 220–221o; master2 38–39o; miljko 29or; nailzchap 254o; Ivan_off 190–191o; peeterv 2–3; Fotos von W. Ebiko 8–9u; Mariusz_Prusaczyk 32ul; Bernhard Richter 109; RnDmS 164u; Rostislavv 108ml; sangaku 92–93; seregalsv 6–7; Jacek_Sopotnicki 30–31o; stellalevi 91ml; tirc83 154; tsafreer 34–35u, 39ur; WitR 259mr; worldwidephotoweb 38u.

Mit freundlicher Genehmigung von Anish Kapoor: Israel Museum, Jerusalem / Elie-Posner 156ur.

Robert Harding Picture Library: Cosmo Condina 216mr; Luis Davilla 247mro, 250ul; Yadid Levy 28ol, 151or; Richard Maschmeyer 19, 240–241; Eleanor Scriven 244ml, 248–249u; Travel Collection 156–157.

Shutterstock.com: Leo Altman 55mru.

Umschlag Extrakarte
Getty Images / iStock: VanderWolf-Images.

Umschlag
Vorderseite und Buchrücken: **Getty Images / iStock:** VanderWolf-Images.
Rückseite: **123RF.com:** Alexey Stiop ml; **Alamy Stock Photo:** ZUMA Press, Inc. m; Getty Images: EyeEm / Hamid Khan or.

Alle anderen Bilder © Dorling Kindersley

Dieser Reiseführer wird regelmäßig aktualisiert. Angaben wie Telefonnummern, Öffnungszeiten, Adressen, Preise und Fahrpläne können sich jedoch ändern. Der Verlag kann für fehlerhafte oder veraltete Angaben nicht haftbar gemacht werden. Für Hinweise, Verbesserungsvorschläge und Korrekturen ist der Verlag dankbar. Bitte richten Sie Ihr Schreiben an:

Dorling Kindersley Verlag GmbH
Redaktion Reiseführer
Arnulfstraße 124 • 80636 München
reise@dk.com

www.dk-verlag.de

Mitwirkender Simon Griver

Lektorat Georgina Dee, Mark Silas, Parnika Bagla, Elspeth Beidas, Dipika Dasgupta, Alison McGill, Beverly Smart, Shikha Kulkarni, Hollie Teague

Gestaltung und Bildredaktion Maxine Pedliham, Priyanka Thakur, Bess Daly, Tania Da Silva Gomes, Stuti Tiwari, Bandana Paul, Tanveer Zaidi, Sumita Khatwani, Vagisha Pushp

Herstellung Jason Little, Kariss Ainsworth

Kartografie Suresh Kumar, Mohammad Hassan

Illustrationen Isidoro Gonzáles-Adalid Cabezas (Acanto Arquitectura y Urbanismo S.L.), Stephen Conlin, Gary Cross, Chris Forsey, Andrew Mac-Donald, Maltings Partnership, Jill Munford, Chris Orr & Associates, Pat Thorne, John Woodcock

© 2000, 2022 Dorling Kindersley Ltd., London
A Penguin Random House Company

Zuerst erschienen 2000 in Großbritannien bei Dorling Kindersley Ltd., London

Für die deutsche Ausgabe © 2000, 2023
Dorling Kindersley Verlag GmbH, München
Ein Unternehmen der
Penguin Random House Group

Aktualisierte Neuauflage 2023 / 2024

Alle Rechte vorbehalten. Reproduktion, Speicherung in Datenverarbeitungsanlagen, Wiedergabe auf elektronischen, fotomechanischen oder ähnlichen Wegen, Funk und Vortrag – auch auszugsweise – nur mit schriftlicher Genehmigung des Copyright-Inhabers.

Verlagsleitung Monika Schlitzer, DK Verlag
Programmleitung Heike Faßbender, DK Verlag
Redaktionsleitung Stefanie Franz, DK Verlag
Herstellungskoordination Antonia Wiesmeier, DK Verlag

Übersetzung Barbara Rusch, München; Dr. Elfi Ledig, München
Redaktion Matthias Liesendahl, Berlin
Schlussredaktion Philip Anton, Köln
Umschlaggestaltung Ute Berretz, München
Satz und Produktion DK Verlag, München
Druck Vivar Printing, Malaysia

ISBN 978-3-7342-0738-9

13 14 15 16   26 25 24 23

Vis-à-Vis

Vis-à-Vis-Reiseführer

Nordamerika
Kanada
USA
Alaska
Chicago
Florida
Hawaii
Kalifornien
Las Vegas
Neuengland
New Orleans
New York
San Francisco
USA Nordwesten & Vancouver
USA Südwesten & Nationalparks
Washington, DC

Mittelamerika und Karibik
Costa Rica
Karibik
Kuba
Mexiko

Südamerika
Argentinien
Brasilien
Chile
Peru

Afrika
Ägypten
Marokko
Südafrika

Südeuropa
Italien
Apulien
Bologna & Emilia-Romagna
Florenz & Toskana
Gardasee
Ligurien
Mailand
Neapel
Rom
Sardinien
Sizilien
Südtirol
Umbrien
Venedig & Veneto

Spanien
Barcelona & Katalonien
Gran Canaria
Madrid
Mallorca
Nordspanien
Sevilla & Andalusien
Teneriffa

Portugal
Lissabon

Westeuropa
Irland
Dublin

Großbritannien
London
Schottland
Südengland

Niederlande
Amsterdam

Belgien & Luxemburg
Brüssel

Frankreich
Bretagne
Korsika
Loire-Tal
Paris
Provence & Côte d'Azur
Straßburg & Elsass
Südwestfrankreich

Nordeuropa
Dänemark
Kopenhagen

Schweden
Stockholm

Norwegen

Mitteleuropa
Deutschland
Berlin
Bodensee
Dresden
Hamburg
München & Südbayern

Österreich
Wien
Schweiz
Slowenien
Kroatien
Tschechien & Slowakei
Prag
Polen
Danzig & Ostpommern
Krakau
Baltikum
Budapest (Ungarn)

Osteuropa
Moskau
Sankt Petersburg

Südosteuropa
Griechenland Athen & Festland
Griechische Inseln
Kreta

Östliches Mittelmeer
Türkei
Istanbul
Zypern
Jerusalem (Israel)

Südasien
Indien
Delhi, Agra & Jaipur
Indiens Süden
Sri Lanka

Südostasien
Bali & Lombok
Kambodscha & Laos
Malaysia & Singapur
Myanmar
Thailand
Thailand – Strände & Inseln
Vietnam & Angkor

Ostasien
China
Beijing & Shanghai
Japan
Tokyo

Australasien
Australien
Neuseeland

#dkvisavis
www.dk-verlag.de

   /dkverlag

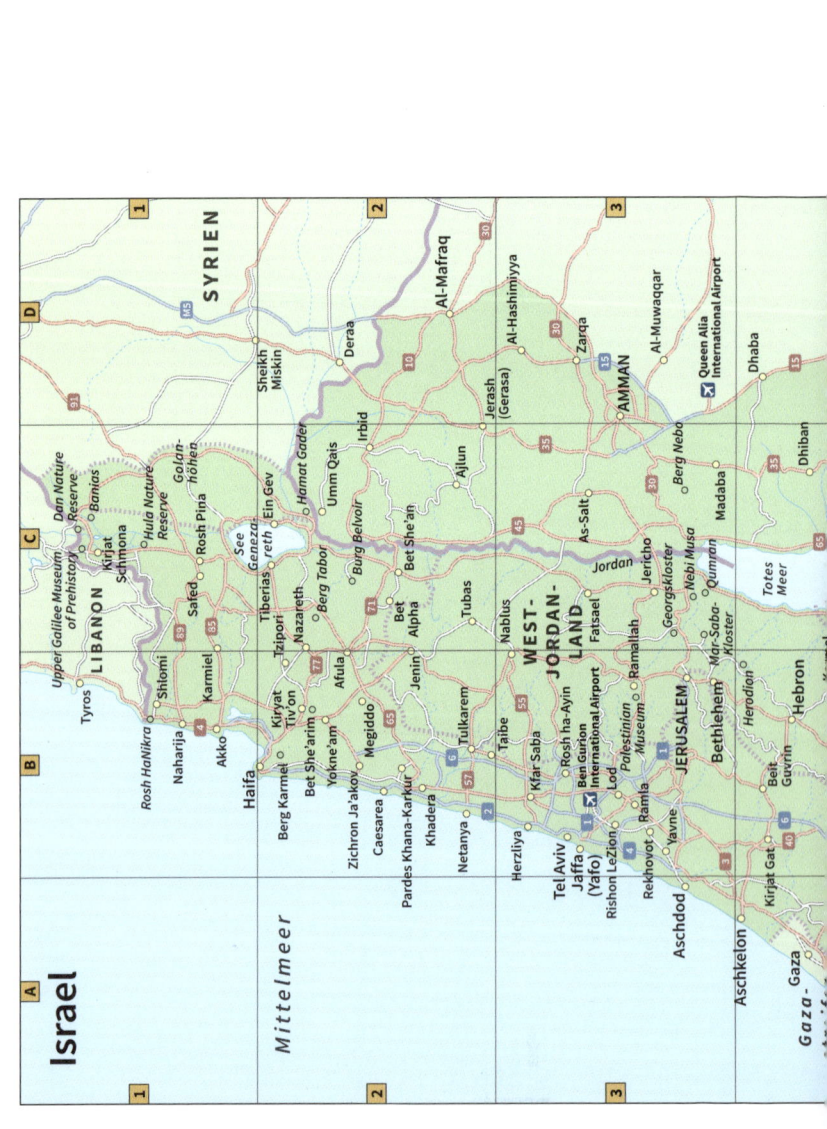